话说世界

TALKING ABOUT THE WORLD

帝国时代
Empires Age

曹瑞臣　曲　兵◎著

主　编：陈晓律　颜玉强

人民出版社

主　　编：陈晓律　颜玉强
作　　者：曹瑞臣　曲　兵

编　　委：
高　岱
北京大学世界史教授
梅雪芹
清华大学世界史教授
秦海波
中国社会科学院世界历史研究所
研究员
黄昭宇
中国现代国际关系研究院研究员
《现代国际关系》副主编
任灵兰
中国社会科学院世界历史研究所
《世界历史》编审
姜守明
南京师范大学世界史教授
孙　庆
南京晓庄学院外国语学院
世界史副教授

策　　划：杨松岩
特邀编审：鲁　静
杨美艳
陆丽云
刘可扬

图片提供：
中国图库
广州集成图像有限公司
视觉中国

《话说世界》目录

《话说世界》出版说明

希望与探索

为广大读者编一部普及世界历史的文化长卷

今日世界植根在历史这块最深厚文化土壤中。要了解世界首先要从学习世界历史开始。学习世界历史不仅有助于我们借鉴外国历史上的成败得失，使我们在发展的道路上少走弯路；而且还有助于我们养成全球视野，自觉承担起作为大国对人类的责任；同时还有助于我们更深入地理解和贯彻构建人类命运共同体理念。人类文明发展 5000 多年来，各地区和各民族国家的文明差异性很大，都有自己独特的发展轨迹和文化，在交往日益密切的今日世界，我们更要努力学习世界历史与文化。因此我们策划出版这套《话说世界》。

世界史方面的读物出版了不少，但一般教科书可读性不足，专题类知识读物则不够系统全面，因此我们在编撰这套《话说世界》时，主要考虑普及性，在借鉴目前已有的世界历史读物的基础上，进行了新的尝试：

首先，史实准确。由著名世界史专业教授和研究员组成的编委会保证学术性，由世界史专业教授和博士为主的创作队伍保证史实的准确性。

其次，贯通古今。从史前一直到 2018 年 12 月，目前国内外尚没有时间跨度如此之大的历史读物。本套书内容丰富，传奇人物、探险故事、艺术巨作以及新思潮、新发明等，无所不包，以独创的构架，从政治、经济、文史、宗教、思想、艺术、科学、生活等多维度地切入历史，从浩瀚庞杂的史料中，梳理出扼要明晰的脉络，以达到普及世界史知识的作用。

再次，图文并茂。采用新颖的编排手法，将近万张彩图与文字形成了有机组合。版面简洁大方，不失活泼，整体编排流畅和谐，赏心悦目。

最后，通俗易懂。作者秉持中肯的观点，采取史学界主流看法，立论中肯、持平、客观，文字深入浅出，绝不艰涩枯燥，流畅易懂。

这套书总计20卷，各卷书名分别为：《古典时代》《罗马时代》《王国时代》《封建时代》《宗教时代》《发现时代》《扩张时代》《启蒙时代》《革命时代》《民族时代》《工业时代》《劳工时代》《帝国时代》《一战时代》《主义时代》《危机时代》《二战时代》《冷战时代》《独立时代》《全球时代》。

十几年前，上海锦绣文章出版社出版的《话说中国》，以身体作为比喻说还缺少半边身子，缺失世界历史的半边，因此《话说世界》的策划项目在七年前孕育而生。经过近七年的努力，这套图文并茂的普及性世界史《话说世界》（20卷）陆续出版。今年又适逢新中国成立70周年，这套书被列入国家出版基金资助项目，作为一个从事36年出版工作的出版人感到由衷的喜悦。

在本套书行将付梓之际，特别感谢陈晓律、颜玉强、秦海波、刘立群、黄昭宇、任灵兰、鲁静、杨美艳、陆丽云、刘可扬等十几位世界史专家的辛勤劳作，感谢所有参与《话说世界》（20卷）本书的作者、专家、学者、编辑、校对为此作出的贡献。最后，谨以两位世界史专家对本套书的点评作为结束：

> 徐蓝（中国史学会副会长）：首先要说这套书使得我眼睛一亮。这不是我们通常说的以政治经济为全部内容的世界历史，而是多维度的世界历史解读，其内容涵盖了政治、经济、文史、宗教、思想、艺术、科学、生活等，使世界历史更加充盈饱满相生相成。特别是将其每卷书的类别单独合在一起，相当于一部部专题史。这在国内世界历史读物中是仅见的，具有很高的出版价值。《话说世界》又是一套通俗读物。全套书5000篇左右的文章，通过人文地理、重回历史现场、特写、广角、知识链接等拓宽了内容的容量，增强了趣味性。可以说这是一套具有“广谱”特性的世界历史普及读物。这套书的社会效

益不仅会普及国民的世界历史知识，也拓宽了国际视野，将世界历史作为基础知识之一，才能具备大国的胸怀和责任担当。

吴必康（中国社会科学院世界史所，国家二级研究员）：历史题材类的通俗读物一向是热门读物，富有意义。但其出版物主要是中国史，世界历史通俗读物出版甚少。而且，这些不多的世界历史出版物也多为受众少的教科书式作品。《话说世界》可以说弥补了这方面的缺憾。今天，中国正处民族复兴之时，作为世界第二大经济体，其世界影响越来越大，责任也更大，广泛了解世界，具有国际视野成为大势所趋。广大人民需要了解世界，知晓世界历史，已是必不可少之举。世界历史虽然内容浩如烟海，但作为文明历程有规律可循，有经验教训可资借鉴。《话说世界》的专业作者梳理千古，深入浅出，从容不迫地娓娓道来，使世界历史清晰明了，趣味盎然。这套丛书应该说是一套全民读物也不为过，可谓老少咸宜，可谓雅俗共赏。尤其是其文体具有故事性，很适合青少年。也望通过这套书能激发青少年阅读世界历史的广泛兴趣，兴起热潮，为我国的各类国际人才打下知识基础，更好地立足祖国走遍世界。知晓天下，方可通行天下。

人民出版社编审　杨松岩

2019 年 8 月 27 日

《话说世界》序一

读史使人明智

在世界历史的洪流中寻找人类的智慧

不知不觉，现在已经是2019年了。在人类几千年有文字记载的历史中，这个时间点或许并没有什么特别之处，但对于处于改革开放进程中的中国而言，这样一个年代显然具有不同寻常的意义。那就是，历经磨难成立新中国以后，中华民族在对外开放的过程中，重新找到了一个与自己国力吻合的位置。

中国是一个历史悠久的国度，创造了十分丰富的物质与精神的财富。尤其是在东亚这一范围，中国几乎就是文明的代名词。然而，在近代以来，中国却被自己过长的衣服绊倒了，结果从鸦片战争开始，中华民族经历了一段屈辱的历史，不仅使天朝上国的心态遭受沉重打击，也迫使我们重新认识外部世界。

从历史的角度看，中国人如何看世界，并不是什么新问题。古代中国人对周边“蛮夷”的看法千奇百怪，但无论是否属实，对自己的生活似乎影响不大。不过近代以来情况有所变化，自1840年始，中国人想闭眼不看世界也难。然而，看似简单的中国人应该如何睁眼看待外部世界，尤其是西方国家，却并不简单，因为它涉及“华夷”之间的重新定位，必然产生重大的观念与思想碰撞，所以它经历了一个几起几落的变化。

从传统的中国视角考察，以中国为天下中心的历史观一直在我国的史学领域占主导地位。因此，在1840年以前，中国还没有今天意义上的世界史，有的只是《镜花缘》一类的异域风情书，或是一些出访周边国家的记录，严肃的史书则只在中国史的范畴内。鸦片战争之后，中国被迫接受中国之外还存在一个世界这一事实。但对外部世界，主要是西方的研究是以急功近利的原则为出发点，缺少系统的基础研究。直到新中国成立前夕，我国的高校中，世界史都还不能算是能与中国史相提并论的学科，一些十分有名望的老先生，也必须有中国史的论文和教中国史的课程才能得到承认。这一事实反映出一种复杂的民族心态和文化背景。人总是从自己已有的知识基础上去发现和分析外部世界的，没有对外部世界知识的系统了解，要正确地看世界的确不易。

实际上，早在 100 多年以前，张之洞就认为，向西方学习应该是学习西艺、西政和西史。但是如何以我为主做到这一点，则是至今尚需继续解决的问题。

在一个开放的时代，任何一个试图加入现代发展行列的国家都必须尽量地了解他国的情况，而了解他国最主要和最基本的途径，除开语言外，就是学习该国的历史。就笔者所接触的几所学校看，美国一些著名大学的历史系往往都是文科最大的系，而听课的学生也以外系的学生居多。我的体会是，出现这样的现象无非两点原因：通识教育的普及性与本科教育的多样性，以及学生的一种渴望了解和掌控外部世界的潜意识。相比西方，我们的教育课程设置显然还有许多需要完善的地方。

按北大罗荣渠老师的看法，中国在向西方学习的过程中经历了三次大的起伏。一次是鸦片战争前后，中国是在战争的威胁中开始了解西方的，这种了解带有表面的、实用主义的性质，对西方的了解和介绍都十分片面，社会的大部分人对此漠不关心，甚至国家的若干重要成员对此也十分冷漠。与此相反，日本却密切地关注着中国的情况，关注着中国在受到西方冲击后所作出的反应，以致一些中国介绍西方的书籍，比如《海国图志》，在中国本身尚未受到人们重视时，日本已在仔细地阅读和研究了。尽管如此，第一次学习还是在中国掀起了洋务运动。

由于甲午战争的失败，中国开始了第二次向西方的学习，即体用两方面都要学。但不想全面改革而只想部分变革的戊戌变法因各种原因失败了，最终是以辛亥革命作了一次总结。从此以后，中国的政治实践大体上是在全面学西方，但是又由于历史的机遇不好，中国的这种学习，最终也未成功。尽管我们不能完全说它是失败的，但要成为一个强国的愿望却始终未能实现。

新中国成立以后由于西方的封锁和我们自己的一些政策，使中国经历了一个主动和被动地反对向西方学习的过程。直到改革开放以后，我们才再次开始了向世界强国——主要是西方国家学习的第三次高潮。而这次持续的时间显然要长得多，其内涵也要丰富得多。其中一个最重要的标志也许是，在沉默了几十年以后，中国的学术界终于开始出版一批又一批的世界史教材和专著，各种翻译的世界史著作也随处可见。这是一个令人欢欣鼓舞的现象。在这个意义上，中国人重新全方位看世界是改革开放的产物。

从中国人看世界的心态而言，也先后经历了三种变化：最初是盲目自大式的看世界，因为中国为中央之国，我们从来是当周围“蛮夷”的老师，尽管有时老师完全打不过学生，但在文化上老师终归是老师，我们从未丧失自信心。所以，对这些红毛番或什么其他番，有些“奇技淫巧”我们并没有真正放在心上。然后面临被列强瓜分的危机，我们的心态第二次变化，却是以一种仰视的方式看世界——当然主要是看西方国家，这种格局直到新中国成立后才开始逐渐改变。而改革开放后，中国重回世界舞台中心，成为GDP第二大国，自信心再次回归，看世界的态度又一次发生了变化——中国人终于可以平视外部世界了。

心平气和地看外部世界，需要的是一种从容和淡定，而这种心态，当然与自己的底气有关。随着物质生活的丰富和对外交流的日渐频繁，国人已经意识到，外国人既不是番鬼，也不是天使，他们是与我们一样，生活在这个地球上的人类。当然，由于历史、文化、地域、宗教乃至建国的历程各不相同，差异也是明显的，甚至是巨大的。如何客观地认识外部世界，对有着重新成为世界大国抱负的国人而言，已经具有了某种紧迫性。而互联网时代的信息爆炸，对较为靠谱的学理性知识的需求，也超过了任何一个时代。因此，无论于公于私，构建一个起码的对外部世界认识的合理框架，都成为一门必修课而非选修课了。

应该说，国内学界为此做了大量的工作，从学术论文到厚重的专著，从普及型的读物到各类期刊，乃至各种影视作品，有关西方的介绍都随处可见，一些过去不常见的国家和地区的研究成果也开始出现。同时，为了增进国人对这些问题的了解，国内出版界也做了很好的工作，出版了很多相关的著作。

大体上看，这些著作可分为以下几类：第一类是关于西方国家、政府等有关政治机构的常识性问题。这些现象我们虽然十分熟悉，但并不等于我们已经从理论上了解了它们。因此很多国内的著作对一些概念性的东西进行了提纲挈领的解析，有深有浅，大致可以满足不同人群的需求。第二类是关于各个国家的地理旅游的书籍，这类书籍种类繁多，且多数图文并茂，对渴望了解国外情况的人群，读读这些书显然不无裨益。第三类是各国的历史著作，这些著作大多具有厚实的学术根基，信息量大，但由于篇幅原因，或许精读的读者不会太多。最后一类则是对各种国际组织和机构的介绍，包括各国概况一类的手册，写作的格式往往是一条一款，分门别类，脉络清晰，这类知识对于我们了解外部世界尤其是西方世界应该也很有帮助。

然而，总体上看，在我国历史学教育中，严格意义上的“世界历史”还是属于小众范畴，由此这个领域的普及出版物相对较少，这与现在日新月异的我国国情和日益全球化的国际形势很不契合。

对于这种不合拍的情况，原因很多，但学界未能及时提供合适的历史读物，尤其是世界史读物，难免是一种遗憾。这不是说目前没有世界史普及读物，而是说我们的学者和出版界未能完全跟上时代对世界史知识的需求，尤其是广大普通民众对世界史知识的需求。随着我国经济实力的不断增强，出国求学和旅游对普通中国民众而言已经不是一种可望而不可及的事情。而踏出国门，中国人通常会有一个共同的感受：在各种聚会或是宴请的活动中，只要有“老外”在，哪怕是一个人，气氛就很难避免那种浓厚的“正式”味道；而一旦没有“老外”，都是华人，气氛会一下轻松起来，无论是吃喝还是交谈，人们的心态转瞬之间就已经完全不同。我常与一些朋友讨论这一现象，大家的基本看法是，中外之间，的确有一种文化上的隔膜。这种隔膜十分微妙，甚至并非是相互不能沟通的问题，而只是一种“心态”。

这种心态往往是只可意会，却难以言传。其难以言传的根源在于，人是生活在一个由文化构筑起来的历史环境中的，这种长期浸润，会不知不觉地对一个人的行为方式、心态产生巨大的、具有强烈惯性的影响，这种影响往往也不是通过一两本学术著作而能轻易加以归纳的东西。

因此，要体验这种微妙的文化隔膜，最好的方式就是对世界的历史文化有一种“全景式”的了解，除开去所在国进行深度体验外（当然，这对很多人而言有些奢侈），读一些带有知识性、系统性和趣味性的世界史读物，应该也是一种不错的选择。而这类读物恰好是我们过去的短板，有必要尽快地将其补上。

为了满足国人这类迫切需求，本套丛书的策划编辑团队怀着强烈的家国情怀和对中华民族特有的忧患意识，一直在积极地筹编这样一套能满足时代需求的世界史读物。他们虽然是在筹编一套普及性读物，却志存高远，力图要将这样的一套读物做成精品，那就是不仅要使普通读者喜欢，还要经得起学界的检验。历经数年，颜玉强主编总算在全国的世界史学界找到了合乎他们要求的作者团队。这些作者当中，既有早已成名的学术大家，也有领军一方的中青年学者，更有留学归国的青年博士群体。而尤为重要的是，这些学者，都长期在我国的高校从事世界史的教学和科研工作，他们对我国学子乃至一般民众对世界史知识的需求有着更深的感受，因此，由这样的一支作者队伍来完成这样的一部大型作品，显然是再合适不过了。

历经数年的讨论和磨合，几易其稿，现在《话说世界》总算问世了。以我的一管之见，我觉得这套书有这样一些特点值得关注。

首先是体例方面的创新。历史当然是某种程度上按照时间顺序发展的，但作为一种世界历史的视野，人们的眼光当然不可能横视全球，而是自然地落在一些关键性的区域和事件上。这样，聚焦和分类就是一个基础性的工作。作者对历史的分类不仅显示出作者的学术功力，也会凸显作者的智慧。本套丛书的特点是将“时代”作为历史发展的主轴，比如古典时代、罗马时代等等。这样的编排，读者自应一目了然。然而，作者的匠心就此展现：因为一些东西并不仅仅是纵向而是横向的，所以，王国时代、宗教时代、民族时代、主义时代这样的专题出现了。

这样的安排十分精巧，既照顾了历史的时代顺序，又兼顾了全球性的横向视野。相对于一般教科书的编排，比如在人类起源部分，从两河文明到尼罗河文明，再到希伯来、印度和中国文明，然后再到古典时代的希腊罗马文明、希腊化文明，固然十分系统，但对于非专业的读者恐怕也有点过于正规，索然无味。所以，丛书的安排看似随意，却有着精心的考虑和布局，在目前的类似书籍中，应该是不可多得，别具一格。

而对有着更多需求的读者，《话说世界》则又是一种趣味盎然的教科书，因为它将各个时代的内容分门别类，纵向来读，可以说是类别的世界通史。比如可以将政治、经济、文化等串联下来的就是该类别的世界通史，这样读者能够全景式地看到每个历史切面，还能了解整个历史线索和前因后果。

其次是《话说世界》为了达到可读性强的效果而采取了图文并茂和趣味性强的杂志书编撰方式，适合以各种休闲的方式阅读。《话说世界》的图片不仅与文章内容结合紧密，还有延伸文字内容的特点，特别是每本书都有数张跨页大图呈现了历史节点的宏大场面或艺术作品的强烈感染力。这样的布局，显然能使读者印象深刻。实际上，国外的历史教科书，往往也是图文并茂，对学生有着很强的吸引力，使学生即便不是上课也愿意翻阅。我们目前的教科书尚达不到这一水准，但《话说世界》能够开此先河，应该是功德一件。

第三则是强烈的现场感，这是为了增进读者真正理解国外历史文化所做的一次有价值的尝试。从这套丛书的内容看，其涉及面很广，并不单单是教科书式的历史，而是一部全景式乃至百科全书式的历史：从不同文明区域之间的人员交往到风俗习性，从军事远征到兵器工艺，从历史事件到地标和教堂，从帝国争霸心态到现代宣传套路，从意识形态到主义之争，可以说林林总总，斑驳杂陈，十分丰富，具有很强的可读性。一个也许对编辑并不十分重要，但对读者而言却十分重要的事实是，这些读本的作者都是“亲临视察”了所写的对象的，所以除去知性之外，还多了难得的感悟。因为这套丛书的作者，都是亲临所在对象的国家和地区进行过求学乃至工作的。他们对这些对象的了解，或许还做不到完全学理意义上的深刻，但显然已经早就超越纸上谈兵的阶段了。因此，在这个意义上，他们是真正的“中国人看世界”。这种价值，在短期内或许并不明显，但随着时光的流逝，它肯定会越来越闪烁出学术之外的瑰丽光芒。

值得指出的是，今天移动互联的势不可挡，知识碎片化也日益严重，需要学者和出版社联袂积极面对，克服互联网内容的不准确性，做到价值恒定性；克服互联网知识的碎片性，做到整体性。《话说世界》于上述的三个特点，显然是学者和出版社共同合作的成功范例。

如果你是一个依然保持着好奇心，对问题喜欢打破砂锅问到底的人，那么，请阅读这套匠心独具的丛书吧！它既能增加你的知识，又能丰富你的生活，也或许能在紧张的工作与生活中给你带来一丝和煦的清风。

当你拿到这套书，翻开第一页的时候，我们衷心地希望你能够从头至尾地读下去，因为这是在一个全球化时代，使你从知识结构上告别梦幻童年、进入一个绚丽多彩的成人世界的第一步——读史使人明智。

愿诸君在阅读中获得顿悟与灵感。

南京大学历史学院教授、
博士生导师　陈晓律
2019 年 2 月 15 日

《话说世界》序二

立足学术　面向大众

献给广大读者的具有国际视野的世界历史全景图书

2019年我国的经济总量腾飞为世界第二大经济体，社会经济文化都日益成为地球村重要的一部分，了解世界成为必要。正如出版说明所言，了解世界首先要从世界历史开始，我们不仅可以从外国历史的成败得失中得到借鉴，而且还能从中培养国际视野，从而承担起作为大国对人类的责任。人类文明发展5000多年来，各地区和各民族国家的文化差异性很大，都有自己独特的发展轨迹，在日益融为一体的今日世界，我们在世界历史知识方面也亟须补课。

我国史学界编撰世界史类图书内容有不包括中国史的惯例，加之上海锦绣文章出版社已经在2005年出版了取得空前成功的20卷《话说中国》，所以我们这套《话说世界》就基本不包括中国史的内容，稍有涉及的只有为数几篇中国与外国交集的内容。

《话说世界》共20卷，分别是20个时代，时间跨度从史前一直到2018年。基本囊括了各个时代的政治、经济、文史、思想、宗教、艺术、科学和生活娱乐等。

参与《话说世界》编写的作者有教授和博士共30多人，都是名校或研究所的世界史专业学者。学有专攻的作者是《话说世界》质量的保证。我们还邀请了一些世界史的著名专家教授作为编委，确保内容的准确性。

今天读者阅读的趣味和习惯都有变化，业界称为“读图时代”。所以我们在文章的写法和结构都采取海外流行的“杂志书”（MOOK）样式。我曾经为台湾地区的出版社主编过300本杂志书，深得杂志书编撰要领。杂志书的要素之一是图片，《话说世界》以每章配置3—4幅图的美观标准，共计配置了10000张左右的图片，有古代的历史图片，也有当今的精美图片。在内容的维度上也进行拓展，引入地理内容，增加了历史的空间感；每本书基本都有“重回历史现场”，以增强阅读的现场感；同时每篇文章都有知识链接，介绍诸如人物、事件、术语、书籍和悬案等，丰富了文章内容，使文章更流畅、可读性更强。

当然，不能说《话说世界》就十全十美，但是不断完善是我们的追求。

启动编撰《话说世界》工程之时，我们就抱定了让《话说世界》成为既有学术含量又有故事可读性这个目标，使世界史知识满足大时代的需要。

结笔之际，感蛰居七年，SOHO生活，家人扶助，终成书结卷。这里要感谢各位作者的辛勤笔耕，特别感谢人民出版社通识分社社长杨松岩慧眼识珠以及编辑们兢兢业业、精雕细刻的工作。“幸甚至哉”！

资深出版人　颜玉强

2019年10月28日

《帝国时代》简介

本书所讲的“帝国时代”，主要是指殖民主义时期的帝国时代，大致涵盖了1815—1914年这段时期，跨越百年时间。1815年维也纳会议确立了新的国际秩序，欧洲各主要大国在均势外交原则下基本相安无事，但欧洲列强却在欧洲之外的亚洲和非洲等地区展开了新一轮的殖民争夺，甚至不惜发动局部战争。自大航海时代开始，西方世界就一直在进行海外殖民扩张，但19世纪晚期以来，西方列强走上了帝国主义道路。帝国主义就其经济实质来说是垄断资本主义，西方列强通过吞并领土或对他国建立经济、政治、军事、文化霸权等，建立起有形或无形的帝国，从而扩大本国的势力范围。到1900年前后，西方列强已经瓜分了大半个世界，1900年的一张世界地图要用九至十种颜色来显示它们各自所占领的地区。

19世纪有许多关键因素构成了帝国主义扩张与发展的动力。首先是经济因素。工业化浪潮最初由英国向整个欧洲和世界各地扩散，而19世纪晚期新科技革命引领下的第二次工业革命影响更加深远，美国和德国后来居上，成为引领者。第二次工业革命的深入开展成为帝国主义扩张的最根本动力。其次是政治因素。帝国时代后期，由于西方

国家间的相互竞争日趋激烈，很多国家通过内部的社会变革来推动社会进步，实现富国强兵，以此增强国际竞争力。例如，德意志和意大利的统一，俄国农奴制改革，美国在经历内战后实现国家重建，日本通过明治维新脱亚入欧等。再次是科技因素。帝国主义征服世界的过程表明，科技的鸿沟将西方以及日本同世界上其他国家和地区划分开来。19 世纪晚期，科学与技术结合更加紧密，科技革命在西方以更加深刻和迅速的方式发生并传播开来，带动国家间力量重新洗牌，彰显科技革命是第一生产力的强大威力，深刻影响世界发展格局。帝国时代在科技革命加持下的新一轮军事变革也成为列强间相互争霸的制胜法宝，尤其确保了欧洲对亚非拉地区压倒性的优势。

在帝国时代，殖民地对母国发展更加重要。列强也逐渐转变了帝国的治理方式，为了更好地维护帝国利益，改赤裸裸的武力掠夺为间接统治，更加注重殖民地的自我造血能力和自我发展能力。19 世纪晚期，资本主义扩张时代的矛盾日益渗透并支配了帝国时代。英德军备竞赛和两大军事集团的成立，意味着欧洲已经笼罩在令人恐惧和毁灭性的世界性大战的前夜。

目录

目录

风云激荡：帝国塑造

18、19 世纪是欧美资本主义政治、经济体制全面确立时期。这一时期老牌帝国英国、法国、俄国和奥斯曼等的历史境遇各不相同，有的为成为帝国而努力，有的为维护帝国而挣扎。

英国率先开启工业革命，经济迅速腾飞，成为欧洲第一工业强国。在争夺海洋霸权方面，英国先是以弱胜强，击败西班牙无敌舰队；之后对“海上马车夫”荷兰展开三次商业争霸战争，将其挤出海洋强国阵营；紧接着通过七年战争，击败欧洲大陆霸主法国，牢固确立世界海洋霸主地位，建立不列颠第一帝国，19 世纪晚期成为“日不落帝国”。

法国在经历了大革命和拿破仑帝国的崩溃之后，在维也纳会议上重新回归历史的原点，但大国实力犹存。拿破仑三世治理下的法国，工业化成就非凡，重振大国雄风。

随着大西洋沿岸各国的强势崛起，奥斯曼帝国遭遇来自基督教欧洲国家的联合军事打击，19 世纪中后期帝国全面溃败，沦为所谓的“西亚病夫”。

沙俄自彼得大帝西化改革后成为欧洲大国的一员。在以后的数百年里为打开北方波罗的海出海口和南方黑海出海口与周边国家战争不断。尤其是与南部的奥斯曼帝国进行了数百年的战争，成功获得了黑海出海口。沙俄不断蚕食鲸吞，瓜分了奥斯曼帝国的大片领土，迅速扩张为领土最为广阔的帝国。

大国崛起

不列颠第一帝国

历史总是不乏暴力和战争，英帝国是在不断的海外争霸战争中炼成的。
没有皇家海军就没有英帝国和海洋霸主的地位，北美十三殖民地构成了第一帝国的生命线。

大英帝国的崛起可以追溯到伊丽莎白女王时期，那时的英国正和西班牙在探险和征服上进行角逐，尤其是1588年英国皇家海军击败西班牙的无敌舰队，英国向海洋强国迈出了坚实的一步。17世纪晚期英国与海洋强国荷兰的争霸战争，让英国海洋霸权地位得以确立。进入18世纪，英国通过三场殖民争霸战争，基本奠定了不列颠帝国的框架。

有形的帝国

不列颠第一帝国的确立主要是遵循重商主义理论，依托在世界各地的殖民地。按照重商主义理论，殖民地是宗主国的经济外延，要为宗主国的富强而服务，是不列颠本土原料供应地和产品销售市场。殖民地对宗主国有几种好处，其中最主要的好处是殖民地向宗主国提供宗主国无法生产的原材料，如蔗糖、烟草等，以及金、银等贵金属。殖民地也是宗主国产品的最佳销售市场，因此，自17—18世纪以来，英国的海外殖民地基本是按照宗主国的重商主义理论进行运转的，对于推动宗主国经济与社会的发展起了巨大的作用，这在英国北美十三殖民地和西印度殖民地表现尤为明显。

北美十三殖民地。这是英国于1607—1733年在北美洲大西洋沿岸建立的一系列殖民地。在重商主义盛行的时代，这些殖民地构成第一帝国的生命线，成为母国廉价的原料产地和商品销售市场。在殖民地独立前，它们对母国经济繁荣与社会发展作出了巨大贡献，造就了18世纪英国经济的腾飞和工业革命的启动。

西印度殖民地。1492年哥伦布首航到此，误认

1729年，英国建设的巴尔的摩港口成为马里兰殖民地的一个主要烟草出口基地与贸易中心。

为是印度附近岛屿，后因群岛位于西半球，故称为西印度群岛，沿用至今。1578 年，巴哈马群岛也沦为英国殖民地。17 世纪 20 年代，英国开始在西印度进行拓殖和经营，参照北美殖民地模式，专项拨款进行经营。尤其是大力种植甘蔗，发展种植园经济，使得西印度群岛成为英国蔗糖生产基地，以满足母国和欧洲市场消费需求。种植园劳动力几乎全由黑人奴隶构成，于是西印度种植园经济的繁荣大大刺激了大西洋黑奴贸易的兴盛。18 世纪是英国贩卖奴隶最兴盛时期，贩卖人数远远超越欧洲其他国家，高达数百万。现在估计，18 世纪 80 年代的 10 年里，英国从非洲运出 35 万名奴隶，其后的 10 年则运出 42 万名。

东印度殖民地。17 世纪英国在亚洲次大陆的某些地理要冲位置建立了据点和贸易站，主要的商贸据点是印度西北海岸的苏拉特，东海岸的马德拉斯，还有孟买和加尔各答。东印度公司垄断了英国与亚洲的贸易，对印度的扩张主要由该公司进行。英国在印度的扩张面临来自法国和葡萄牙的激烈竞争。

非洲殖民地。殖民者沿非洲西海岸建立起一连串的贸易站，以便进行奴隶贸易。当时欧洲殖民者对非洲内陆的探险非常有限，没有建立多少永久性定居点。18 世纪英国在大西洋奴隶贸易中占据主导地位，排挤了荷兰和葡萄牙，成为新大陆市场最大的奴隶供应商。

知识链接：无敌舰队的覆灭

1588 年 8 月，西班牙和英国在英吉利海峡进行了一场举世瞩目、激烈壮观的大海战。西班牙国王腓力二世（Philip II，1527—1598 年）总共集结了 130 余艘舰船、2 万余名士兵和水手。用约翰·霍金斯（John Hawkins，1532—1595 年）爵士的话说，这是“创世以来最大最强的联合舰队”，号称“最幸运的无敌舰队”。当时英国整个舰队的作战人员只有 9000 人。最后英国凭借先进的远程火炮和有利的天气使这场海战的结局以西班牙无敌舰队惨遭毁灭性打击而告终，无敌舰队几乎全军覆没。西班牙海军力量遭受沉重打击，海洋霸主地位动摇；而英国实现了大国崛起，为成为海洋强国打下了坚实的基础。

海外争霸铸就帝国霸权

第一场战争：西班牙王位继承战争（1701—1714 年）。1700 年英、法、荷、奥等国围绕西班牙王位继承问题展开了激烈的斗争，然而这只是表面

甘蔗原产于印度或新几内亚，现广泛种植于热带及亚热带地区。在世界食糖总产量中，蔗糖约占 65%。

现象，深层或最主要的目的则是诸列强借王位继承问题进行了一场空前规模的殖民地大掠夺，并且主要斗争矛头指向法国。在“太阳王”路易十四的治下，18世纪初的法国俨然成为欧洲霸权国家。法国不仅谋求在欧洲大陆称霸，而且积极对外扩张，在印度占据了本地治里等地，在非洲占领了马达加斯加，在美洲除了继续加强在加拿大地区的殖民统治外，又在北美密西西比河流域建立了广大的路易斯安那殖民地。1713年4月11日，以法国和西班牙为一方，以英国、荷兰、勃兰登堡、萨伏依和葡萄牙为另一方，签订了《乌得勒支和约》。根据和约，法国的腓力五世虽保有西班牙王位，但他和他的后代不能继承法国王位，并规定法西两国永远不能合并，这样就阻止了法国谋求继承老牌帝国西班牙在欧洲和海外的庞大殖民地遗产的企图，粉碎了其独霸欧洲大陆的野心。英国成了这场战争的最大赢家，关键性的战果是获取了西班牙殖民帝国的30年黑奴贸易垄断权，以及对西班牙海港直布罗陀和米诺卡岛的占领。这让英国的海军可以深入美洲加勒比海与地中海，获取制海权与商贸权，走向海洋强国之路。英国还获得了法国原先的部分殖民地，法国承认了英国对北美纽芬兰和哈德逊湾周围殖民地的权利要求。这场因王位争夺战而引发的大国争霸战争，结束了法国在西欧的霸权地位。

第二场战争：奥地利王位继承战争（1740—1748年）。奥地利王位继承战争是欧洲两大联盟为争夺奥属领地，围绕奥地利查理六世去世后长女玛利亚·特蕾西亚承袭父位的王位继承权问题展开。它以中欧为主要战场，阵营双方以拒绝承认特蕾西亚继承权的法国、西班牙、普鲁士等国为一方，另一方以支持方的英国、奥地利、荷兰、俄国等为主。战争结束的标志是1748年双方签订的《亚琛

孟买是印度西岸的大城市和全国最大的海港，也是印度马哈拉施特拉邦的首府。1534年为葡萄牙所占，1661年转属英国，成为印度重要的贸易中心和西部门户。孟买是印度人口仅次于首都德里的城市，也是世界上人口最多的城市之一。

硫黄石山要塞国家公园位于东加勒比海地区圣基茨和尼维斯联邦，是联合国教科文组织认定的世界文化遗产之一。于17世纪90年代至18世纪90年代由英国军队工程师设计，非洲奴隶建造，是目前美洲地区保存最好的历史防御工事建筑和城堡。此遗址不仅见证了欧洲海外殖民扩张，亦遗留有奴隶贸易及加勒比海地区新社会制度出现的历史痕迹。

和约》，虽然条约内容没有涉及相关领土的变动，但是英国依然在战争中确立了在海上以及大多数殖民地世界中的霸权。

第三场战争：英法七年战争（1756—1763 年）。战争主要在英国与法国之间进行，也是大国争霸战争中规模最大的一次，1783 年《巴黎和约》签订后战争才得以结束。七年战争中法国战败，丢掉了大片海外殖民地，密西西比河以东所有土地被迫割让给英国，加拿大也被英国占领，法国在密西西比以西的土地交给西班牙。法国在与英国的海外角逐中完全溃败，几乎被英国逐出了北美。

海外争霸战争的不断胜利，成就了大英帝国的快速崛起，英国成为名副其实的世界海洋霸主。在两百年的时间里，英国不仅成功取代了西班牙、葡萄牙、荷兰的殖民霸权，而且还打垮了自己的主要竞争对手法国，维持了欧洲大陆力量的均势局面，迅速成长为殖民地遍布全球的不列颠第一帝国。

知识链接：《航海条例》

《航海条例》，也称《航海法案》，是英国历史上关于航海贸易的一系列立法。最初的目的是为了鼓励发展英国的航海事业和海外贸易，后逐渐被自由贸易政策所取代。1651 年 10 月，克伦威尔领导的共和国议会通过了第一个保护英国本土航海贸易垄断的法案，以后该法案不断被修改完善，为此还引发了与海上强国荷兰的三次战争。1672 年和 1692 年，英国政府先后颁布《航海条例》，以垄断英国与殖民地的贸易。1849 年，英国宣布废除大部分《航海条例》。1854 年，外国商船被准许从事英国沿海贸易。至此，《航海条例》所规定的限制完全被取消。

1759 年 9 月 13 日，英法为争夺加拿大而进行了具有决定意义的亚伯拉罕平原决战。此战英军以较小的代价大败法军，法军司令蒙卡尔姆将军也身负重伤不治而亡。法国不仅丢掉了魁北克，而且从此一蹶不振，直至丢掉整个加拿大殖民地。图为法军司令蒙卡尔姆将军率军抵抗英军的场面。

浴火重生

不列颠第二帝国

如果说作为帝国支柱的北美十三个殖民地的失去让英帝国面临瓦解境地，那么澳洲的发现和远东印度的经营则是英帝国重建的基石。

历史学家以 1783 年美国独立为分界线，将英帝国划分为第一帝国和第二帝国。第一帝国尽管因北美十三个殖民地的失去、美利坚合众国的成立而面临崩溃，然而澳洲的发现和开拓、加拿大殖民地的保留、远东印度殖民地的经营成为新的第二帝国的支柱。在自由贸易理念指导下，英国政府进行了反思和探索，调整了殖民政策，从而巩固了帝国的统治。英国在旧帝国的废墟上重新建立了一个更大的帝国，为 19 世纪中后期"日不落帝国"的出现打下了坚实的基础。

芳堤娜城堡（Chateau Frontenac）也称芳堤娜古堡酒店，坐落于加拿大魁北克市圣劳伦斯河北岸，是加拿大太平洋铁路公司建于 19 世纪末的一系列古堡大酒店之一。芳堤娜城堡由建筑师布鲁斯 · 普莱斯（Bruce Price）设计，落成于 1893 年，以 17 世纪末新法兰西殖民地总督芳堤娜伯爵命名。

金本位制是扩展全球贸易需要的一种世界性通货标准。1821 年，英国采取了金本位制。金本位制下不同国家的货币按照固定比例兑换为黄金，使用黄金支付国际债务。

有形与无形帝国的结合

从第一帝国的形态看，它以无数有形的殖民地为支柱，尤其北美十三个殖民地是英帝国的坚实支柱。从帝国治理理念看，它以重商主义原则维护殖民地，将殖民地看作是母国原料的提供者和制成品的购买者。而美国独立后，不列颠帝国在北美仅仅保留有加拿大、纽芬兰等几个当时还很荒凉的地方，以魁北克和新斯科舍构成了剩余的英属北美殖民地的核心，其他地方的殖民地也大多是一些据点和局部地区。通过拿破仑帝国崩溃后确立的维也纳国际秩序，英国重新巩固了在欧洲和世界的权力；通过均势外交掌控欧洲，维护大英帝国在欧洲和全球的利益。在外界看来，连片的北美十三个殖民地的丧失，足以使英帝国就此沉沦下去和崩溃瓦解。事实上，当时的许多人也确实认为英国将继西班牙和荷兰之后沦为一个二流国家。奥地利国王约瑟夫二世（Joseph II，1741—1790 年）就曾宣布："英国已降为二流强国！"可事实是，在以后的岁月里，英国大国风范依旧，新的第二帝国出现，尤其是澳洲的发现和经历反法同盟战争击败拿破仑帝国后，英国成功巩固和扩大了对自己的殖民地和对欧洲事务的掌控权。更为重要的是，英国还率先完成工业革命，成为世界第一工业强国，强大的经济实力和工业化优势是第二帝国的经济基础。19 世纪中后期，英国在自由贸易帝国主义理念指导下成为世界上最大的殖民帝国——"日不落帝国"，它较第一帝国更加强大，是真正的世界性帝国。

知识链接：《1784 年皮特印度法案》

对印度及其他土著殖民地统治方式的变化是新帝国与旧帝国最大的区别之一。尽管东印度公司在对印度的征服中作出了巨大贡献，有效支撑了第二帝国，但是长期以来东印度公司对印度殖民地的暴力掠夺和殖民压迫越来越受到英国民众的批评，人道主义运动的传播促使新的殖民地"托管"理论出现。1784 年，皮特政府通过法案，将印度置于英国议会和东印度公司共同管制之下，大大削减东印度公司权力，惩治公司职员的腐败行为，开启了英国对印度殖民地统治的新纪元。1786 年开始的长达十年之久的弹劾印度总督黑斯廷斯案，成为英国统治印度历史的转折点。

自由贸易帝国主义

是什么最终成就了第二帝国和"日不落帝国"？

英国商人收集棕榈油，装船运回英国。

答案就是，工业革命的发展赋予了英国人新的观念。在新观念的推动下，面对美国的独立，英国人正确地总结了经验教训，逐渐抛弃了重商主义理论，接受了亚当·斯密（Adam Smith，1723—1790年）的自由贸易主张。“日不落帝国”正是建立在自由贸易的基础上，也是自由贸易的辉煌成就。实际上，美国独立以前，工业革命的发展就已经使得英国的重商主义渐趋没落，自由贸易的思想逐渐登上历史舞台，英国主流社会的思想已经开始转变。对于英国来说，对外贸易要比统治殖民地更加重要。1776年亚当·斯密出版了划时代的巨著《国富论》，为自由放任的经济政策提供了理论基础。英国首相小皮特宣称自己是斯密的学生，是自由贸易的信徒。美国的独立虽然表面上严重打击了英帝国，可是实际上的损害要小得多。由于实行自由贸易，打破了以往贸易只能在帝国范围内进行的约束，1783年以后的几年内，英国对北美的贸易完全超过了殖民时期的最高水平。凭借强大的工业能力，英国迅速从失败的战争中恢复过来。英国国内也很快就摆脱了失去美洲殖民地的悲观情绪，而且，英国人就此改变了对所有殖民地的态度。政治家和思想家伯克说道：“英国应当用殖民地对她的感情纽带来保持殖民地，如果他们想独立，英国应允许他们独立。”

进入第二帝国，英国继续在世界上扩张势力，但没有采用过去那种尽量占领殖民地土地的方法，而是以维持保卫全球贸易路线为目的，控制战略要地，如南非、斯里兰卡、马耳他等；对已有的其他殖民地如加拿大、印度，变原先赤裸裸的掠夺为更多的“法律上和道德上”的责任，强调更加灵活、温和的治理方式，同时开始努力建设这些殖民地，惩治殖民地腐败官员，促进殖民地自身的发展。结果，说法语的加拿大魁北克、英国人只占少数的印度，都长期成为英帝国最重要的组成部分。

知识链接：约瑟夫·张伯伦

约瑟夫·张伯伦（Joseph Chamberlain，1836—1914年），英国著名政治家，曾任对外贸易大臣、殖民大臣。自他开始，张伯伦家族开始迈入英国上流社会，对英国内政外交产生重要影响。在数十年的政治生涯中，他以旺盛的精力和智力来管理庞大的帝国，为英国维多利亚时代的最后辉煌作出了重大贡献。在19世纪末列强并起的时代，他力主抛弃自由贸易政策，推动关税改革进行贸易保护，积极对外进行殖民扩张来维护大英帝国的利益。

在印度旁遮普进行法庭审判的英国官员

1886 年时的英帝国疆域（红色区域为帝国控制区）。在维多利亚时代，英国国力达到鼎盛，牢固确立世界海洋霸主地位。帝国疆域空前广阔，殖民地包括加拿大、澳大利亚、新西兰、印度和南非开普殖民地等，被称为“日不落帝国”。

“帝国”概念的嬗变

英帝国虽然和其他帝国同样使用“帝国”这个名词，但在工业革命和自由贸易时代，“帝国”的含义已经较以往有很大不同。近代早期那些单纯凭借赤裸裸的暴力手段称霸、蛮横地掠夺他人的帝国，不但如过眼云烟般消失，而且在被统治者内心还留下了残暴可憎的记忆。如早期的西班牙帝国和葡萄牙帝国，对美洲殖民地直接的殖民统治和野蛮掠夺，导致 19 世纪初拉丁美洲各殖民地通过暴力革命摆脱母国殖民统治而独立。而第一帝国也因对殖民地的限制和压榨，遭遇了北美殖民地反抗和独立的历史阵痛。英国人的务实精神和政治智慧的高明之处在于，进入第二帝国时代，尽管也需要有形的殖民地作为依靠，但是对殖民地的治理方式已经发生重大改变。英国政府总结和反思了第一帝国崩溃的教训，认为竭泽而渔式的统治方式已经不再适应新时期殖民地的治理，于是将直接统治改为间接统治。凭借强大的工业生产能力，以自由贸易和炮舰外交为手段，英国迅速抢占了殖民地和全球销售市场，成为世界工厂。19 世纪英国的大多数政治家对自由贸易理念坚信不疑，长期指导英国政策的帕麦斯顿勋爵称自由贸易是“一项伟大的、永恒不变的自然法则”。他认为“商业一方面引导文明，另一方面引导和平，使人类更加幸福，更聪明，更完美”。英国坚持不懈地寻求与欧洲其他国家、美国、拉丁美洲的共和国、亚洲和非洲所有的国家签订自由贸易协议。当然，英国在与不愿开放国门搞自由贸易的国家打交道时，往往也不惜动用武力。以坚船利炮逼迫他国签订不平等的自由贸易条约的做法被称为“自由贸易帝国主义”。英帝国以传播现代化的统治体系为手段，不但成就了帝国的伟业，而且把英国的语言、文化、政治传统、政治制度传播到了全世界。时至今日，英帝国的荣光不再，但英联邦国家纽带还在，英国仍因此而受益。

渐进改革模式

英国议会改革与现代民主政治

民主与自由往往并不同步，光荣革命后的英国自由而远非民主，就是鲜明的例子。但民主化改革的大门一旦打开，就不可能再关上。

光荣革命后贵族统治下的英国选举政治弊端重重。1832 年及其后的三次议会改革沿袭了光荣革命和平渐进改革的模式，英国在半个世纪的时间里完成民主化改革，完善了议会民主政治，成为 19 世纪欧美各国民主化浪潮中的重要组成部分。

腐败的选举制度

1688 年光荣革命后，随着《权利法案》的颁布，君主专制被推翻，英国确立起君主立宪制。在君主立宪制之下，君主权力日益衰落，议会逐渐成为国家权力中心，谁控制了议会，谁就能主宰国家权力。英国议会分为上下两院，上院又称贵族院，进入上院的均为世俗贵族与教会贵族，其席位被贵族阶层所垄断。下院又称平民院，议员由选举产生。不过，在议会选举制度中，关于议席分配、选举权、选举方法的规定都是中世纪后期延续下来的，此后几百年间几乎没有变化。然而工业革命之后，英国的地理、经济与社会面貌已经发生深刻变化，新兴工业城市人口众多，但却没有议员席位分配，而大量的“衰败选区”仍旧存在。老萨勒姆堪称“衰败选区”的典型，这里已是无人居住的农田，只有田中竖起的石碑表示其选区所在，而它竟然拥有 7 张选票，并可选举产生 2 名下院议员。还有些地方已经沉到北海里去了，每逢选举，选民们必须乘船出海去行使他们神圣的权利。与此形成鲜明对比的是，工业化时期兴起的众多城市人口密集，但所分配的议席

威斯敏斯特宫（Palace of Westminster）位于英国首都伦敦市中心，是英国国会所在地，历史上王室加冕典礼和国王国葬前的陈列等也在此进行。它坐落在泰晤士河西岸，西北角的钟楼就是著名的大本钟。威斯敏斯特宫是哥特复兴式建筑的代表作之一，今天的宫殿基本上由 19 世纪重修而来。

历史悠久的伯明翰皇家酒吧是伯明翰商业区地标性建筑。在它优雅的外表下会发现许多有关王室的美好记忆，如伊丽莎白二世女王的祖母在此度过美好一夜的纪念牌匾。

很少，甚至没有议席。伦敦地区人口已达百万，也仅有 10 个议席。1820 年，新兴工业城市曼彻斯特、伯明翰、利兹三个市人口总计 50 万，却未能分配到一个席位。于是围绕议席分配、选举权资格、改革腐败的选举手段等核心议题的改革运动启动了。光荣革命以来贵族天然垄断政治权力的格局即将破冰，经济实力强大的新兴工业资产阶级联合社会下层民众向顽固的贵族堡垒发起了强烈冲击。

知识链接：自由党

自由党是英国资产阶级政党，前身是 1679 年因《排斥法案》而成立的辉格党。1832 年议会改革后，辉格党逐渐转向自由主义，要求自由贸易和自由政治，1839 年罗素开始使用“自由党”这一名称。1867 年第二次议会改革后，自由党领袖格莱斯顿四次出任首相，此时自由党已成为英国资产阶级政党。

1832 年议会改革

1832 年英国议会改革主要包括两项重要内容。（1）重新分配议席。取消许多已经衰败的选区，减少一些选区的议席；人口增加的郡的议席增多，新兴工业城市取得较多议席。具体规定：人口不足 2000 人的 56 个城市被取消了下院议席，人口在 2000—4000 人之间的 32 个城市只能保留一个议席。空余下来的席位给予人口增多的郡和新兴工业城市，由此新兴工业城市得到 65 个席位。（2）更改选举资格，扩大选民范围。降低选民的财产和身份要求，工业资产阶级和农村中的富裕农民得到选举权，选民人数大大增加。到 1832 年英国大约有 16%的成年男子得到选举权。

1832 年议会改革是 19 世纪英国议会选举制度改革的第一步，也是工业化的英国对数十年前法国大革命所提出的民主、自由、平等原则的回应，它是英国新兴工业资产阶级进行的同土地贵族重新分配政治统治权及扩大选举权的改良运动。这次议会改革从内容上来看只是一次小小的变动，并没有造

漫画反映了 1832 年英国辉格党（右）与托利党为议会改革而展开激烈论战的场景。光荣革命后，土地贵族（托利党）操纵着议会议员的选举，保留了大量衰败选区。工业革命开始后，代表工商阶层利益的辉格党为维护自身利益，强烈要求参与国家管理。

图为 1848 年宪章派在伦敦肯宁顿广场为争取普选权而向议会请愿和抗议的场景。以 1836 年“伦敦工人协会”成立和 1838 年《人民宪章》的公布为标志，英国的宪章运动蓬勃兴起。由于英国政府的镇压和宪章派领导人的屈服，此次游行示威随之失败。

成重大的体制改革，掌权的仍然是贵族，选举资格的限制也仅仅从身份资格转为财产资格，身份歧视变为财产歧视。改革后的选民人数从总人口比例的 2.5%增长到 3.3%，中等阶级主体获得了选举权，进入到政权体系之中，曾经与中等阶级并肩战斗的工人阶级一无所获，广大工人、雇农和妇女仍被排斥于政治之外。但这次改革却意义重大，它以和平的方式削弱了贵族保守势力，使得“贵族寡头制度开始分崩离析，资本主义民主大厦的根基建立起来”。改革也“奠定了一个现代工业国家扼守渐进和非暴力的道路”，此后，用和平的渐进改革方式来推行政治民主化，就演变成为英国的一种传统，也成为后世大多数现代国家发展的一种选择。

宪章运动：议会改革再上路

有了第一次改革的成功先例，第二次改革就顺利得多。1832 年英国议会改革为工业资产阶级打开了进入议会的大门，但在这一改革斗争中起过巨大作用的人民群众仍处于无权地位。自 19 世纪 30 年代开始直至 50 年代，英国掀起声势浩大的群众性宪章运动。在运动中，伦敦工人协会提出一个争取普选权的纲领性文件《人民宪章》（*The People's Charter*），包括年满 21 岁的男子普选权、秘密投票、废除议员候选人的财产资格、议员支薪、设立平等的选区和议会每年改选一次等六条要求。尽管宪章运动在 1848 年欧洲革命风暴中最终因英国政府的镇压而失败，但宪章运动的历史意义重大，为之后议会的深入改革铺平了道路。

到 19 世纪 60 年代，新的改革形势又出现了。这一次，中等阶级激进派与工人阶级再次合作，群众集会和示威游行连续不断。此时，辉格党演变成为自由党，而托利党在第一次改革后被迫自我革命进行改造，演变成为保守党。轮流执政的自由党和保守党为执掌政权而竞相提出改革法案，结果，1867 年议会改革竟然在保守党首相迪斯雷利（Benjamin Disraeli，1804—1881 年）执政时期顺利完成。根据新的改革法案，在城镇，凡是纳税的房产所有者或租客，只要拥有 10 英镑以上的财产，即可获得选举权；在农村，拥有 5 英镑的财产或租用价值 12 英镑地产者，均可享有选

本杰明·迪斯雷利，英国保守党领袖，三届内阁财政大臣，两度出任英国首相。1848 年迪斯雷利正式当选为保守党领袖，直至逝世，在把托利党改造为保守党的过程中起了重大作用。他是英国殖民帝国主义的积极鼓吹者，大力推行对外侵略和殖民扩张政策。

举权。这样一来，除农业工人和矿工以外，工人阶级主体已享有选举权。改革法案还对议席分配再次作了调整，取消了46个“衰败选区”，空出的52个议席分给大工业城市和较大的郡。第二次议会改革基本取消了“衰败选区”，使选民总数由135万增加到225万，小资产阶级和上层工人都获得了选举权，英国在议会君主制民主化的道路上又向前迈进了一步。

知识链接：保守党

保守党是英国资产阶级政党，其前身是1679年因《排斥法案》而成立的托利党。18世纪中叶以后，托利党成为以土地贵族和上层英国国教徒为核心的政治派别，并成为执政党。工业革命后，托利党逐渐向资产阶级保守主义转变。“保守党”一词最早出现于1817年英国《保守党人》杂志上，主要指维护君主制、君主制原则或正统主义原则的政治力量。皮尔被认为是保守党的创始人，迪斯雷利任领袖时期是保守党真正脱胎换骨时期，成为资产阶级政党。

第三次议会改革

1883—1885年自由党首相格莱斯顿（William Ewart Gladstone，1809—1898年）执政时期，英国进行了第三次议会改革，改革通过了两个重要法案《人民代表制法》和《重新分配议席法》。这次改革几乎没有阻力，因为让工人阶级参加议会选举已被认为是天经地义的事情了。根据法案规定，农村与城镇选区的划分取消了，依据人口比例重新划定选区，实行单一选区制，即每个选区产生一名议员；法案还规定要对选举中的舞弊、贿赂行为进行严厉打击；法案取消了选举权的财产资格限制，实际上将选举权授予所有成年男子。经过改革，议席分配基本接近于平均代表制原则。尽管英国成年公民普选权直到1928年才终于得以实现，但是经历第二次和第三次议会改革，《人民宪章》中提出的六点要求基本实现。

从1832年（即工业化即将完成之际）起，英国在近百年时间内，通过和平方式的议会改革，逐步确立起与工业文明相适应的议会民主政治和政党政治，由此开创出以渐进改革为特色的政治现代化道路。

1868年格莱斯顿第一次出任首相组阁场景，由19世纪著名肖像画家洛斯·卡托·狄金森绘制。格莱斯顿是英国著名政治家，曾四次出任首相。他推动了各项改革，奠定了现代文官制基础，推动了英国政治进一步民主化。1898年5月去世，葬于威斯特敏斯特教堂墓地。

最廉价的购地案

美国购买路易斯安那

天上掉馅饼，美国捡了个大便宜。

1803年，趁拿破仑内外交困之际，美国以1500万美元从法国手里购得路易斯安那200余万平方公里的土地。这一事件足以称得上帝国时代国与国之间交易中最合算的买卖之一。

路易斯安那的由来

历史上的路易斯安那是指位于密西西比河以西，落基山脉以东，南至墨西哥湾，北接英属加拿大的广阔地区，包括今天美国的路易斯安那州大部，阿肯色、密苏里、艾奥瓦、明尼苏达州一部，南达科他州、北达科他州大部、蒙大拿州大部，内布拉斯加州、堪萨斯州、俄克拉荷马州、得克萨斯州北部，新墨西哥州东北角、科罗拉多州落基山脉以东、怀俄明州大部及现今加拿大南部边境部分地区，总面积达215万平方公里。该地区1520年属于西班牙，1682年属于法国，1762年《枫丹白露条约》签订后又归西班牙。1795年，美国与西班牙签署了《马德里条约》，西班牙给予美国在密西西比河上通航的权利，并保证美国可以使用新奥尔良港作为出口基地。由于美国内陆腹地的大量农产品要由新奥尔良港出口到欧洲，该港对美国的意义十分重大。1800—1801年，拿破仑暗中以支持西班牙侵略意大利作为交换，逼迫衰弱的西班牙政府签订了一系列条约将北美土地割让给法国，但允许西班牙官员继续管理该地区。1802年，西班牙政府突然终止了美国在新奥尔良的储物权，使美国人不能再把货物沿密西西比河送到新奥尔良转运。美国政府认为长久之计就是购买新奥尔良及路易斯安那密西西比河以东地区，以维持密西西比河货运畅通。

路易斯安那，为纪念法王路易十四而得名。在17世纪被欧洲人发现以前，路易斯安那地区主要是美洲土著民居住，18世纪先后成为西班牙和法国殖民地。1803年美国政府以超低价格从法国购得路易斯安那地区，面积几乎与当时美国领土相当。1812年加入联邦，成为美国第18个州。

拿破仑的卖地盘算

1801年，杰斐逊（Thomas Jefferson）总统派遣罗伯特·利文斯顿（Robert Livingston）前往巴黎商讨购地事宜。1802年，杰斐逊总统再派特使詹姆斯·门罗（James Monroe，即后来的第五任总统）去协助利文斯顿与法国人谈判，可见美国政府对此次谈判的高度重视。拿破仑起初无意将路易斯安那地区卖给美国，外交部部长塔列朗也极力反对出售路易斯安那，认为此举将导致法国谋

新奥尔良位于路易斯安那州的南部，在密西西比河下游入海处，北临庞恰特雷恩湖，濒临墨西哥湾。新奥尔良市是路易斯安那州最大城市，也是美国仅次于纽约的第二大港城，以爵士乐和法国殖民地文化闻名。新奥尔良的烹饪风格混合了法国、西班牙、加勒比和非洲的传统影响。

求控制北美的计划胎死腹中，因此谈判很不顺利。没想到的是，1803年4月11日，法国财政部部长主动找到利文斯顿，称拿破仑想要整体出售路易斯安那。拿破仑的这一决定让利文斯顿喜出望外，于是他立即写信催促总统批准购买条约以防拿破仑改变主意。拿破仑要价1亿法郎，门罗和利文斯顿只愿出5000万法郎，法方后来在价格上做出让步。1803年5月2日，法国以8000万法郎（1500万美元）将路易斯安那这块面积约215万平方公里、相当于四个法国的地区卖给美国。20天后拿破仑签署了这个协议。1804年3月10日，法国正式将路易斯安那主权移交给美国。

拿破仑出售法国在北美洲的属地尽管是“白菜价”，对美国是巨大利好，但有其战略考量：一方面向美国释放足够善意；另一方面集中力量对付英国。这块殖民地与其被英国占领，不如卖给美国，而法国远征军在海地的失败则加快了这一卖地计划的实施。1802年，拿破仑曾派其妹夫黎克勒（Charles Leclerc）去海地镇压起义，因黄热病流行导致法军伤亡惨重，拿破仑在北美重建法兰西帝国的幻想破灭。此时拿破仑正在欧洲征战，也亟须筹措一笔钱款充作军费，因此拿破仑下定决心卖地给美国以换取军费。他相信，美国在亲法国的杰斐逊总统的领导下可以成为法国的潜在盟友。路易斯安那卖地得来的款项相当于法国年度财政收入的三分之一，大大充实了拿破仑的军费，帮助法国迅速瓦解了第三次和第四次反法联盟，成为欧洲霸主。

知识链接：《路易斯安那购地条约》

《路易斯安那购地条约》（*Louisiana Purchase*）要求美国分两次付款，首笔6000万法郎（1125万美元）于1803年4月30日付款；第二笔为2000万法郎（375万美元），并顺便解决美国先前对法国索赔之纷争——在此之前，法国签署了《1800年公约》，承诺赔偿美方在1798—1800年美法战争中的损失。

1803年4月30日，门罗和利文斯顿代表美国政府与法国签订《路易斯安那购地条约》。7月4日独立日，杰斐逊总统向美国人民正式宣布购地条约。1804年3月10日，在圣路易斯举行正式仪式，庆祝路易斯安那地区成为美国的一部分。图为纪念《路易斯安那购地条约》签字场面的邮票。

武装干涉墨西哥

法国输出民族主义

正在策划中的英、法、西三国对墨西哥的干涉，我认为是国际史上最凶恶的勾当之一。

——马克思（1861 年）

19 世纪初，墨西哥摆脱西班牙殖民统治独立后遭到欧洲多国联合干涉。法国不仅进行武装干预，还扶持奥地利大公为墨西哥皇帝。欧洲各国势力在美洲的渗透极大损害了美国的利益，美国在门罗主义旗号下出兵干预。民族英雄胡亚雷斯领导墨西哥人民掀起卫国战争，驱逐法国殖民势力，最终重新获得民族独立。

墨西哥革命引发外国干涉

1810 年，墨西哥人民先后在米格尔·伊达尔戈和何塞·雷洛斯的领导下，发动推翻西班牙殖民统治、要求民族独立的大规模起义。19 世纪 20 年代，墨西哥获得独立，成立了墨西哥共和国。墨西哥的独立让西班牙在拉丁美洲的殖民统治几乎全面崩溃，深深影响和加速了拉美各国摆脱宗主国殖民统治的进程，因此，独立后的墨西哥遭到欧洲殖民主义国家的敌视。1860 年，墨西哥爆发革命，建立了共和国。1861 年 7 月，墨西哥自由派总统贝尼托·胡亚雷斯（Benito Juarez，1806—1872 年）停止向外国债主支付借款的利息，这激怒了墨西哥最大的借款人西班牙、英国及法国。1861 年 12 月，西班牙军队首先在墨西哥东部的韦拉克鲁斯港登陆。随后，英法也先后向墨西哥宣战。三个国家各有算计：英国提议夺取墨西哥港口，然后以海关收入抵偿欠款；西班牙梦想在墨西哥建立新的君主政体；拿破仑三世试图在墨西哥建立一个法兰西的附属国，以利于法国资本和出口的发展。不久，反对

贝尼托·胡亚雷斯，墨西哥民族英雄。胡亚雷斯一生为捍卫墨西哥民族的独立、打击国内封建势力立下了不朽功勋，成为墨西哥国家统一、政治民主和社会进步事业的奠基人之一。

知识链接：胡亚雷斯

墨西哥民族英雄，拉丁美洲解放者之一。1862 年领导抗击拿破仑三世组织的墨西哥远征，经过五年的艰苦斗争，推翻了法国侵略者扶植下的马克西米利安傀儡政权，胜利结束抗法卫国战争。胡亚雷斯先后四次当选总统，不仅捍卫了墨西哥民族的独立，而且为国家统一和民主共和制度的巩固奠定了基础。法国作家雨果称这位印第安人总统是“使自由复活”的英雄。1872 年 7 月 18 日，胡亚雷斯因患心脏病在首都墨西哥城猝然去世。

五月五日节是墨西哥传统的爱国主义节日，是为庆祝墨西哥军队击败法国殖民军而设立的。五月五日节最早起源于美国的加利福尼亚州，是当时的美国人为了声援墨西哥人抵抗法国而发起的活动。图为庆祝仪式上的舞蹈。

法国做法的英国和西班牙先后退兵。

知识链接：五月五日节

五月五日节（西班牙语 Cinco de Mayo，意为“五月五日”）是墨西哥的地区性节日，庆祝活动主要集中在普埃布拉州及少数地区。五月五日节主要为纪念墨西哥军队在伊格纳西奥·萨拉戈萨(Ignacio Zaragoza）将军的带领下，于 1862 年 5 月 5 日的普埃布拉战役中击败法国侵略军，取得历史性的胜利。普埃布拉战役是墨西哥反殖民战争中的一场重要战役。在过五月五日节的地区，庆祝仪式包括丰盛的食物、音乐和舞蹈等。在美国及世界其他地区，人们都以五月五日节纪念墨西哥人为了捍卫传统和尊严所做出的英勇斗争。

反法自卫战争的胜利

1862 年 4 月，法军集结重兵向墨西哥城发动进攻。5 月 5 日，法军逼近普埃布拉，墨军拼死抵抗。尽管法军武器装备优良，但墨军同仇敌忾，法军发动数十次冲锋，均被墨军击退。但这场胜利仅仅延缓了战争的进程，法军最终于 1863 年 6 月 7 日进入墨西哥城，随后成立军政府。在拿破仑三世的努力下，墨西哥军政府邀请奥地利皇帝约瑟夫一世之弟、哈布斯堡王室的马克西米利安大公出任墨西哥皇帝。在取得法军支持后，马克西米利安于 1864 年 4 月 10 日接受了皇位，签订了《米拉马尔条约》，并在 5 月底登陆韦拉克鲁斯。6 月 10 日，马克西米利安在墨西哥加冕称帝，为马克西米利安一世（Maximilian I，1832—1867 年）。墨西哥人民在胡亚雷斯的领导下展开反对傀儡政权和法国殖民者的斗争。美国视拉美为自己的后院，反对欧洲列强的渗透和干预。1864 年 4 月 4 日，美国国会一致通过决议，反对墨西哥的君主制统治。1866 年 2 月 12 日，美国以违反门罗主义为由，要求法国撤走其驻墨西哥军队，同时美军亦设置了海上封锁来阻止法军的增援登陆。1866 年 5 月 31 日，拿破仑三世终于宣布撤回法军。1867 年初，胡亚雷斯率军乘势大举反攻，并于 3 月攻下墨西哥城，俘虏傀儡皇帝，光复全部国土。马克西米利安被视为法国的傀儡而被判处死刑，墨西哥取得了反法自卫战争的胜利。胡亚雷斯夺回政权，第三次当选总统。

1864 年，奥地利大公马克西米利安被法国送至墨西哥当皇帝，即墨西哥皇帝马克西米利安一世。1866 年，拿破仑三世因国内抵抗和美国反对开始逐步从墨西哥撤军，马克西米利安被墨西哥军事法庭以颠覆墨西哥共和国的罪名判处枪决。1868 年 2 月，奥匈帝国为其举行了国葬。图为马克西米利安接受墨西哥代表团的“邀请”。

重建欧洲大陆霸权

拿破仑三世的第二帝国

1848 年欧洲革命成就了拿破仑三世的第二帝国。

夏尔・路易–拿破仑・波拿巴（Charles Louis-Napoléon Bonaparte，1808—1873 年）与父辈们一样具有帝国野心，但他缺乏雄才大略，最终亲手葬送了自己建造的帝国。

夏尔・路易–拿破仑・波拿巴即拿破仑三世，法兰西第二共和国总统，法兰西第二帝国皇帝。他对外推行侵略扩张政策，谋求欧陆霸权，对内发展经济，推进工业化。他对巴黎的改造奠定了现代巴黎的基础。1870 年，在普法战争的色当会战中被俘，后宣布退位，1873 年于英国病逝。

通向帝国之路

1815 年，在滑铁卢战役中惨败后，拿破仑一世选择了退位，法兰西第一帝国宣告结束，7 岁的路易・波拿巴（拿破仑一世的侄子）也被迫随母亲流亡国外。路易・波拿巴从小就非常崇拜自己的伯父，一心渴望重现法兰西第一帝国时期的荣光，并始终以拿破仑一世的天然继承人自居，而且国内仍旧存在支持拿破仑家族的势力，这是他走向政治冒险的重要基础。1839 年，他流亡英国，一年后再次回到法国，在布洛涅冒险发起暴动，结果失败，被判处终身监禁。1846 年 5 月，他成功越狱，再次逃亡英国。

1848 年法国六月起义后，制宪会议起草了新宪法，决定选举一位强有力的总统，以稳定社会秩序。路易・波拿巴从英国流放归来，最终于 1848

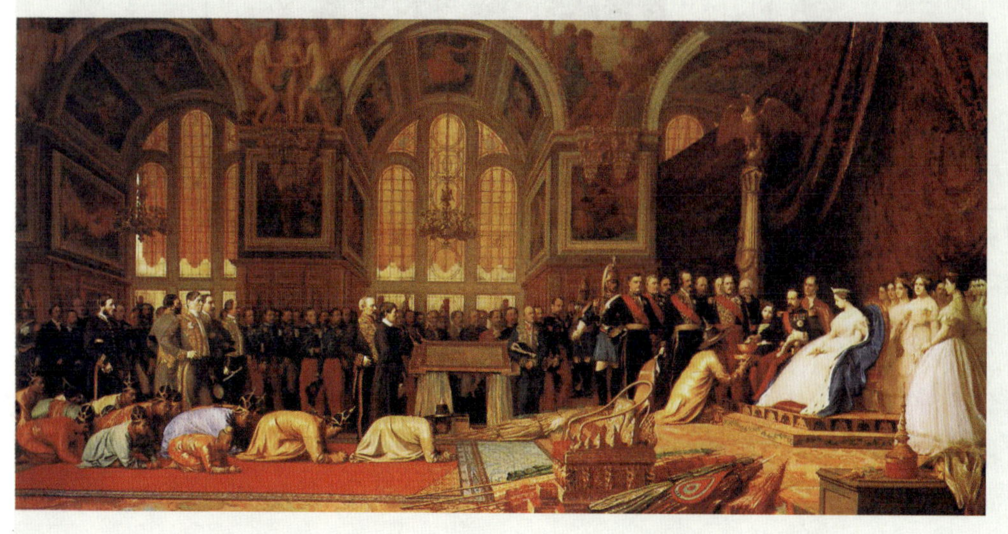

1861 年 6 月 27 日，拿破仑三世在枫丹白露宫接见暹罗使臣。暹罗曼谷王朝国王拉玛四世的特使希皮公爵向拿破仑三世递交国王信件，拿破仑三世俯瞰着匍匐成一列的暹罗使团，法兰西第二帝国内阁的 80 多位成员见证了这一幕。该画由让–莱昂・热罗姆创作于 1864 年，藏于凡尔赛宫。

这是 19 世纪位于米卢斯的纺织厂，米卢斯是法国阿尔萨斯地区的制造中心。

年 12 月 10 日的总统大选中获得压倒性胜利。尽管他公开承诺忠于共和国，但还是想获得绝对的权力。1851 年 12 月 2 日，他找准时机发动政变，政变后他保证建立新的宪法，也恢复成年男子的普选权。或许正是因为这些承诺，民众才没有强力抵制政变。但是当路易·波拿巴的权力得到巩固之后，很快便放弃了共和的主张。1852 年 1 月 14 日，他颁布宪法，新宪法赋予国王近乎绝对的权力，削弱了议会的立法权。同年 11 月 20 日，他举行了恢复帝制的公民投票，宣布“对人民负责”，“人民有权利通过全民公决来表达和申诉自己的意见”。1852 年 12 月 2 日，路易·拿破仑宣布担任法兰西帝国的皇帝，自称拿破仑三世，法兰西第二共和国就此终结。

拿破仑三世的第二帝国

拿破仑三世在法国加冕称帝、重建帝国之举，没有受到法国民众太多的抵制和反对。一方面原因在于帝国时代的欧洲列强竞争和争夺加剧，为扩大法兰西民族的生存和发展空间，法国需要一位强势领导人带领法国走向强盛，重新找回拿破仑帝国的辉煌和梦想；另一方面，拿破仑三世高超的政治手腕，部分满足了社会大众需求，他总是努力让大众支持自己的内外政策。拿破仑三世恢复了普选权，召集选举，不断巩固自己的统治权。拿破仑三世在位的 20 年期间，是法兰西快速发展的“黄金时代”。这一时期法兰西工业化进程加速，促进了经济的发展与繁荣，成为仅次于英国的工业强国。同时拿破仑三世也是第一批现代意义上的领导者，不仅依靠军队以及“君权神授说”进行统治，还充分利用政治宣传吸引平民，借助社会舆论赢得民心。外交政策上，他具有“新波拿巴主义”的雄心，积极对外扩张，参与欧洲和国际事务。拿破仑三世在不触怒英国、不损害英帝国利益的前提下进行殖民扩张，以避免再次犯拿破仑一世及法兰西第一帝国的错误。他先后联合英国发动克里米亚战争，以遏制沙俄在巴尔干的霸权，谋求瓜分衰落中的奥斯曼帝国在近东的遗产。法国通过不平等条约获得了大量在华权益，尤其是联合英国发动了第二次鸦片战争，期间直接导致圆明园被焚毁。

知识链接：苏伊士运河的修建与通航

拿破仑三世重建法兰西第二帝国，因在美洲的殖民地失于英国，所以法国重点向东方发展，打通苏伊士运河对法国意义尤为重大。1858 年 12 月 15 日，由法国控制的苏伊士运河公司成立。之后耗费十年时间，花费高达 1860 万镑，最终于 1869 年 11 月 17 日通航。运河沟通了红海、地中海、大西洋和印度洋，可见其战略地位的重要性。

东方问题

克里米亚战争

黑海出海口的争夺，既是历史宿敌俄国与奥斯曼帝国之间的较量，也是英法等大国谋求瓜分奥斯曼帝国遗产斗争的产物，更是先进工业文明与落后封建专制间的对决。

克里米亚战争（又名“克里木战争”、东方战争）是英、法、土、俄等国因争夺巴尔干半岛控制权而在欧洲大陆爆发的一次大规模现代战争，是拿破仑帝国崩溃以后欧洲规模最大的一次国际战争。战争以俄国惨败而告终，不仅引发了俄国内部农奴制改革，还给欧洲带来影响深远的军事革命和战地医疗革命。

博斯普鲁斯王国位于黑海北岸，约建于公元前 5 世纪，首都潘吉卡裴（Panticapaeum）。各城市的贸易由雅典人操纵，文化深受希腊影响。1 世纪由罗马帝国进行统治。从 342 年开始，时而归属蛮族，时而归属拜占庭。约 370 年为匈奴人所灭。图为潘吉卡裴（今乌克兰刻赤）遗址。

兵家必争之地

克里米亚半岛又称克里木半岛，位于欧洲南部。它就像一只伸展开全部触角的巨型章鱼，长年不动地悬浮在黑海北部海面上。这里是连接欧洲和中近东的重要海上通道，南部海岸与土耳其遥遥相对，西南临黑海，东北临亚速海，北以彼列科普地峡与大陆相连，是重要的战略枢纽。

克里米亚半岛海岸风景。克里米亚半岛位于欧洲东部、黑海北岸，地缘战略地位重要，长期以来为各大国必争之地。半岛总体上属地中海气候，风景壮丽优美，气候温暖潮湿，曾是苏联著名的旅游疗养胜地，半岛名城雅尔塔曾是二战时期苏、美、英三国首脑举行雅尔塔会议的地方。

公元前 438 年，克里米亚曾建立了与雅典关系良好的博斯普鲁斯王国。公元前 15 年，克里米亚称臣于罗马帝国。在此后长达 10 多个世纪中，克里米亚半岛相继被哥特人、匈奴人、可萨人（西突厥民族）、拜占庭、金帐汗国占领。15—18 世纪是独立的克里米亚汗国时期，由成吉思汗子孙在金帐汗国分裂后所建。横跨欧、亚、非三大洲的奥斯曼

克里米亚战争期间俄军在塞瓦斯托波尔（俄国黑海舰队主要基地）进行防御战。俄国在塞瓦斯托波尔战役的失利标志着第九次俄土战争结束，也标志着俄国再也无力向欧洲方向扩张领土。图为塞瓦斯托波尔战役防御战的俄军。

知识链接：战地记者的出现

在克里米亚战争中出现了战地记者，可在同日将战况报告给家乡的报纸的情况也第一次出现。当时有记者声称由于一个英国军官的错误，使得在一次不到20分钟的进攻行动中就造成了约900名英国骑兵的丧生。作为颇具社会影响力的主流报纸《泰晤士报》当晚就报道了这个损失，在英国掀起了一场危机。后来有学者指出，当时英军骑兵的死伤并没有外界所想象的多，事实上有八成左右的士兵最后安然返抵家园，900多名的伤亡人数全是英国报纸渲染夸大后的数字。在这场战争中记者还第一次使用了摄影技术来记录战争的残酷与血腥。

帝国崛起后，克里米亚汗国逐渐成为它的附属国。自彼得大帝以来俄国梦寐以求想夺取南部黑海出海口，克里米亚半岛为必争之地，为夺取它付出的代价不可谓不大。为了将半岛并入俄国版图，在克里米亚战争之前俄国同土耳其先后进行了8次战争。在1768—1774年的俄土战争中，由叶卡捷琳娜二世主政的俄国击败土耳其，土耳其被迫承认克里米亚汗国独立，克里米亚汗国实际上转向依附俄国，俄国取得了黑海出海口。1783年，俄国正式吞并克里米亚汗国，将整个克里米亚半岛纳入自己的版图。随着奥斯曼帝国的进一步衰落，南部黑海出海口一直由俄国牢牢掌控，直至1853年克里米亚战争，战败的俄国再次失去对黑海的控制，黑海实现国际共管。

战争的爆发

长期以来，东正教和天主教一直在争夺当时是奥斯曼帝国属地的巴勒斯坦“圣地”的管辖权。在“圣地”之争的背后，隐藏着欧洲列强争夺奥斯曼帝国“遗产”的真实动机。1853年7月，俄国借口保护土耳其境内东正教徒为由出兵土耳其，第九次俄土战争爆发，即克里米亚战争。战争实质是俄土之间争夺黑海出海口的控制权，英国和法国为谋求本国在巴尔干的利益、平衡欧洲力量而趁机加入进来对抗俄国霸权。传统上俄国对东方问题的政策基调是：肢解奥斯曼帝国，蚕食鲸吞其领土，力求取得独占优势，控制黑海、君士坦丁堡以及博斯普鲁斯海峡和达达尼尔海峡，以便自由出入地中海。而英国对东方问题的政策基调是：保持一个由它控制的表面独立的奥斯曼帝国，以保障英国在东方特别是在印度的权益，并借此控制两海峡，遏制俄国势力伸向地中海与英国争霸。在1848年席卷欧洲的革命风暴中，革命的烈火燃烧到了普鲁士、奥地利等国，在“神圣同盟”成员国俄国出兵帮助之下，他们才勉强稳住了形势。因此作为“欧洲宪兵”角色的俄国加深了在欧洲大陆“称霸”的错觉，沙皇尼古拉一世（1796—1855年）曾傲慢地宣称：“俄国的君主是全欧洲的主人，没有一个国家敢于挡住俄国的道路。”1853年，沙皇亲口对英国大使乔·汉·西摩说，土耳其是一个“病人”，有可能

作为第一次现代化战争的克里米亚战争，战场位于乌克兰境内，这里经常能发现各种战争遗存物。这些被当地人发现的子弹经乌克兰军事博物馆的专家鉴定证实为当时俄法军队所使用的圆锥形子弹，对于研究当时俄法两军的军事技术水平具有极为重要的参考意义。

知识链接："东方问题"

"东方问题"指的是近代欧洲列强为争夺昔日地跨欧亚非三洲的封建帝国——奥斯曼帝国及其属国的领土和权益所引起的一系列国际问题。从欧洲来看，奥斯曼帝国地处其东，故统称为"东方问题"。由于欧洲列强的插手和干预，奥斯曼帝国统治下的巴尔干被压迫民族争取民族解放的运动经历了坎坷的道路。大国的干预和地区的民族解放运动错综复杂地联系在一起，所以巴尔干问题成为国际冲突的症结，巴尔干半岛也就成了欧洲的"火药桶"。奥斯曼帝国的衰落以及由此带来的西方列强对其"遗产"的争夺斗争是"东方问题"产生的根源。

出现某种情势，迫使俄国去占领君士坦丁堡。

1853年10月，土耳其政府向俄国宣战。对于俄国人来说，这是实现传统野心的争霸战争，对于土耳其人来说，这是生死存亡、捍卫帝国尊严的战争。1854年3月底，英法正式向俄国宣战，后来撒丁王国加入英法一方，从而使俄土交战发展成了一场俄国和英法为争夺巴尔干和黑海的国际战争。战争双方参战总兵力高达185万人以上，其中俄军达120万人以上，英法撒联军达65万人以上。由于战争期间双方使用了更加先进的现代化武器如重炮、新式线膛枪等杀伤力大的武器，而战地后勤保障不完善、医疗条件恶劣以及斑疹伤寒和霍乱等传染性疾病流行，所以双方均伤亡惨重，英法联军伤亡14万人以上，俄军伤亡25万人以上。

克里米亚战争是近代科技战争的开端，是进入19世纪第一次大规模的现代化战争，是现代兵器、军事学术发展史上一个重要的阶段，它对火炮枪械和水雷武器的进一步发展起了推动作用。许多新的战争手段登上历史舞台，技术成为决定战争胜负的重要因素。而在此之前，人力被认为是决定性因素。新式线膛步枪、蒸汽动力战舰、铁路、无线电通讯等科技发明在战争中扮演了重要角色。无线电也使得大众传媒可以实时传递战况，战争距离大众

加农炮具有射程远、弹道低伸、弹丸飞行速度快的优点，是各种火炮中射程最远的一种。加农炮起源于14世纪英法百年战争时期，16世纪时欧洲人称之为加农炮，进入17、18世纪以后，加农炮在铸造技术上不断改进，杀伤力和射击精度大有提高，对战争胜负具有重要作用。图为克里米亚战争中的加农炮。

1856 年 3 月 30 日，英国、法国、撒丁王国、土耳其、普鲁士、俄国等在奥地利签订《巴黎和约》。《巴黎和约》对俄国打开黑海海峡向南扩张的企图是一个沉重打击，引发了国内的农奴制改革。英法两国在奥斯曼帝国境内建立了自己的优势地位，土耳其则陷入由欧洲列强支配和摆布的境地。

不再遥远，民意对战争进程产生深远的影响。战后军事后勤体系发展为一个独立部门，工程保障、战地医疗、后勤运输能力得到极大提高。

《巴黎和约》的签订

1856 年 3 月 30 日，交战国土耳其、俄国、撒丁王国、法国、英国、奥地利和普鲁士在奥地利签署《巴黎和约》，正式结束克里米亚战争。和约规定欧洲列强正式承认土耳其为“欧洲协调”的一国，并保证奥斯曼帝国的“独立与完整”；俄国把多瑙河口及南比萨拉比亚归还给摩尔达维亚，放弃对奥斯曼帝国境内（包括摩尔达维亚和瓦拉几亚）东正教教徒的保护权，由列强共同保障其利益；黑海中立化，黑海海峡（博斯普鲁斯海峡和达达尼尔海峡）禁止各国军舰通行，多瑙河上贸易航行完全自由，对一切国家开放，并由英、俄、法、奥、普、撒丁和土耳其七国组成“欧洲多瑙河委员会”来保证这一规定的执行。《巴黎和约》的签订对俄国打开黑海海峡向南扩张的企图是一个沉重打击，俄国从欧洲霸权中跌落下来，列宁说“克里米亚战争显示出农奴制俄国的腐败和无能”。沙皇俄国的失败使它的君主专制制度在国内外威信扫地，加速了 1859—1861 年革命形势的到来，农奴制危机加深并走向崩溃。战争中最大获利者英法两国在奥斯曼帝国境内建立了自己的优势地位，土耳其则陷入由欧洲列强支配和摆布的境地。

第 46—47 页：沉船纪念碑

1855 年在克里米亚战争中为了保卫塞瓦斯托波尔，俄国自沉了 15 艘舰船以阻挡英法联军的舰队靠近。沉船纪念碑成为塞瓦斯托波尔重要的地标。纪念碑上的展翅雄鹰仿佛守望着这些沉没在海底的钢铁之躯。

走向现代化道路

俄国农奴制改革

在很多俄国人看来，俄国落后的根源在于野蛮农奴制的存在。
为了拯救俄国，一场废除农奴制的现代化改革迫在眉睫。

克里米亚战争的失败，让俄国从维也纳会议以来“欧洲宪兵”的自我迷恋中彻底惊醒，深刻认识到俄国与英、法资本主义强国之间的巨大差距。沙皇亚历山大二世开启了俄国历史上继彼得一世改革之后最重要的现代化改革，真正让俄国走上资本主义发展道路，重新寻回大国地位和民族自信。

改革前的俄国社会

自彼得一世改革为俄国打开通向欧洲的窗口后，俄国一直以欧亚地区性大国身份积极参与欧洲国际事务。但它几乎没有一次是支持进步运动的，而是扼杀进步和不断地扩张自己。进入19世纪以后，俄国扮演了“欧洲宪兵”的角色，到处镇压革命，其根源在于直至19世纪中期它仍旧是一个封建农奴制国家。据估计，1858年俄国农奴人口大约7400万，其中2300万为私人所有的农奴，2500万为国家或其他机构所有的农奴，还有200万农奴为沙皇自己所有。18世纪70年代普加乔夫（Pugachev，约1742—1775年）领导的农民大起义席卷了俄国广大地区。尽管最后遭到严酷镇压，但是政府对大规模农民起义的恐惧始终存在。

1973年发行的纪念普加乔夫的邮票。叶梅连·普加乔夫，俄国农民起义领袖。1773年，普加乔夫揭开了俄国历史上一场大规模反对农奴制压迫的农民起义的序幕。由于战略战术失误，加上沙皇的重兵镇压，普加乔夫所领导的农民起义以失败告终，普加乔夫也于1775年被沙皇叶卡捷琳娜二世处死。

克里米亚战争的惨败成为俄国进行重大改革的契机。在签订《巴黎和约》后的12天，刚刚继位不久的沙皇亚历山大二世（Alexander Ⅱ，1818—1881年）接见莫斯科贵族代表时说：“现行的农奴制度不能一成不变，与其等待农奴自下而上地来解放自己，倒不如我们自上而下地进行改革废除农奴制。”沙皇的讲话预示着农奴的解放问题成为公众问题和政府的头等大事。

农奴制的废除

在经过了一系列的前期准备工作后，1861年俄历2月19日（公历3月3日），亚历山大二世正式签署了废除农奴制等改革法令，包括《关于脱离农奴依附关系的农民的一般法令》等17个文件，规定一个时期内分阶段地解放欧俄部分（包括大俄罗斯、白俄罗斯、乌克兰和立陶宛）的地主农奴，共解放2200万农奴。之后又于1863年和1866年

2005 年 6 月 7 日，为了纪念沙皇亚历山大二世在世界近代史上作出的贡献，向这位伟大的农奴制的废除者和改革者致敬，俄罗斯政府在莫斯科红场基督教救世主大教堂旁边竖立起了他的首座塑像。

知识链接：普加乔夫农民大起义

1773 年 9 月 17 日，顿河哥萨克人普加乔夫自称皇帝彼得三世，聚集了一支 80 人的队伍，公布檄文，发动起义。战争席卷奥伦堡边区、乌拉尔山区、西西伯利亚、伏尔加河中下游地区，踊跃参战的起义者达 10 万人。农民起义遭到镇压后，1775 年 1 月，普加乔夫等起义军领导人被处死。普加乔夫领导的农民起义已作为沙俄时期人民群众为摆脱农奴制而进行英勇斗争的最光辉的一页被载入史册。

两次颁布类似的法令，解放了隶属于封地和国家的农奴，总数达 2500 万人。沙皇政府解放 4700 万农奴的勇敢举动堪比同时期美国解放 400 万黑人奴隶的壮举，结束了人类历史上这一丑陋的、不人道的剥削形式，这一根本性改革将俄国引向资本主义快速发展的轨道。农奴制的废除让沙皇亚历山大二世成为农奴的“救世主”。正如一个被解放的农奴对俄国《废除农奴的声明》所称颂的那样：“(俄历 1861 年）3 月 5 日，一个伟大的日子。解放宣言！我在中午前后拿到一份。阅读这份珍贵的法案时，我无法表达自己的喜悦。在俄罗斯几千年的历史中，很少有文件能和它相媲美，我怀着尊敬和感激注视亚历山大二世的画像。”

在解放农奴的根本性改革之外，沙皇政府还推行了其他几项重要改革，包括 1864 年的地方机构改革、1870 年的市政改革、1864 年的司法改革、1874 年的军队改革等。历史表明，亚历山大二世在位的 26 年对俄国现代化事业和社会进步贡献巨大，其统治时期的俄国日益成为一个现代西方国家，俄国再次成为欧洲大国俱乐部中不可忽视的一员。

由于改革中隐藏的各种矛盾的日积月累和激进运动的发展，革命激进分子于 1881 年 3 月 13 日刺杀了亚历山大二世。据说这位沙皇一生遭遇的各类暗杀未遂事件多达近百次，成为名副其实的“遇刺之王”。为了怀念这位“农奴的解放者”，人们在其遇刺地点兴建了具有特别历史意义的纪念堂——滴血教堂。

芬兰赫尔辛基大教堂前是铺满古老石块的参议院广场，在广场中心竖立着建于 1894 年的沙皇亚历山大二世的铜像，纪念这位农奴制的解放者给予芬兰的自治。铜像底座站立着“解放的农奴”。

洲际帝国的崛起
奥斯曼帝国

它是继阿拉伯帝国、拜占庭帝国之后的地中海世界的主人，勒班陀海战后奥斯曼帝国丧失了传统地中海霸权。

1453年攻陷君士坦丁堡后，奥斯曼帝国成为继阿拉伯帝国之后兴起的又一个以伊斯兰教为国教、横跨欧亚非三大洲的洲际性帝国。它跨博斯普鲁斯海峡而屹立，一脚踏着亚洲，另一只脚踩着欧洲，在很长时间里成为地中海世界的主人。

帝国的兴起

奥斯曼帝国是在14世纪初期西突厥人族长奥斯曼及其儿子奥尔汗时代自塞尔柱帝国中分裂独立而来。它兴起于小亚细亚，周边强敌环伺，靠着其草原“加齐”（Gazi，即“圣战勇士”）的传统，在与拜占庭帝国、伊斯兰国家的长期战争中发展强大起来。1453年，奥斯曼帝国攻陷拜占庭帝国首都君士坦丁堡，成为继阿拉伯帝国、拜占庭帝国之后更加强大的洲际性帝国，地中海成为其内湖。极盛时奥斯曼帝国地跨欧亚非三大洲，包括整个小亚细亚半岛、巴尔干半岛、整个中东地区及北非的大部分，西达摩洛哥，东抵里海及波斯湾，北及奥地利帝国和罗马尼亚，南及苏丹，控制了整个西欧到东方的通道，是名副其实的大帝国，在16—17世纪大部分时间里地中海世界几乎没有哪个国家的力量能够与其抗衡。至16世纪中叶，经历了10代苏丹的对外征伐和统治的奥斯曼帝国已经达到了最强大的顶峰。

奥斯曼帝国苏丹卫队又称禁卫军，训练有素纪律严明。这支军队士兵主要来源于基督教巴尔干地区。图为一群冲锋陷阵的奥斯曼禁卫军士兵。

地中海霸权的轮回

新航路开辟之后，西班牙殖民势力强势崛起，奥斯曼帝国不得不与航海强国威尼斯、热那亚以及西班牙进行长期的争夺，以维持地中海的制海权。勒班陀战役是地中海地区历史上最大规模的一次海战，1571年10月7日在距勒班陀（希腊纳夫帕克托斯市的旧称）60公里帕特雷湾湾口附近，奥斯曼帝国与“神圣同盟”（包括威尼斯、西班牙、罗马教皇国、马耳他、热那亚、西西里、那不勒斯、萨瓦、托斯卡纳、帕尔玛等基督教国家）进行了一次大海战。“神圣同盟”舰队由奥地利大公唐·胡安指挥，含6艘大桨帆船、207艘大战船，2.5万名士兵；奥斯曼帝国舰队由穆阿津札德·阿里·帕夏率领，整个舰队约有5万名桨手和海员，步兵数量则为2.7万人（其中包括大约1万名精锐的新军），舰船包括210艘大桡战船、66艘尖底帆船。从舰队兵力配置看基本势均力敌。在

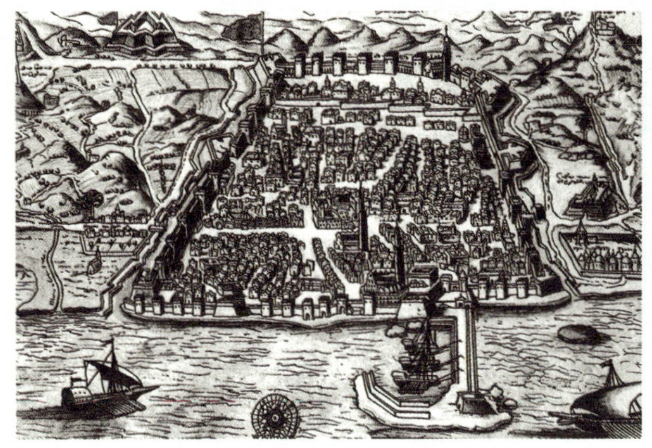

这幅印刷图画描绘了 17 世纪阿尔及尔的情景。当时，奥斯曼帝国从陆地与海上保护这座城市。

知识链接：奥斯曼帝国苏丹塞利姆二世

塞利姆二世是苏莱曼一世之子，1566 年登基后，沉迷酒色，因此被称为“酒鬼”塞利姆。国政大多由他的大维齐尔即宰相负责，在位 12 年期间奥斯曼帝国衰落迹象更加明显。1571 年 10 月，西班牙与意大利诸邦的基督教联合舰队在勒班陀重创了奥斯曼帝国的舰队，夺回地中海霸权，然而奥斯曼帝国海军在半年后便重新控制了地中海。1574 年 10 月，塞利姆二世突然死亡。据说，当时他喝醉酒后去一个新建的浴室淋浴，滑倒在崭新的地板上导致颅骨摔裂而死。

接舷战中，装备有火器（火炮、火绳枪）的同盟国士兵重创大多数仅用冷兵器的土耳其人。奥斯曼帝国舰队司令阿里・帕夏被击毙，其座舰被缴获。失去了指挥的奥斯曼帝国舰队继续各自为战，最后覆灭，损失战船 224 艘，其中 117 艘被缴获。同盟国损失战船 15 艘，大约 7500 人阵亡，而奥斯曼帝国大约有 2 万多名士兵伤亡。不朽名著《堂吉诃德》一书的作者塞万提斯曾在“侯爵夫人”号大桡战船上领导一个西班牙士兵排，表现出众，但在战斗中失去了一只手臂。

基督教国家的胜利，扭转了地中海力量均势。勒班陀海战是桡桨战船队的最后一次大战，奥斯曼帝国舰队遭受重创，短暂失去了地中海霸权。但是奥斯曼帝国的海洋力量并未彻底丧失，地中海东部仍旧在奥斯曼帝国控制之中。进入 17—18 世纪奥斯曼帝国依旧是地中海最强大的国家。此战表明火炮及其他火器在海上作战中具有愈来愈重要的作用，以火炮武器为主要战术的作战方式影响了日后海上战争的发展，同时也加速了帆船动力舰队的发展。

1571 年勒班陀战役是欧洲基督教国家联盟海军与奥斯曼帝国海军在希腊勒班陀近海展开的一场大规模海战。奥斯曼帝国战败，丧失了长久以来在地中海确立的霸权和优势。此战意味着排桨战船时代让位于风帆战船时代，火器技术日益影响海战战局。

帝国陨落

从地中海“主人”到“欧洲病夫”

曾经的地中海霸主如何沦落为“欧洲病夫”？是内部的衰败还是外部危机所致？

奥斯曼帝国的崛起是近代早期世界历史上的大事，它曾经以一国之力抵挡住了欧洲多国联军的联合打击和进攻。然而17—18世纪以后，奥斯曼帝国的统治者们在内部改革不畅、外部强敌环伺和连环打击下逐渐走向衰落。

日落斜阳

1617年后，奥斯曼帝国的苏丹王室不再实行父子相传制，而是由同一家族中最年长的男子继承王位，而那些继承者基本上是从“笼子”里出来的，根本没有治国统军的才干，只好将国家大事授予辅政大臣或大将军管理。于是，任人唯亲、卖官鬻爵、后宫干预朝政、官僚腐化堕落等所有没落帝国曾有过的弊病，在奥斯曼政府中成为风气。此外，政府官员的腐败与不思进取，教育和科学技术的落后，帝国内民族宗教问题的错综复杂，各民族争取独立的斗争，都加速了奥斯曼帝国的瓦解。

一系列战争失败造成了领土与权力的巨大损失。到了17世纪末期，与神圣罗马帝国皇帝利奥波德一世为首的联军交战败北以后，两个世纪以来奥斯曼帝国所占领的大片土地丧失殆尽。图为土耳其手枪枪套。

16世纪欧洲出现的三个重大变化对奥斯曼帝国瓦解有着直接影响。其一是欧洲各国一致行动，阻止奥斯曼帝国进入欧洲；其二是地理大发现诱发形成的世界市场和价格革命的冲击；其三是欧洲科学技术革命的发展。进入欧洲对奥斯曼帝国的生存极其重要，奥斯曼国家诞生于伊斯兰教和拜占庭基督教两者之间的边界地带，本是靠着“圣战”信念发展起来的，开拓疆土是奥斯曼帝国成长壮大的重要动力，然而进入16世纪以后对外扩张活动已经变得十分困难，面临外部强大阻力，扩张活动也基本停止。当奥斯曼

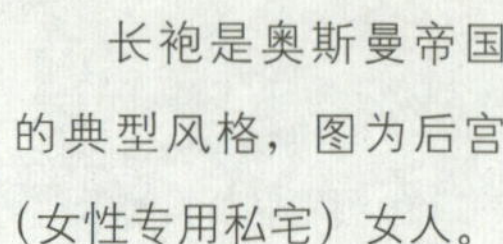

长袍是奥斯曼帝国的典型风格，图为后宫（女性专用私宅）女人。

帝国过分延伸的庞大的战争机器终于吃力地在匈牙利平原上停下来时，欧洲人的远洋活动让欧洲各国控制了世界贸易和海洋通道，引发世界贸易的巨大变化。欧洲各国主导了大西洋贸易和欧亚贸易，给奥斯曼帝国的对外贸易尤其是东西贸易和印度洋贸易带来巨大损失和沉重打击。奥斯曼帝国的财政收入大大减少，经济实力严重削弱。价格革命导致的经济危机和农业技术的落后，使得奥斯曼帝国经济远远落后于欧洲先进国家。而16—17世纪在欧洲发生的科学革命，使得欧洲在科学和技术领域领先世界其他文明区域。在中世纪时期穆斯林曾经在自然科学和人文科学方面有过辉煌的成就，但到了16—17世纪以后，伊斯兰教在帝国的膨胀和强大中变得傲慢和封闭，穆斯林学者和官员对基督教欧洲的新兴技术和科学往往给以轻蔑和偏见。唯我独尊的态度阻碍了奥斯曼帝国接受西方先进的科学技术。先进的造船航海技术和火药武器（尤其是火炮）的广泛应用和改进，让大西洋沿岸国家在军队训练、武器装备方面远远领先于奥斯曼帝国。奥斯曼帝国在与欧洲各国的军事对抗中往往处于下风，几乎每战必败，最终遭到大国的联合绞杀，沦为任人宰割的羔羊。

知识链接：帕夏

伊斯兰教国家高级官吏称谓，又译“巴夏”“帕沙”。系突厥语音译，一说源自波斯语“Padshah”。帕夏其义与阿拉伯语“埃米尔”略同。13世纪塞尔柱王朝首先使用这一称号。奥斯曼帝国时，为苏丹授予军事最高统帅的称号，后用于称呼帝国高级文武官员。只属个人，不世袭。奥斯曼帝国在统治埃及、伊拉克等地时，将委派为该省区的总督也称“帕夏”，20世纪30年代土耳其共和国时期废除这一称号。

1571年的勒班陀海战就是基督教国家联合对抗奥斯曼帝国地中海霸权的行动，这一海战的失败结束了地中海霸主奥斯曼帝国叱咤风云的时代。当时的国际环境也不利于奥斯曼帝国进一步发展，一道又一道无法逾越的障碍拦在土耳其人面前：在东方的海洋上，土耳其人被葡萄牙人的坚船赶出了印度洋水面；在克里米亚及其外围，土耳其人遇到了俄罗斯人的阻挠，被迫停留在黑海一线；在非洲，沙漠、山脉和气候阻止了土耳其人继续南下；在地中海和大西洋通道，新兴的西方国家控制了海上航线，土耳其人作为东西方贸易中间商的地位不复存在；在西欧腹地，奥斯曼帝国的军队多次围攻维也纳都未成功，最后被迫从维也纳城下撤

约翰三世·索别斯基国王因为在1683年解除维也纳之围而被称为“波兰之狮”。此为华沙瓦津基公园（Lazienki Park）的约翰三世纪念碑，展示的是他马踏土耳其士兵的形象。

退；在向伊朗的征途中也遭遇到了新兴什叶派萨法维王朝的抵制。

“欧洲病夫”时代

土耳其自17世纪晚期开始遭遇北方俄国的挑战。17—19世纪，土耳其与俄国为争夺高加索、巴尔干、克里米亚和黑海等战略要地而进行了长达200余年的对抗与战争，几乎都是以土耳其签订屈辱的和约、割让大量土地而结束，俄国的强势崛起成为奥斯曼帝国的梦魇。彼得大帝的西化改革让俄国迅速强大起来，彼得大帝在位期间发动了两次对土战争，在第一次对土耳其的战争中，土耳其人接受了屈辱的《卡洛维茨条约》，丧失大片领土，俄国进入了本属于奥斯曼帝国内海的黑海地区。曾经

1683年9月12日，奥斯曼帝国军队围困维也纳的两个月后，波兰国王约翰三世率领的波兰—奥地利—德意志军队打败了大维齐尔（宰相）卡拉·穆斯塔法·帕夏率领的奥斯曼帝国军队。这场战役阻止了奥斯曼帝国攻入欧洲的行动，并维持了哈布斯堡王朝在中欧的霸权。

不可一世的洲际帝国奥斯曼帝国第一次作为战败国签订屈辱和约，这是它退出与欧洲大国的竞争、走向衰落的重要标志。

进入18世纪，土耳其人又与俄国发生了两次大规模的战争。从历史上看，俄土战争的爆发是沙皇伊凡四世以来俄国向黑海和里海出海口发展的必然结果。叶卡捷琳娜时期第一次俄土战争（1768—1774年）中，土耳其战败，签订屈辱的《凯纳尔基条约》，承认克里米亚汗国独立，听任俄国割占亚速、克里米亚、第聂伯河和布格河之间的草原地带。条约使俄国得到了历代沙皇梦寐以求的黑海出海口，为向巴尔干半岛扩张奠定了基础。第二次俄土战争（1787—1792年）是沙皇南下政策的继续，克里米亚问题是战争的导火索。法国大革命后欧洲列强不得不将注意力转向法国，沙俄抓住有利时机迅速结束了这场战争，最后土耳其被迫接受屈辱的《雅西和约》。该条约迫使土耳其放弃克里米亚和格鲁吉亚，俄国乘机夺取了黑海制海权和博斯普鲁斯海峡通行权，并获得了奥斯曼帝国境内东正教会的保教权。从此土耳其彻底成为西方列强与俄国争夺东地中海和黑海地区制海权棋盘上的一颗棋子，主权进一步丧失，一度不可一世的洲际帝国沦为“欧洲病夫”。

进入19世纪，奥斯曼帝国继续沦落，无法抵御欧洲列强的蚕食鲸吞。拿破仑帝国崩溃后俄国成为欧洲四强之一，自“神圣同盟”建立以来，俄国向奥斯曼帝国方向扩张成为重点。尼古拉一世毫不掩饰自己对于奥斯曼帝国的野心。他多次表示“土耳其应该死去，而且一定会死去”，剩下的就是如何协调各方立场共同瓜分奥斯曼帝国的问题。此后的土耳其继续被欧洲列强瓜分和宰割：1812年将比萨拉比亚让给俄国；1878年又把波斯尼亚和黑塞哥维那割让给奥地利，把巴统和卡尔斯划给俄国等。

知识链接：神圣同盟

1815年维也纳会议结束后不久，由俄国沙皇亚历山大一世发起，得到奥地利皇帝弗朗茨一世和普鲁士国王腓特烈·威廉三世的赞同，于同年9月26日在巴黎签署《神圣同盟宣言》，标榜根据基督教教义处理相互关系，三国君主以“手足之情”“互相救援”。同年11月，法国国王路易十八加入。最后除英国、奥斯曼帝国以及教皇国外，欧洲各国君主纷纷加盟。在1830年法国七月革命和欧洲1848年革命的冲击下，反动的神圣同盟瓦解。如恩格斯所说，它是“所有欧洲的君主在俄国沙皇领导下反对该国人民的一个阴谋”。

军事和外交上的接连失利，迫使奥斯曼帝国的贤明君主和有识之士痛定思痛，开始考虑学习西方富国强兵之道。

艾哈迈德三世曾经一度振兴帝国，史称郁金香时代。1711年他的军队彻底包围了彼得大帝亲自统帅的俄军，这是奥斯曼帝国对俄作战的历史上最大的胜利。图为艾哈迈德三世画像。

两大帝国的百年恩怨 俄土争霸

横跨欧亚非的奥斯曼帝国盛极而衰；一个帝国意欲口中夺食，另一个帝国则试图保住既有家业。

历史上，土耳其与俄国在黑海地区一直展开长期竞争与争夺。两国为控制黑海的两个具有战略意义的区域——高加索和巴尔干地区，进行了两百余年的对抗和竞争，最终俄国夺取了土耳其大量领土和战略要冲，扩张为帝国，而土耳其则在俄国不断的蚕食中走向衰落。

两大帝国的交锋

第一次俄土战争（1676—1681 年）。这是俄国的罗曼诺夫王朝与奥斯曼帝国之间第一次较为重要的战争。1676 年，俄国对土耳其宣战。战争持续 5 年，双方都没能分出胜负。1681 年签署和约，奥斯曼帝国承认俄国对第聂伯河左岸地区的统治。

第二次、第三次俄土战争。彼得大帝时期，通过西化改革，俄国经济实力和军事力量加强，迈向欧洲大国行列。彼得大帝为夺取南部黑海出海口，对土耳其发动两次战争，一胜一负。1683 年 7 月，土军围困维也纳，后俄国加入奥地利、波兰和威尼斯联盟对土作战。1686 年，彼得大帝发动第二次俄土战争（1686—1700 年），战争的结局是亚速和延伸到米乌斯河的亚速海沿岸一带归属俄国。俄国获得亚速要塞，在黑海建立了第一个出海口。1710 年，土耳其发起第三次俄土战争（1710—1713 年），目的是为收复顿河河口。1711 年，沙皇彼得一世亲征普鲁特河，陷入土耳其和克里米亚鞑靼人军队的重围，战争以俄国失败告终。根据 1711 年 7 月俄土签订的《普鲁特和约》，亚速重归土耳其统治。

亚速要塞扼守着俄国通向亚速海和黑海的大门。攻取这座要塞成为 17 世纪末俄国对奥斯曼帝国军事行动的主要目标。1696 年 7 月 19 日，俄国军队攻占了土耳其的亚速要塞，根据俄土《君士坦丁堡和约》，亚速划归俄国，从此开启了俄国的海洋大国时代。

第四次俄土战争（1735—1739 年）。战争起因于俄罗斯帝国与土耳其之间在 1733—1735 年波兰王位继承战争后不断激化的矛盾以及克里米亚鞑靼人对俄国国土无休止的袭击。这场战争同时展现了俄罗斯帝国持续向黑海地区扩张的决心。战争接近尾声时俄国面临瑞典入侵的威胁，而盟国奥地利又退出战争，不得已情况下俄国同土耳其签订了《贝尔格莱德和约》。根据 1739 年 9 月俄土签订的《贝尔格莱德和约》，亚速再次归俄国所有，俄土争霸中俄国再次扳回一局。

第五次、第六次俄土战争。第五次俄土战争（1768—1774 年）是叶卡捷琳娜女皇在位时期俄土间发生的一场影响重大的战争，其主要结果是南乌克兰、北高加索地区和克里米亚从此被俄国控制。奥斯曼帝国最终不得已于 1774 年 7 月 21 日签订《凯纳尔基和约》，俄国得到割地赔偿和 250 万卢布的战

2013 年，俄罗斯和保加利亚联合发行的纪念 1877—1878 年第十次俄土战争结束 135 周年的小型张邮票。

知识链接：叶卡捷琳娜二世

叶卡捷琳娜二世（1729—1796 年），也称凯瑟琳二世或凯瑟琳大帝。在俄国历史上，叶卡捷琳娜二世与彼得大帝齐名。1762 年，她发动宫廷政变登上女皇宝座，在位 35 年。统治期间叶卡捷琳娜二世进行了大刀阔斧的改革，推行开明专制，建立了一支强大的陆军和海军力量，积极干预欧洲事务，引领俄国迈入欧洲强国行列。她在位期间发动两次对奥斯曼帝国的战争，将克里米亚半岛和黑海沿岸的土地并入版图，打通了黑海出海口，加速了奥斯曼帝国的衰落。1796 年 11 月 17 日，叶卡捷琳娜二世猝死于皇村（今普希金城）。

争赔款，同时还获得了第聂伯河和南布格河之间的地区和刻赤海峡，打通了黑海出海口。第六次俄土战争（1787—1792 年）与第五次俄土战争一脉相承，都是俄国传统南下政策的继续。1792 年 1 月，俄土签订《雅西和约》，土耳其承认俄国兼并克里米亚和格鲁吉亚。俄国为战争做了充分准备，实现了称霸黑海的野心，获得了黑海出海口，为进一步向巴尔干、地中海和中亚方向侵略扩张创造了有利态势。

第七次、第八次俄土战争。1806 年，奥斯曼帝国在法国拿破仑一世的支持下对俄国进行军事行动，以夺回对瓦拉几亚和摩尔达维亚两地的控制权。虽然俄军主力被拿破仑牵制在普鲁士，但是俄军仍然能在人数处于劣势的情况下在巴尔干半岛、外高加索和黑海几个方向上同时取得胜利。1807 年，俄国与法国签订《提尔西特和约》，从而可以腾出手来对付奥斯曼帝国。1812 年 5 月 28 日，俄土签订《布加勒斯特条约》，俄国攫取了罗马尼亚的比萨拉比亚，把边界推进到普鲁特河。第八次俄土战争（1828—1829 年），正值希腊人发起摆脱土耳其统治的希腊独立战争，俄国趁火打劫，法国也支持希腊，英国诗人拜伦率领一支志愿军赴希腊作战，土耳其与埃及联军战败。1829 年 9 月，俄土双方签订《亚得里亚堡和约》，土耳其向俄国割让外高加索沿海的领土。

第九次俄土战争（1853—1856 年）。因为最重要的战役在克里米亚半岛上爆发，所以后来被称为“克里米亚战争”。出于对巴尔干的利益争夺，牵制俄国的扩张，英法等大国参与进来支持土耳其反对俄国。

从地图上看，克里米亚半岛犹如一只伸展开的巨型章鱼，将触角从东欧平原南端伸向黑海中央，战略地位十分突出，被称为“黑海门户”。长期以来俄国与奥斯曼帝国为争夺黑海出海口进行了多次战争，最终沙俄不断蚕食衰落的奥斯曼帝国领土，获得南部黑海出海口。图为黑海的俄罗斯码头。

1877—1878 年的俄土战争中，格鲁吉亚、亚美尼亚、阿塞拜疆等地的民团加入了高加索集团军，参与对土耳其的战斗。图为巴统地区的格鲁吉亚民兵。

最后签署的《巴黎和约》使俄国丧失了几乎历次对土战争的成果，此战让俄国欧洲大国的地位跌落，丧失黑海出海口，引发俄国内部农奴制改革，这也是土耳其在对俄作战中取得的少有的一次重大胜利。

第十次、第十一次和第十二次俄土战争。1877 年 4 月 24 日，俄国向奥斯曼帝国宣战，第十次俄土战争爆发。1878 年 3 月 3 日签订了《圣斯特法诺和约》，该条约是由俄国外长和沙皇等人事先炮制的，对于土耳其来说完全是一个城下之盟，土耳其丧失了大量领土和权益。《圣斯特法诺和约》的签订引起了英国、奥地利等国的强烈不满，后在德国首相俾斯麦的调停下，多国参与签订《柏林条约》，对《圣斯特法诺和约》进行重大的修订。保加利亚、东鲁梅利亚改由土耳其保护，土耳其赔款 2 亿卢布。第一次世界大战传统上也被认为是第十一

在 1877—1878 年的俄土战争中，巴尔干半岛是主要战场。土耳其控制下的罗马尼亚、塞尔维亚和黑山均加入俄方，共同对土耳其作战。其中，俄军与土耳其军队曾在保加利亚北部的普列文（Plevna）爆发激战。图为罗马尼亚军队进攻普列文的一处要塞。

1877 年英国漫画《英国狮保护下的土耳其苏丹》。1877 年，俄军兵临君士坦丁堡，英国政府向马尔马拉海派出皇家海军分舰队向俄国施压，迫使俄国放弃了向君士坦丁堡进军的计划。英国的强力干预使奥斯曼帝国免遭被侵占的厄运，英国的利益得到保障。

知识链接：1878 年柏林会议

第十次俄土战争（1877—1878 年）后，土耳其与俄国签订了丧权辱国的《圣斯特法诺和约》，和约的签订让在巴尔干都有利益的英国和奥匈帝国对俄国强烈不满。在德国首相俾斯麦的调停下，俄国被迫同意举行柏林会议修改条约。1878 年 6 月 13 日，柏林会议开幕，俾斯麦任会议主席。参加国有德、俄、英、奥匈、法、意、土耳其等主要大国，签订了《柏林条约》。该条约主要是修改《圣斯特凡诺和约》的条款，让土耳其保住君士坦丁堡，柏林会议使俄国的扩张野心被大大限制，但也使巴尔干问题更为复杂。

次俄土战争。苏俄内战时期（1918—1922 年），欧美列强与俄国反革命势力同苏维埃政府之间爆发战争。在战争中，德国和处于瓦解前夕的奥斯曼帝国违背《布列斯特和约》，侵占克里米亚和南高加索，这被看作是第十二次俄土战争。至今俄罗斯与土耳其之间就南部黑海出海口问题仍有争议。

俄国的胜出

俄土两大帝国之间的历史恩怨与战争断断续续长达 232 年，一直延续到第一次世界大战和苏俄内战，几乎每一百年就会有三次大规模战争，是欧洲历史上持续时间最长的战争系列。奥斯曼帝国以战争和扩张而成为横跨欧亚非三大洲的帝国，作为曾经的地中海世界的主人，在欧洲国家还未崛起之时保持了强大的国力和地区影响力。但是当西班牙、英国、法国以及俄国等国强大起来后，奥斯曼帝国最终在强敌的四面围堵和军事打击中败下阵来，不断割地赔款。尤其是俄国在不断地对土耳其战争中壮大了力量，不仅获得南方黑海出海口，而且打通了南下巴尔干的战略通道，在与英法等国的角逐中占得了天时地利之便。为了瓜分奥斯曼帝国的历史遗产，奥地利、英国、法国等大国以及罗马尼亚、保加利亚等国也先后参与其中。18—19 世纪，奥斯曼帝国在欧洲强国的围追堵截中不仅丢掉了大国霸权地位，而且日益陷入严重的民族危机之中。

第 60—61 页：1683 年奥斯曼帝国和今日土耳其疆域对照图

奥斯曼帝国为土耳其人建立的帝国，创立者为奥斯曼一世。土耳其人初居中亚，后迁至小亚细亚。1453 年，奥斯曼帝国消灭东罗马帝国，定都于君士坦丁堡，以东罗马帝国继承者自居。16—17 世纪，奥斯曼帝国势力达到鼎盛，横跨欧亚非三大洲，掌控地中海霸权。自 16 世纪以来，奥斯曼帝国难以抵御近代化欧洲诸国的强势崛起和军事打击，于 19 世纪初趋于没落。凯末尔革命后建立土耳其共和国，奥斯曼帝国至此灭亡。

The Ottoman Empire

- in 1683 AD, at its greatest extent
- Turkey today

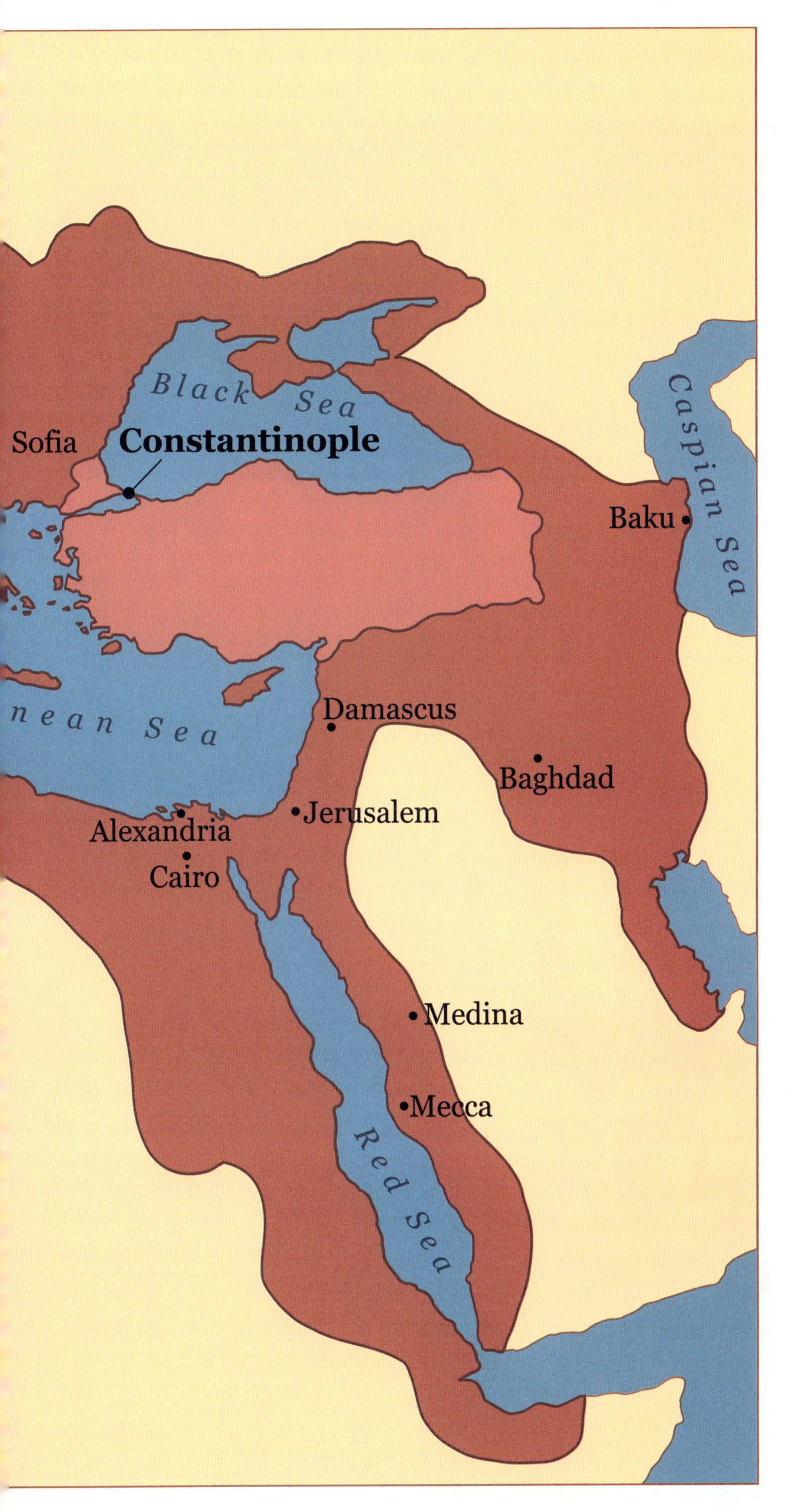
Black Sea
Caspian Sea
Sofia
Constantinople
Baku
nean Sea
Damascus
Baghdad
Alexandria
Jerusalem
Cairo
Medina
Mecca
Red Sea

富国强兵的努力

塞利姆三世与马哈茂德二世改革

曾经的地中海霸主在欧洲强国的不断蚕食下日益衰落。
衰落和处于危机中的奥斯曼帝国能否重现历史辉煌?
西化改革成为振兴帝国的唯一出路。

自17世纪之后，土耳其在军事上日益衰落，在与基督教国家交战中屡战屡败，重压下被迫签订屈辱的割地赔款条约。民族危机最终迫使土耳其人抛弃鄙视基督教科学与文化的传统，向西方寻求救国之路，实现富国强兵。

塞利姆三世改革

近代土耳其的改革最先由军事改革入手，发起改革的是奥斯曼帝国苏丹塞利姆三世（Selim III，1761—1808年）。塞利姆三世是奥斯曼帝国第28任苏丹（1789—1807年在位）。在位期间，他为了重振帝国，曾以西方国家为模式，在内政、外交和军事制度等方面采取了一系列革新措施，从而成为奥斯曼帝国历史上最早实行大规模“西化”改革的苏丹。

这幅18世纪的土耳其图画描绘了塞利姆三世在托普卡帕宫殿的费利西蒂门口接见一位欧洲外交使节。

在外交方面，他在英、法、德、奥等各主要欧洲国家首都设立正规的、常驻的奥斯曼帝国大使馆，派遣年轻的使节去研究驻在国的社会、外交及各项制度，借以改进帝国的对外政策。在对外关系方面，塞利姆三世主张和平共处。在军事方面，他创办了陆军和海军等各种新的军事学校，仿效欧洲军制，组建忠于苏丹的新的常备军。法国大革命爆发后，塞利姆三世趁着欧洲列强忙于成立反法同盟与拿破仑交战的有利时机，大规模改革奥斯曼帝国的军队，以期达到西欧国家军队水准。

塞利姆三世在治国方面的一系列革新行动，不断遭到大封建主和耶尼塞里军团的强烈反对和攻击。1807年，保守的近卫军团发动大规模骚乱，塞利姆三世被迫退位，后被谋杀，是唯一一位死于剑下的苏丹，土耳其富国强兵的改革运动夭折。但是改革的种子已经种下，改革的力量也在不断成长，由他点燃的改革之火已经在落后的土耳其燃烧起来。

马哈茂德二世，1808 年登基，1839 年去世。统治期间致力于大规模的法制及军事改革，有“开明专制君主”之称。在他的统治时期，奥斯曼帝国开始分裂，希腊等非土耳其裔人聚居区，都各自展开独立运动。

知识链接：蒂玛尔制度

奥斯曼帝国实行的具有分封性质的制度。蒂玛尔作为封建采邑被分配给奥斯曼帝国的军队和行政人员，这些人靠收取蒂玛尔的税收过活。拥有蒂玛尔的人也有相应的义务，需要在战争季节（即春季和夏季）参与苏丹组织的作战。16 世纪后，由于战争技术的发展，蒂玛尔骑兵逐渐失去了优势。领军饷、配备先进火器的禁卫军开始成为奥斯曼帝国军队的主力，蒂玛尔制度直到 19 世纪的变革时代才被完全废除。

马哈茂德二世的现代化改革

塞利姆三世之后登基的是有“土耳其彼得大帝”之称的马哈茂德二世（Mahmud II，1785—1839 年），第 30 任苏丹。作为塞利姆三世的堂弟，他一方面接受过传统的奥斯曼式王室教育，熟知土耳其语和伊斯兰宗教、法律、诗文和历史；另一方面由于一直与退位后遭受软禁的塞利姆三世在一处，受塞利姆三世改革思想影响较深。作为王室的唯一幸存者，马哈茂德二世是在近卫军和宗教保守势力的扶持下当上苏丹的，因此年轻的马哈茂德二世几乎完全处于保守力量的控制之下，其改革抱负直至继位 18 年后即 1826 年才开始启动。

马哈茂德二世首先改革军队，建立新式军队。为了避免重蹈塞利姆三世的覆辙，他下令在近卫军团中抽调人员补充新军，同时使用已经西化的穆斯林担任新军教官，这样使得反对西化改革的近卫军团力量不复存在。他在新军训练中依靠普鲁士军官，在海军整顿方面主要依靠美国船舶专家和英国海军顾问。建立技术学校和军医学院，经常派遣毕业生赴欧洲深造，所有这些改革举措对培养新型军队和改革力量具有重大影响。在行政管理方面，马哈茂德二世大刀阔斧废除了一切不适应改革的旧体系，选用新官，强化苏丹权力。仿效西方政府体制，设置外交大臣、内务大臣和财政大臣等职务。1831 年后又进行了加强中央集权的改革，一是进行土耳其近代历史上第一次人口普查和丈量土地，二是废除传统的蒂玛尔制度。此后还进行了交通、邮政、通讯、铁路等改革，所有这些改革使得土耳其在富国强兵路上迈出了很大一步。

苏丹马哈茂德二世离开君士坦丁堡的贝亚兹清真寺，陪在他右边的长者是他的大维齐尔（宰相），周围则是他组建的新军。奥古斯特·梅耶 1837 年的作品。

铁与血：帝国崛起

进入19世纪，新兴帝国主要有美国、德国和日本。美国在南北战争后迅速崛起，随着经济实力和军事力量的增强，其海外扩张活动日益加剧。当时美国还无力同英、法等传统大国相抗衡，只有老牌帝国西班牙是个好目标。这时的西班牙已是日薄西山，昔日的庞大帝国殖民地仅剩下古巴、波多黎各和菲律宾。美国决定首先夺取这几个西班牙殖民地，以便控制中美洲和加勒比地区，并取得向远东和亚洲扩张的基地。为此美国发动了帝国时代瓜分世界的第一次帝国主义战争——美西战争，将西班牙在美洲的势力范围纳入囊中，并获得了菲律宾和关岛。

德国在俾斯麦时期通过“铁血政策”和三次王朝战争，顺利实现德意志的统一，成为欧洲大陆新的霸主。作为新兴帝国，德国为重新分配殖民地、打破现有的殖民体系，不惜与英、法等传统大国交恶。19世纪晚期，德国抛弃传统的“大陆政策”，推行“世界政策”，积极参与到瓜分世界、夺取海外殖民地的狂潮中。

日本在明治维新后迅速成长为亚洲强国。在废除与欧美列强签订的不平等条约后，迅速走向对外殖民扩张之路。通过中日甲午战争，打败腐朽的清王朝，将朝鲜纳入其殖民势力范围，改变了东亚政治格局，进而参与欧美列强瓜分中国的行动。通过英日同盟，发动日俄战争，击败了老牌帝国沙俄，将沙俄在远东和中国东北的势力驱逐出去。

工业文明的引擎

铁路引领美国经济腾飞

铁路是经济腾飞的强大发动机，它修到哪里，工业文明就扩张到哪里。

19 世纪，美国铁路运输业的兴起和发展对于美国完成工业化并快速成为经济大国起了极其重要的作用。正是美国的铁路时代推动了“西进运动”、钢铁工业、煤炭工业、机器制造业、食品工业和交通运输业的协调快速发展。

铁路修筑高潮

19 世纪 50 年代，美国铁路规模扩大，80 年代形成高潮。从 1850—1910 年的 60 年间，共修筑铁路 37 万余公里，平均年筑路 6000 余公里。仅 1887 年一年的筑路里程就达 20619 公里，创铁路建设史上的最高纪录。在铁路修建史上不得不提美国太平洋铁路，作为第一条横贯北美大陆的铁路，它被英国 BBC 评为自工业革命以来世界七大工业奇迹之一。

1869 年 5 月 10 日，联合太平洋铁路和中央太平洋铁路铁轨合龙，仪式当天，华工铺设了最后一根枕木、打下最后几枚道钉。一枚接轨金钉（Golden Spike）钉身刻着祝辞：“愿上帝像这条铁路连接着两大洋一样，保佑我们国家的统一。”这是记录当时盛况的历史性照片。

虽然美国南部很早就修筑了铁路，用于将棉花输送到主要海港，但在内战之前，美国铁路线绝大多数都是密西西比河以东的短途线路。随着“西进运动”的开展及东西部贸易的增长，修建横贯大陆的铁路计划于 19 世纪 60 年代初期提上日程。联邦政府向在西部地区修建铁路的公司赠送了大量可自由支配的土地，并且在其他政策上予以补偿，这促使美国中西部铁路迅速发展。1862 年，美国开始两条铁路线建设，一条是中央太平洋铁路，以加利福尼亚州萨克拉门托以东为起点；另一条是联合太平洋铁路，以内布拉斯加州奥马哈以西为起点。来自亚洲、欧洲等地区的移民进一步增加了美国的劳动力，促进了美国交通运输基础设施的建设。其中，大批华工参加了中央太平洋铁路的修建。经过 6 年的建设，1869 年 5 月 10 日，美国近代工业化史上具有划时代意义的联合太平洋铁路与中央太平洋铁路在犹他州的普罗蒙特利接轨，成为第一条横贯北美大陆的铁路线，此后从旧金山到纽约乘坐火车只需要 7 天时间。从一定意义上说，正是这条铁路成就了现代美国。它全长 3000 多公里，穿越了整个北美大陆，是世界上第一条横贯大陆的铁路。华工为修建太平洋铁路作出了巨大牺牲和贡献，而他们在那个时代却遭受了不公正的待遇和种族歧视。

匹兹堡位于美国东海岸的宾夕法尼亚州，是宾州第二大城市。市区面积约 144 平方公里，都会区约 13800 多平方公里，市区人口约 33 万，都会区人口约 240 多万，是美国第 21 大都会区。传统上匹兹堡是美国著名的港口城市和工业城市，是美国钢铁工业的中心，有“世界钢铁之都”之称。

知识链接：华工与太平洋铁路

华工（中国劳工）参与修建了中央太平洋铁路最艰难的约 1100 公里的里程。1865 年到 1869 年的四年间，约有 14000 多名华工参加筑路工程，其中有 1300 多名华工为建设铁路而献身。《美洲华侨史话》记载：“在修筑 100 英里的塞拉山脉地段的铁路时，华工的死亡率高达 10%以上。”倡议招募华工的查尔斯·克劳克为中国人说了句公道话：“我们建造的这条铁路能及时完成，很大程度上要归功于贫穷而受鄙视的所谓的中国劳动阶级——归功于他们的忠诚和勤劳。”

特拉华、拉克万纳和西部铁路公司是一家经营连接美国宾州拉克万纳河谷、纽约市、水牛城和纽约州奥斯威戈的铁路公司，是宾夕法尼亚州最重要的铁路之一，早期以运输煤炭为主，20 世纪初逐渐衰落。图为铁路货车在道口，摄于 1900 年前后。

此后，美国西部又掀起了铁路建设高潮，相继完成了圣菲铁路（1881 年）、南太平洋铁路（1883 年）、北太平洋铁路（1883 年）、大北方铁路（1893 年）等。正是这些铁路干线及其支线的不断建成，使全美统一的铁路网逐渐形成。

经济发展的加速器

铁路的建设决定性地影响着美国经济的发展。美国地域辽阔，要想在经济上把各地区之间紧密联系起来颇为不易，而铁路的修建则有助于促成全国性的统一市场。平原各州的谷物、猪肉和牛肉，南方的棉花和烟草，西北的木材，匹兹堡的钢铁以及东部工业城市做工精良的产品，都经过铁路运送到全国各地，形成了全国大市场的联网。铁路还刺激了其他行业的发展。比如，铁路需要煤炭、木材、玻璃和橡胶。到了 19 世纪 80 年代，美国大约 75%的钢产量都供给了铁路行业。1880 年前后，钢轨开始替代铁轨，刺激了钢铁业及采煤、机车制造、仓储等相关行业的发展。铁路运输业本身也成为全国经济的重要支柱。1890 年，铁路总收入达 10 亿美元，是联邦政府总收入的 2.5 倍。铁路行业还促进了新的管理技术的发展。1850 年时美国很少有超过 1000 名雇员的企业，而到了 19 世纪 80 年代，仅宾夕法尼亚铁路公司的雇员就超过了 5 万人。至 19 世纪末，美国已拥有 20 家全国性大型铁路公司。

海洋霸权的思想基础 马汉与“海权论”

谁控制了海洋，谁就控制了贸易。谁控制了贸易，谁就控制了世界的财富，并且最终控制世界本身。

——沃尔特·雷利爵士

阿尔弗雷德·塞耶·马汉（Alfred Thayer Mahan，1840—1914年）是美国海洋历史学家，近代海权论的创立者。《海权对历史的影响：1660—1783》一书出版后引起巨大轰动，陆续被译成德语、法语、俄语、日语、意大利语、西班牙语等版本，成为当时影响最大的世界畅销书之一。

阿尔弗雷德·赛耶·马汉，现代海权论的创始人。马汉认为制海权对一国力量最为重要，海洋的主要航线能带来大量商业利益，因此必须有强大的舰队确保制海权，同样强调海洋军事安全对国家安全的重要性。1914年12月1日，马汉因心脏病发作，逝世于华盛顿海军医院，享年74岁。

“通古今之变，成一家之言”

1840年9月27日，小马汉生于美国西点军校的专家楼里，父亲丹尼斯·哈特·马汉是西点军校的教授。1854年，马汉进入纽约的哥伦比亚学院，两年后转入安纳波利斯的美国海军学院就读，1859年以优异成绩毕业。美国南北战争爆发后，马汉随舰参加内战。在海军服役的40多年中，他先后担任过3艘军舰的舰长，曾远航南非、印度洋与日

美国海军战争学院位于罗得岛州纽波特市，是美国海军的诞生地，成立于1884年。美国“海权论”创始人马汉曾在这里任教，并给这所军校带来威望。该学院是美军培养高级将领的少数“研究生院”之一，学院下设两个分院，即海军指挥学院和海军参谋学院。

本。但马汉似乎无心于热闹的舰艇生活，唯独对军事、历史题材和军事理论产生了浓厚的兴趣。由于军舰经常驻泊海外，他有大量时间研读17、18世纪的海、陆军战史以及《伯罗奔尼撒战争史》《远征记》《罗马史》《罗马帝国史》《法国海军史》《1792—1801年革命时期的军事和批评史》等著作。1884年，马汉随舰至秘鲁，在利马一家英国俱乐部中阅读蒙森的《罗马史》，当读到"第二次布匿战争"时，他对汉尼拔进军罗马的路线提出了质疑：为什么汉尼拔舍近求远，没有取道海路直取意大利半岛，而是绕远路先占伊比里亚半岛，然后再沿地中海北岸进攻罗马？深究下去，原来是迦太基人缺乏对地中海的制海权。他进而发现，历史上西班牙、葡萄牙、荷兰和法国等帝国，都缺乏对海权的认识以致盛极而衰。他认识到，海洋控制是一个尚未被历史学家系统认识并加以阐述的重大历史性因素。马汉曾出版《海湾与内陆水域》一书，深受斯蒂芬·卢斯（Stephen Luce）的赏识。1885年，马汉受聘前往卢斯创办的海军战争学院任教，安静的学院生活为他潜心研究自己感兴趣的问题提供了极大的便利。1890年，他出版《海权对历史的影响：1660—1783》，1892年又出版《海权对法国革命及帝国的影响：1793—1812》，引起极大关注。马汉的这两部著作研究了英国同荷兰、西班牙、法国等海军强国为争夺海洋霸权而进行的多次海战，阐明了"海权"对战争的胜负、对有关国家及其殖民地和海上贸易的重大影响。

知识链接：海军战争学院（Naval War College）

1884年成立，位于罗得岛州纽波特市，首任院长为斯蒂芬·卢斯。马汉于1886—1889年、1892—1893年两度出任院长，期间结识了西奥多·罗斯福，当时罗斯福是该学院的访问讲师。学院承担着美国海洋战略与政策研究、国家安全战略决策训练和联合作战课程。

《海权对历史的影响：1660—1783》是马汉"海权论三部曲"的第一部，也是马汉海权理论的第一部成功之作，是大国海权的滥觞之作。马汉在这部书中通过对1660—1783年间的海上战争的追溯与分析，划时代地提出了"海权"的概念，将控制海洋提高到国家兴衰的最高战略层面。

"海权论"与"制海权"

马汉在著作中揭示了影响国家"海权"产生的六大基本要素。一是地理位置。一般来说，岛国比大陆国家拥有更明确的向海洋发展的战略目标，具有发展海权的优越条件。如英格兰作为一个岛国，既不能靠陆路去保卫自己，也不能靠陆路去扩张领土，因此完全把目标指向海洋。二是自然结构。致力于发展海权的国家，必须拥有漫长的海岸线，要有许多能够得到保护的深水港以及深入内地的大河等。三是领土范围。发展海上力量必须要有一定面积的领土作为依托，领土的大小要与国家人口的数量、资源及其分布状况相称。四是人口数量。人口不仅要多，还要以从事海洋事业的人员为主，为海军发展提供充足的兵员。五是民族特点。一个海军强国的人民一定要渴求物质利益，追求有利可图的商业往来。六是政府对海权的运作。政府要具有海洋意识并在海军建设政策上具有连续性。

知识链接："海权"（sea power）

马汉首次明确提出了“海权”的概念，并成功发展出一套完整的海权理论。“海权”是指“有益于使一个民族领先海洋或利用海洋强大起来的所有事情”，一是指海上军事力量，包括一国拥有的海军舰队，附属于海军的陆上及海外基地、港口等设施；二是指海上经济力量，即以海外贸易为核心且与海洋有关的附属机构及其能力，如用于海外贸易的船队的运输能力、国家造船能力、港口吞吐能力和为海外贸易服务的殖民地。

1901 年 4 月 6 日《小妖精》（*PUCK*）杂志封面：哥伦比亚的“复活节圆帽”。帽子的形状是一艘战舰，标志着美国“世界性大国”时代的到来。此画表明 19 世纪末 20 世纪初美国人积极参与国际事务，以世界领袖自居且相当自信，也意味着美帝国的诞生。

马汉提出“海权”理论后，沿着上述思路对“制海权”问题进行了深入研究，于 1910 年出版了《论海军战略》，全面阐述作为“海权论”支撑的“制海权”理论。他认为，在英法长期争霸战的每一阶段，都是“制海权”的得失决定胜负。英国并未企图在陆地上采取大规模军事行动，而是凭着控制海洋来确保其国家利益。英国通常以在海上击败敌国舰队或封锁敌国港口为指导原则；相反，法国却热衷于领土的征服而未着眼于击败英国舰队，结果便完全不同。书中用大量例子具体阐释了集中优势兵力、摧毁敌人交通线、舰队决战和中央位置等重要原则。比如，他指出，要在战争中控制海洋，首先就必须消灭敌人的舰队，“其他一切都是枝节问题”。

世界影响

马汉海权战略思想的核心是：“如果海军的最终目标是战胜敌人的海军并控制海洋，那么在任何情况下都必须对敌人的船只和舰队加以准确的打击。”

换句话说就是："一旦宣战，就必须发动积极的进攻，敌人必须要被击败，而不仅仅是抵挡住他们。"海军的目的是在一次决定性的战役中彻底摧毁敌人的舰队。马汉的《论海军战略》中充满了对美国对外战略的批评及建议，主张美国应建立强大的远洋舰队，控制加勒比海、中美洲地峡附近的水域，再进一步控制其他海洋。马汉的学说和战略理论成为美国海军理论的基础，也是当时美国政府制定"海洋政策"和"海军发展政策"的理论依据，1898年的美西战争及巴拿马运河的开凿均受其影响。在美国向夏威夷扩张的问题上，马汉向当时担任海军部助理部长的西奥多·罗斯福提出建议，提醒要特别注意日本人口在夏威夷群岛上的增长，应首先把群岛夺到手，而后再解决具体问题。1901年西奥多·罗斯福当选美国总统后，受马汉海权思想影响，致力发展海权。

海权论对其他国家的海军战略理论产生了重要的影响。在英国，马汉的书获得英国朝野的广泛重视和赏识，许多英国海军军官在关于海军建设方向的大辩论中直接引用马汉的观点。当时英国的海洋优势受到法、俄、德的威胁，当1889年英国政府提出海军扩充计划时，马汉的理论成了最有力的辩护理由。马汉数次访英，多次受到维多利亚女王和英国首相的接见，还成为英国海军俱乐部的第一位外籍成员。曾有英国人说，英国之所以能有一支强大的海军，无须感谢保守党或自由党，而应感谢马汉上校。德国的威廉二世更是马汉海权论的狂热崇拜者，他曾经说："我现在不是在阅读，而是在吞食马汉的书，努力把它牢记在心中。这是第一流的著作，所有的观点都是经典性的。"他命令将马汉的著作派发到所有的舰只并且要求所有的海军军官阅读此书。威廉二世还下决心全力以赴实施海军建设计划，与英国争夺制海权。日本正走向帝国主义和海军主义的道路，马汉的著作被译成日文，为日本政府提供了政治性和战略性的理论根据，日本海军学校把马汉的著作当作教科书。海军历史学家罗纳德·斯佩克特（Ronald Spector）说："日本海军在战略上是它的美国对手的忠实影子。日本海军军官深深吸了一口马汉用帝国主义和咸咸的海水共同炮制的劲道十足的、也许还带点霉味的烟雾。"海军战略专家乔治·贝尔（George Baer）甚至说："日本的海军战略比美国的更'马汉'。"

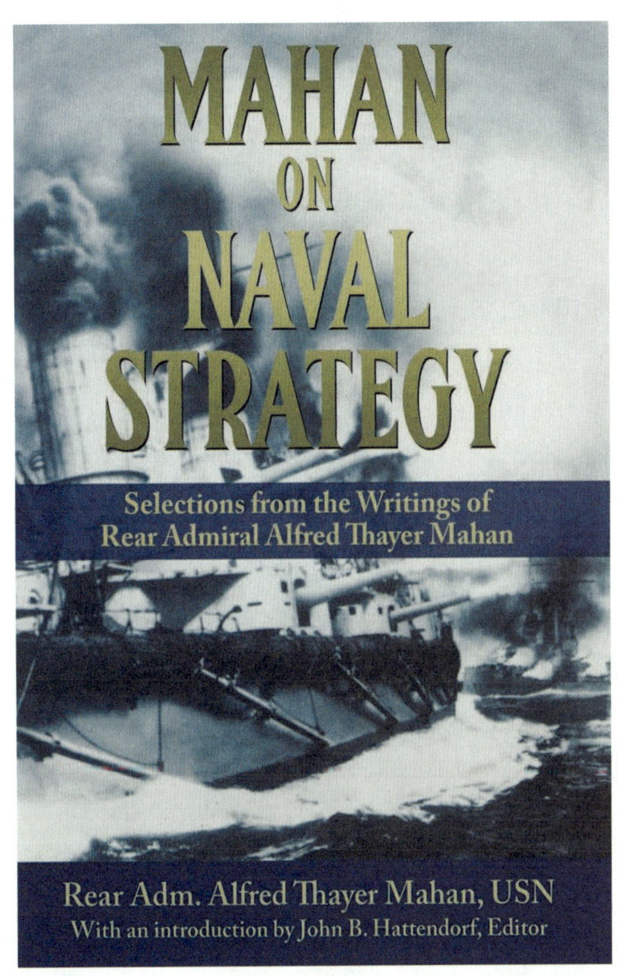

《论海军战略》是马汉在1887年至1911年间在海军学院讲授海军战略和多年研究而形成的著作，是作者关于海军战略的理论著作的代表作之一，也是世界上第一部海军战略理论著作。马汉仔细研究了17世纪60年代至20世纪初多次海上战争和海战，论述了海洋利益对国家利益的重要性，形成了他的海军战略理论。

“美洲是美洲人的美洲”

门罗主义

> 今后欧洲任何列强不得把美洲大陆已经独立自由的国家当作将来殖民的对象。
>
> ——1823 年门罗总统在国会发表的国情咨文

美国总统门罗（James Monroe，1758—1831 年）提出“美洲是美洲人的美洲”的口号，实际上宣布了拉丁美洲属于美国的势力范围。

《门罗宣言》的出台

19 世纪初，欧洲出现局势动荡。拿破仑镇压西班牙革命，拉美国家趁机摆脱西班牙帝国和葡萄牙帝国而独立。美国对拉美革命表示欢迎和支持，并且率先承认了几个建立起政权的国家。由俄、普、奥组成的“神圣同盟”企图干涉拉丁美洲的独立运动，曾考虑将这些拉美国家“归还”西班牙。未加入神圣同盟的英国则希望拆分西班牙帝国在美洲的殖民地，以便与各个殖民地开展贸易。1823 年 8 月，英国外交大臣坎宁建议英美两国发表一个联合声明，共同反对“神圣同盟”对拉美各国的干涉，禁止再将拉丁美洲殖民化。美国国务卿亚当斯认为英国是美国在拉美的劲敌，美国不应与之合作，而应单独发表宣言。1823 年 12 月 2 日，门罗总统在国会咨文中宣称：美国将不干涉欧洲列强的内部事务或它们之间的战争；欧洲列强不得再在南、北美洲开拓殖民地；欧洲任何列强控制或压迫南、北美洲国家的任何企图都将被视为对美国的敌对行为。这项国情咨文就是通常所说的《门罗宣言》，其中所包含的两个原则——美洲的非殖民化原则和欧美互不干涉原则，被称为“门罗主义”（Monroe Doctrine）。

1822 年 12 月的维罗纳会议期间，神圣同盟认为西班牙的政体有碍欧洲的权力平衡，法国被委派协助西班牙重新建立帝制。维罗纳会议是俄、奥、普、法、英五国同盟在维罗纳召开的最后一次常规会议，是 19 世纪初欧洲协调机制的组成部分（英国后来退出），会议决定镇压当时的欧洲革命活动。

门罗主义隐含“美洲是美国人的美洲”之意，暗示着美国把美洲当作自己的势力范围，意欲排斥欧洲殖民帝国在美洲的影响。这是美国第一次在国际外交领域伸张自己的国家利益，是美国在西半球寻求势力范围的开始，也是美国主导的美洲体系的开始。法国的拉法耶特评价门罗主义是“上帝允许人类给予世界的仅有的最杰出的文字”，而神圣同盟的“灵魂”、奥地利首相梅特涅称门罗主义为“邪恶的教义和危险的榜样”。尽管门罗主义在发表后

美国总统门罗的外交政策的核心主张是欧洲列强不应再殖民美洲，他排斥欧洲列强在西半球的扩张或涉足美国与墨西哥等美洲国家间的主权相关事务。而对于欧洲各国之间的争端，或各国与其美洲殖民地之间的战事，美国保持中立。

知识链接：美国的孤立主义

在美国立国之后相当长的一个历史时期中，美国外交政策所奉行的是由国父华盛顿所确立的孤立主义原则。华盛顿在其著名的《告别词》中就新生的美利坚合众国的外交政策提出“尽量避免对外国承担政治和军事义务”，以此来维护和扩展美国的利益。其精髓为：“我们是为我们自己行动，不是为别人而行动的。”美国在第一次世界大战后未能加入国联，便是孤立主义左右的结果，珍珠港事件和第二次世界大战使得美国摆脱了孤立主义外交。

的很长一段时间里并没有产生直接的作用，但如后来史学家的评论，“门罗主义之所以重要，并非在于它做了什么，而在于它发展的结果”。

“罗斯福推论”

《门罗宣言》出台之后，欧洲国家表示强烈不满并拒不承认“门罗主义”的合法性，但因 1848 年革命等牵制而无力再介入美洲事务。在门罗主义的指导下，美国表示有权对拉美的纠纷进行调解和插手。美国于 1876 年调解阿根廷与巴拉圭间的边界纠纷，1880 年调解哥伦比亚与智利间的纠纷，1881 年解决墨西哥与危地马拉、智利与阿根廷、智利与秘鲁间的边界纠纷。1895 年 12 月，美国克利夫兰总统在国会咨文中申明，任何欧洲国家对美洲事务的干涉“都将被看作是同美国利益的抗衡，必将引起美国的反对”。1902 年，委内瑞拉出现经济危机，拒绝支付外债，欧洲债主因此动用海军封锁了该国的海港。美国总统西奥多·罗斯福（Theodore Roosevelt，1858—1919 年）警告欧洲国家不得干预美洲国家事务，下令让美国海军在委内瑞拉海域巡逻。1904 年，西奥多·罗斯福为门罗主义添加了一条推论：若美洲国家无力偿还国际债务，美国将为利益受损方“主持正义”，但不欢迎后者直接干预美洲事务。“罗斯福推论”（Roosevelt Corollary）进一步补充了门罗主义，为美国干涉美洲国家内政提供了冠冕堂皇的理由，而门罗主义也成为欧洲人在美洲领土野心的有效障碍。

门罗主义由门罗总统 1823 年发表于对国会演说的国情咨文中，由国务卿约翰·昆西·亚当斯起草，开始被称为《门罗宣言》，后来才叫“门罗主义”。门罗主义思想的第一个阶段主要是排斥欧洲列强干预美洲事务，这个主张当时受到拉丁美洲的欢迎。图为门罗主义漫画。

门罗主义落地生根
美墨战争

门罗主义出笼后的第一场对外扩张战争。美国人以行动落实了“美洲是美国人的美洲”。

对于刚独立不久的美国而言，美墨战争至关重要。美国不仅在领土上增加一倍，成为连接太平洋和大西洋的国家，更重要的是战争方式成为美国扩张领土和争夺殖民利益的常用手段，美洲也逐渐沦为“美国人的美洲”。

吞并得克萨斯

1821年墨西哥脱离西班牙独立后，成为美洲的重要国家。墨西哥政府颁布了慷慨的移民政策，鼓励移民到得克萨斯定居。美国人对得克萨斯的土地资源和市场前景非常感兴趣，大量涌入这一地区。很多美国南方人带着奴隶到得克萨斯种植棉花，生产英国工业化需要的棉花。1836年得克萨斯革命后建立的得克萨斯共和国与墨西哥之间存在边境争端，墨西哥不承认得克萨斯的独立，宣布要将得克萨斯重新并入其领土，并警告若美国介入，墨美两国之间将爆发战争。1845年，美国宣布，若得克萨斯共和国愿意加入美国，美国将承认格兰德河为其边境。美国国会两院对兼并得克萨斯的联合决议进行了激烈辩论，最终众议院和参议院分别于1845年1月25日和2月27日通过了兼并决议。1845年上任的总统詹姆斯·波尔克（James K. Polk，1795—1849年）在对外政策上是个典型的扩张主义者，认为这符合美国的边疆扩张使命。1845年12月29日，在波尔克总统主持下，得克萨斯正式加入联邦，成为美国的第28个州，而墨西哥断绝了与美国的关系。

圣哈辛托战役（Battle of San Jacinto）1836年4月21日发生在今美国得克萨斯州哈里斯县，是得克萨斯从墨西哥独立的决定性战役。得克萨斯军队在山姆·休士顿将军的率领下，仅用18分钟就击败了安东尼奥·洛佩斯·德·桑塔·安纳将军率领的墨西哥军队。图为圣哈辛托纪念碑，是世界上最高的石柱纪念碑，高约172米。

攻下墨西哥城与签订合约

波尔克任总统后，提议用500万美元收购新墨西哥，2500万美元收购加利福尼亚，但背地里做好了战争的准备，以防墨西哥军队入侵。1846年4月24日，墨西哥士兵袭击了格兰德河以北的一支美国骑兵分遣队，其中7名美国人被杀死，这一事件给波尔克总统的宣战请求提供了有力借口。冲突爆发后波尔克要求宣战，他宣称墨西哥“入侵了我们的边界，在美国领土上撒了美国人的血”，以此来鼓动美国的民情。5月13日，美国国会通过了

詹姆斯·波尔克总统是美国历史上最勤奋、最有效率的总统，在短短的四年任期内，完成了对选民的四大承诺：降低关税；恢复独立国库制；解决俄勒冈边界问题；取得加利福尼亚地区。他把美国领土向西扩张到太平洋，向南几乎兼并了墨西哥一半领土，今天美国领土的四分之一是他取得的。

知识链接：得克萨斯独立战争

1835年10月2日至1836年4月21日间在墨西哥和当时属于墨西哥的得克萨斯之间爆发的一场战争。1835年，墨西哥总统安东尼奥·洛佩斯·德圣安纳废除1824年宪法，采纳了一份反联邦制的宪法后，墨西哥政府与美国在墨西哥的移民之间的冲突不断上升，很快在整个墨西哥发生暴乱。1835年10月2日，冈萨雷斯战役爆发，标志着得克萨斯革命开始。最终墨西哥军战败，得克萨斯共和国成立。

向墨西哥的宣战。5月23日，墨西哥向美国宣战。1846年11月24日，美国陆军司令司各特（Winfield Scott）率领10000名美军进攻墨西哥，次年5月抵近墨西哥城。经过多场激战，美军于1847年9月14日攻入城内，墨西哥被迫求和。美国海军在战争中主宰了加勒比海、墨西哥湾及墨西哥与加利福尼亚的西海岸，为陆军提供了强大的火力支持。整场战争美军死亡13000人，其中约1700人阵亡，其他人死于疾病和恶劣的卫生条件，而墨西哥军死亡人数多达25000人。

1848年1月2日，新成立的墨西哥政府开始与美国谈判。2月2日，美墨双方在墨西哥城郊签订了《瓜达卢佩－伊达尔戈条约》，墨西哥承认格兰德河作为得克萨斯的南部边界，将包括加利福尼亚（下加利福尼亚半岛仍属墨西哥）、新墨西哥以及两地之间的大片土地让渡给美国。作为补偿，美国付给墨西哥1500万美元，放弃墨西哥拖欠美国公民的325万美元损失赔偿金。就在《瓜达卢佩－伊达尔戈条约》签订9天后，加州发现了金矿，大量移民涌入加州。墨西哥在其独立后的第一代人手中就丢掉了一半的领土。通过美墨战争，美国夺取了230万平方公里的土地，一跃成为地跨大西洋和太平洋的大国，获得了西南部广阔肥沃的土地和丰富的资源，极大地促进了美国经济发展，美国政府和美国人自立于世界强国之林的自信心也得到了提升。

美军进攻墨西哥城。美墨战争是美国与墨西哥之间因得克萨斯归属问题于1846—1848年爆发的一场战争。1847年9月14日，美军攻入墨西哥城，16日控制全城实行军事管制。1848年2月2日，双方签订和约，墨西哥割让得克萨斯、新墨西哥、加利福尼亚。6月12日，美军撤出墨西哥城，战争结束。

俄国栽树，美国乘凉

购买阿拉斯加

阿拉斯加是美国“未来帝国的基础”，是美国在“太平洋的踏脚石”，是美国进入亚洲的“跳板”。

——美国国务卿威廉·西沃德

阿拉斯加的名称来自阿留申语“Alyeska”，意思是“伟大的土地”。最初是俄国人占据了这片土地并进行殖民开发。然而，俄国人栽的树，却让美国人乘了凉。

1867 年 3 月 30 日购买阿拉斯加的原始票据，存放于美国国家档案馆。这张国库支票签署于 1868 年 8 月 1 日，交易总额 720 万美元。随着这张支票的开出，美国完成了向俄国政府购买阿拉斯加地区的交易行为。

一个想买，一个愿卖

俄国的彼得大帝为了向外扩张，雇了丹麦探险家维图斯·白令到太平洋探险，白令发现了阿拉斯加。1799 年起阿拉斯加归属俄国。1804 年，俄国人已经在阿拉斯加南部沿海岛屿建立了永久殖民点，并设置了“俄国美洲公司”。19 世纪 40 年代以后，由于管理不善，俄国美洲公司债台高筑，无力承担管理阿拉斯加地区的巨额费用。19 世纪中叶，美国领土也已经扩张到太平洋沿岸地区。为了进一步在北太平洋地区扩张，美国国务院意图从俄国购买阿拉斯加。1856 年，俄国在克里米亚战争中惨败，它唯恐阿拉斯加被英国人抢走，因为阿拉斯加正好紧挨着英国的殖民地加拿大。因此，俄国决定将阿拉斯加卖给英国的对手美国。1857 年 3 月，俄国新上任的外交大臣亚·戈尔恰科夫公爵（1796—1883 年）收到康斯坦丁·尼古拉耶维奇大公建议出售阿拉斯加的信。尼古拉耶维奇写道：“美利坚合众国想要统治整个北美，肯定会攫取我们这些领地，而我们又无法把它们藏起来。再说，这些领地带给我们的好处微乎其微，出卖它们似不会引起过分反应……”戈尔恰科夫公爵不赞成出卖阿拉斯加，遂把此事报

阿拉斯加州是美国第 49 个州，是美国面积最大的州，同时也是一个世界上最大的飞地地区，别名是“最后的荒野”。它北临北冰洋，东接加拿大，南邻阿拉斯加湾、太平洋，西濒白令海峡与俄罗斯相望，具有重要的战略和经济价值。

1867年的美国漫画。购买阿拉斯加遭到美国国会的强烈反对，为了让国会的激烈辩论降降温，“安迪国王”（即约翰逊总统）和“比利”（即国务卿西沃德）不得不运来阿拉斯加的一大块冰块。

告沙皇。没想到沙皇亚历山大二世竟对此极有兴趣，御笔批示：“此事值得考虑。”美俄两国，一个想买，一个愿卖，不巧的是美国内部发生分裂，爆发南北战争，交易之事被耽误，一压就是十年。

谈判与签约

1867年3月26日，外交大臣戈尔恰科夫给驻美大使发去一份密电：“皇上准予以700万美元之价出售并签约……尽量争取近期收到钱，如果可能，把款转入伦敦巴林银行。”3月29日晚，俄国驻美公使爱德华·德·斯陶克尔（Eduard de Stoeckl，1804—1892年）到美国国务卿威廉·西沃德（William Seward，1801—1872年）家拜访，通知他沙皇已经正式同意转让阿拉斯加，如果美国愿意，明天就可以签约。西沃德大喜过望，说：“为什么要等明天呢，我们今晚就签约吧！”斯陶克尔有点迟疑：“贵部已经下班，你没有办事员，我的秘书也都回家了。”“没关系！如果阁下能在午夜12点前将秘书召集到一起，你会发现我已在国务院恭候，而且国务院也已准备就绪。”1867年3月30日凌晨4时，西沃德在没有事先得到国会和总统批准的情况下，就跟俄国签订了《阿拉斯加割让条约》（由于俄国王室的外交语言为法语，故条约没有官方的俄语版本）。俄国以720万美元（700万美元外加20万美元手续费）的价格，把约148万平方公里的阿拉斯加卖给美国，平均每平方公里不足5美金，比购买路易斯安那还廉价。

如此廉价的土地交易竟遭到美国国会的强烈反对。许多议员认为内战之后百废待兴，财政极其困难，不应花钱买一块荒凉的土地。在野的共和党人把这一举动称之为“西沃德的蠢事”，把阿拉斯加比喻为美国总统约翰逊的“北极熊花园”。有议员还半开玩笑说，应强迫西沃德在阿拉斯加生活，让他感受一番阿拉斯加的“价值”。经过激烈争论，参众两院勉强以多数票拍板批准。由于反对派的阻挠，美国众议院在一年多的时间内未能为“阿拉斯加交易”拨款。直到1868年8月1日，俄国才收到阿拉斯加购地款。俄国沙皇做梦也想不到，他们当“便宜货”廉价处理的遥远的阿拉斯加，后来竟成为美国的一块宝地，令俄国人至今心疼不已。

知识链接：阿拉斯加发现金矿

1880年5月，两个欧洲人在当地酋长的陪同下，顺着一条小溪溯源而上，在小溪的源头发现了金矿，这一发现完全改变了这块荒原的命运。随着金矿开发顺利进展，采矿人员蜂拥而至。在1896年至1914年淘金热高峰期，阿拉斯加的黄金产量仅次于加利福尼亚州。

美国通往亚太的中转站
吞并夏威夷

夏威夷是西南太平洋上美丽的珍珠，是美国通往亚太的重要门户。

“夏威夷”一词源于波利尼西亚语。4世纪左右，一批波利尼西亚人乘独木舟破浪而至，在此定居，为这片岛屿起名“夏威夷”，意为“原始之家”。夏威夷群岛位于茫茫无际的太平洋中部，东西绵延2400多公里，被称为“太平洋上的十字路口”。1778年英国人库克船长首次发现夏威夷群岛，1795年夏威夷酋长卡美哈梅哈统一了整个夏威夷群岛，称为夏威夷国王卡美哈梅哈一世，并因羡慕英国的米字旗图案而将夏威夷王国的国旗绘制成类似英国的国旗。

依兰尼王宫（Iolani Palace）位于夏威夷檀香山市中心，是意大利文艺复兴时期风格的建筑。1879年由利留卡拉尼女王建造，1894年随着夏威夷王国灭亡、夏威夷共和国成立而成为夏威夷共和国的总统府，后为历届政府的所在地。1978年，作为历史博物馆向公众开放。

日美争夺夏威夷

夏威夷作为太平洋航线上的中继站和捕鲸船的补给基地，地理战略位置重要，美国和日本在对夏威夷的控制权上展开较量。为了防止日本吞并夏威夷，美国先于1842年承认夏威夷王国，并于1849年缔结通商条约。1871年，日本与夏威夷建立外交关系、缔结友好条约。1875年，夏威夷与美国签署贸易互惠条约，美国在该群岛获得贸易特权，并取得了珍珠港作为海军基地。从1884年开始，日本开始大规模向夏威夷进行移民，企图以人数优势实现对夏威夷的影响和控制，不到10年时间里日本已移民10万人，是同期美国移民的10倍。总体说来，直到19世纪90年代，夏威夷王国都作为一个独立的君主制国家存在，并被当时的美国、英国、法国、日本以及德国所承认。

夏威夷州是美国唯一的群岛州，由太平洋中部的132个岛屿组成，首府位于瓦胡岛上的檀香山，是著名的旅游胜地。它位居太平洋的“十字路口”，是亚、美和大洋洲间海、空运输枢纽，具有重要的战略地位，瓦胡岛南岸的珍珠港是美国在太平洋内的最大军港。

夏威夷王国覆灭

利留卡拉尼女王，原名为莉迪亚·卡玛卡依哈（Lydia Kamakaeha，1838—1917年），登基后改

夏威夷草裙舞，又名“呼啦舞”，是一种注重手脚和腰部动作的舞曲，是夏威夷最有代表性的活动。最初是夏威夷土著波利尼西亚人从大西洋马克萨斯群岛带来的具有地方色彩的文化。草裙舞以其古老的风韵、动听的乐曲、优美的舞姿和强烈的动感而闻名于世。

用王室名字利留卡拉尼，之后又跟随夫姓改名为莉迪亚·多明尼斯，是夏威夷王国最后一位君主。女王1891年即位后，因经济控制权问题，与美国及欧洲居民产生日益尖锐的矛盾。女王希望通过一项新的宪法，重新夺回至高无上的权力。她降低了原住民参加选举所需的财产门槛，并取消美国及欧洲人的投票权，使更多原住民获得了政治权力。1893年1月14日，女王试图颁布新宪法，反对者们便召开会议并决定推翻君主统治，寻求美国的支持甚至与美国合并。政变者向王宫挺进，美军长官在接到当地反叛者的请求后，迅速登陆夏威夷。这支装备精良的部队声称保持中立，但给夏威夷王室增加了不小的压力，推动政变得以速胜。政变之后，女王被软禁，反叛者成立临时政府，立刻得到美国政府承认。当时日本正在准备甲午战争，分身乏术，只能派出军舰到檀香山做姿态性抗议。

美国正式吞并夏威夷

1895年3月2日，共和党人亨利·洛奇在参议院辩论美国是否应当占领夏威夷时，发表了措辞激烈的讲话并极力主张夺取夏威夷。他命其助手拿来一张大型太平洋地图挂在会议室的墙上，他指着地图上的夏威夷说：“我不认为这些人（岛上居民）有多重要，但这些岛屿从其位置来说却是重要的。就其拥有的巨大的商业价值和肥沃的土壤而言，我们就应当占领它们。”担任海军部助理部长的西奥多·罗斯福也多次表示，“如果我们不占领夏威夷，日本、德国或英国也会占”。1898年3月，麦金莱总统向参众两院提交兼并夏威夷的方案。不久，美西战争爆发，美国决心夺取菲律宾，因此迫切需要一个进入亚洲的中转站，而夏威夷无疑是个极佳选择。因此，麦金莱的方案获得了参众两院的通过。1898年8月12日，夏威夷被美国占领，正式并入美国版图。1959年成为美国第50个州。

知识链接：马克·吐温与夏威夷的故事

1866年年初，加利福尼亚的《联合报》聘请马克·吐温为特约记者前往夏威夷群岛采访，要求他每月写4篇通讯，每篇稿酬20美元。从小就喜爱探险的马克·吐温骑马走遍了瓦胡、夏威夷、毛伊等岛，行程达200多英里，有幸观赏了世界上最大的活火山莫那洛火山喷发熔岩的奇景。他在游历中发现美国欺压剥削土著民族，还企图控制和吞并夏威夷。几年后，马克·吐温写了一篇政论，题目为《我们为什么要吞并夏威夷群岛?》。

第80—81页：火奴鲁鲁（Honolulu）

华人称之为檀香山的火奴鲁鲁早期为波利尼西亚人小村，1850年为夏威夷王国首府。1898年夏威夷归属美国，1909年设市，1959年成为夏威夷州首府。

拿破仑征服

神圣罗马帝国的终结

法国的军事天才拿破仑终结了一个古老的帝国，无意间开启了德意志民族统一的按钮。

1810年，拿破仑几乎征服了除俄国外的整个欧洲。他重新划分欧洲版图，改变了政治均势。他肢解普鲁士，废除了存在844年之久的神圣罗马帝国，把大部分日耳曼国家都统一在莱茵邦联之中。德意志统一的步伐因拿破仑的征服而加速了。

德意志迈向统一的努力

德意志在三十年战争中未能实现统一，这不能不说是历史的遗憾。在欧洲主要大国的强力干预下，最终神圣罗马帝国统一的努力化为泡影，反而在国际法框架下，四分五裂的德意志成为地理名词。但是作为帝国境内的诸侯国，奥地利、巴伐利亚和萨克森等邦国在三十年战争后一直致力于现代国家的创建工作，建立了较为强大的王权和庞大的官僚、财政系统，而17世纪晚期勃兰登堡选帝侯的快速崛起则成为德意志统一的希望所在。1701年，勃兰登堡大选帝侯腓特烈三世（Friedrich III，腓特烈·威廉之子）支持奥地利哈布斯堡王朝向法国波旁王朝宣战，借以换取国王称号。1701年1月18日，腓特烈三世在柯尼斯堡加冕成为普鲁士国王，即腓特烈一世（Friedrich I，1657—1713年），并从此展开了普鲁士王国200多年的显赫历史。

腓特烈·威廉一世，普鲁士国王兼勃兰登堡选帝侯，1713—1740年在位。在位期间实行极端的军国主义政策，把普鲁士军队从3.8万人增加至8.3万人（占人口的4%），创立了“服从、服从、再服从”的“普鲁士精神”。由于他生活简朴吝啬，又舍不得在经济文化建设上花钱，人称“乞丐国王”。

普鲁士王国经三代国王励精图治，至18世纪中期已经成为君主专制和国家机器建设的典范，一跃成为欧洲强国之一。尤其是在第二代国王腓特烈·威廉一世（Friedrich Wilhelm I，1688—1740年）统治时期，通过一系列加强中央集权、完善官僚机构、改革军队等措施，为普鲁士的军国主义和强国地位奠定了坚实的基础，他堪称“普鲁士国家制度的真正建筑师”。第三代统治者腓特烈二世（Friedrich II，1712—1786年）亦称腓特烈大帝，以“开明专制”和“国家仆人”闻名欧洲，通过奥地利王位继承战争和七年战争，牢固地确立了欧洲经济与军事强国地位。由于普鲁士继承了条顿骑士团的军事专制传统，腓特烈大帝缔造了一支人数众多、军纪严明、装备精良的军队，成为18世纪欧洲军国主义程度最高的国家。通过战争，腓特烈大帝树立了“军事天才”的个人荣誉，并将普鲁士变为一个军事国家，德国的军国主义传统由此而始。普鲁士快速崛起，成为德意志境内唯一可以与奥地利的哈布斯堡王朝争夺德意志统一领导权的国家。

腓特烈大帝即位后励精图治，推行重商主义，发展工商业；加强军事官僚体制，采取新式募兵制度，建立常备雇佣军。通过奥地利王位继承战争和七年战争中与英国结盟政策，确立了普鲁士中欧强国地位。

知识链接：神圣罗马帝国

德国历史上的第一帝国是指神圣罗马帝国（Holy Roman Empire，962—1806年）。962年，萨克森王朝的奥托一世在罗马由教皇加冕称帝，称“罗马皇帝”。从1157年起，帝国被称为神圣罗马帝国，帝国极盛时期的疆域包括近代的德意志、奥地利、意大利北部和中部、捷克、斯洛伐克、法国东部、荷兰、比利时、卢森堡和瑞士。数百年来神圣罗马帝国皇帝一直由奥地利哈布斯堡家族世袭，1806年拿破仑征服奥地利，终结了神圣罗马帝国，仅保留奥地利帝号，促成了德意志的统一。

拿破仑改变了德意志

法国大革命爆发后，在启蒙思想家“自由、平等、博爱”和人权理念的感召下，大革命不仅以排山倒海、摧枯拉朽之势横扫封建专制的法国，而且不断向激进发展，革命的思想和火种也传播到法国境外。法国革命的激进、社会的持续动荡和外部列强的威胁，为拿破仑发动雾月政变、推翻督政府、接管革命政府继而成为法兰西第一执政和法兰西帝国皇帝创造了良好条件。建立强有力的政府，结束社会的无秩序混乱状态，时代呼唤一位英雄式人物的出现，而军事天才拿破仑让法国人看到了希望。正如当时一名观察者所解释的：“人民非常真诚地相信，波拿巴……可以将我们从无政府的危险之中挽救出来。”1804年，拿破仑加冕称帝，法兰西迎来新的时代。大革命扫荡了一个封建专制的法兰西，但是革命的结束最终却又迎来了新的法兰西

法国历史上著名的耶拿战役，是法兰西第一帝国皇帝拿破仑·波拿巴指挥的法军与第四次反法同盟交战的经典战役。1806年，耶拿战役以法军的大获全胜、普鲁士军队大败而告终。之后双方签订《提尔西特和约》，普鲁士几乎亡国。此一战役，也充分展现了19世纪初法军强悍的作战能力与拿破仑卓越的军事才华。

1806 年秋冬之交，普鲁士伤病员离开战场。作为法兰西第一帝国皇帝拿破仑·波拿巴亲自指挥的一场经典战役，耶拿战役在世界军事史上具有其特殊的历史意义。经此一战，法国打破了第四次反法联盟的进攻，普鲁士军队遭受重创。

帝国。拿破仑靠不断的对外军事征服取得了一次又一次胜利，确立了空前的帝国势力范围。正如他自己所承认的那样：“我是士兵出身的暴发户，一旦我不再强大并且不再受人敬畏，我的统治将不复存在。”尽管法国海军力量被英国皇家海军所消灭，无力入侵英国，但是法国对欧洲大陆各国的军事征服所向披靡，在打败俄奥联军后，又击溃了普鲁士军队，取得对反法联盟的重大胜利。1806 年 10 月的耶拿战役对军事强国普鲁士而言是毁灭性的，普鲁士被迫接受了拿破仑的亡国之约。对此，德意志诗人海涅说：“拿破仑呵了一口气，就吹掉了普鲁士。”

千年帝国的终结

18 世纪法国启蒙思想家伏尔泰说，神圣罗马帝国“既非神圣，又非罗马，更非帝国”，这个帝国一直到 1806 年才寿终正寝。德国历史学家托马斯·尼培代认为，19 世纪德意志历史（德意志现代化的开端）由拿破仑开始，“在 19 世纪最初的 15 年里，在那个最初奠定现代化德意志基础的时期，德意志人的历史、生活和经历都处在他的巨大影响之下”。正是法国大革命和拿破仑对德意志的征服和“重组”激发了德意志真正迈向现代化进程的动力。在大革命和拿破仑时期，法国直接占领了德意志的莱茵河左岸地区，将之变成法国的领土；1806 年强迫神圣罗马帝国解散，建立了法国控制的“莱茵同盟”；1806 年 10 月的耶拿战役法军摧毁普鲁士军队，割地和赔款肢解了普鲁士，通过

这是画家 1520 年献给神圣罗马帝国皇帝查理五世的欧洲地图，地图周边画满了帝国更小的附属单位徽标，其中有侯国、公国、郡县、自由城市等。

知识链接：大小德意志方案

在神圣罗马帝国时期，帝国整体事务由邦中最强大的奥地利掌控，奥地利大公弗朗茨二世兼任帝国皇帝。1806 年，奥地利在第三次反法战争中失败，神圣罗马帝国称号被取消。1815 年拿破仑退位后，外交老练的奥地利首相梅特涅主导维也纳会议，成为德意志邦联的主席。之后普奥两强提出了统一德意志的两种不同方案：普鲁士提出了将奥地利排除在外的“小德意志方案”；奥地利提出了“大德意志方案”，一个由奥地利领导、包含奥地利的德意志。在俾斯麦的推动下，德意志按照“小德意志方案”实现了统一。

神圣罗马帝国时期繁荣的纽伦堡市场情景。历史上，纽伦堡是“德意志民族神圣罗马帝国”皇帝直辖的统治中心城市之一，城堡象征标志是单头鹰。现在纽伦堡市在巴伐利亚州，第二次世界大战结束之后曾在此举行针对纳粹德国战犯的纽伦堡审判。

《提尔西特和约》和王朝联姻使得普鲁士和奥地利成为法国的势力范围。拿破仑的征服在客观上加速了德意志转向现代世界的进程。一方面，拿破仑对德意志西部和西南部直接进行了现代化改造；另一方面，拿破仑的军事征服和重组德意志直接刺激了德意志诸邦国“自上而下”的改革向现代社会迈进。

从 1803 年起，这位“革命的皇帝”对德意志的政治结构进行了大刀阔斧的改革。之前德意志存在 1800 个左右享有主权和半自治的政治单位（除了邦国、公国、教会领地外，还有 1500 个左右直属皇帝的伯爵和帝国骑士领地），改组后只剩下几十个政治单位，解决了数百年来德意志自己无法解决的混乱和分裂局面，大大促成了此后德意志的统一。根据维也纳会议，德意志在拿破仑征服改组的基础上划分为 35 个邦和 4 个自由城市，尽管仍旧分裂，但显示了巨大的历史进步性。而军事强国普鲁士在拿破仑大军的碾压之下，国家陷入“丧权辱国”的境地，让普鲁士统治阶层和有识之士彻底认识到法国大革命带来的巨大社会政治变革和巨大能量。在民族生存危机时刻，普鲁士统治阶层认识到革新旧体制的必要性和紧迫性，向法国学习，“吸收革命成果”对国家进行现代化改造。改革的发起者施泰因指出，“在旧的分崩离析和腐朽的道路上，德国已经无法保持下去，唯一的出路在于改革”。最终普鲁士在改革中重新崛起，在铁血宰相俾斯麦的主导下以排除奥地利的“小德意志方案”，通过三次王朝战争实现了德意志民族的统一。

第 86—87 页：神圣罗马帝国国徽

神圣罗马帝国帝国国徽是头顶皇冠的双头鹰图案。双头鹰图案是沿袭古罗马帝国图腾，意即帝国是古罗马的正统继承者。中间的耶稣受难图则表明帝国的神圣性，帝国皇帝即是罗马天主教会和整个西方基督教世界的保护者。双头鹰翅膀上则绘上七大选帝侯国和德意志各大诸侯的旗帜，代表帝国的普世性和广大疆域（1510 年画作）。

Das hailig römisch reich
Trier
Cöln
Cöln
Regenspurg
Costnitz
Augspurg
iiii Bauren
Saltzburg
Metz
Lintpurg
Mentz
Potestat zů Rom
Ach
Westerburg
Nürnberg
Merhern
Braunschweig
Lubeck
Thussis
Maidburg
Brandenburg
Bairn
Alwalden
Reinegk
Meichssen
Swaben
Stramberg
Baden
Lutring
iiii Sëper freien
iiii Burggrauen
iiii Marggrauen
Gedruckt zů Augspurg durch

mit sampt seinen glidern.
Brandenburg
Magdaburg
Sachsen
Lutzelburg
iiii Bürg
Behem
Pfaltz
Bamberg
Rottenburg
Anndelaw
Ulm
Aldenburg
Cleve
Weissenbach
Brabandt
Düring
Hagenaw
Saphoy
Frawnberg
n. Sachssen
Edelsass
Sletstat
Westerreich
Swartzburg
Hessen
Zilli
iiii Dörfer
Schlesi
Leuchtenberg
iiii Ritter
iiii Vicari
iiii Lantgrauen
iiii Grauen

千年梦想的实现 德意志的统一

每一颗日耳曼人的心都希望统一在一个帝国中，欧洲最伟大、最强盛、最令人畏惧的帝国。它因其物质力量而强大，也因其教育和拥有的智慧而强大。

——柏林的施皮策伯格男爵夫人

德国的统一和快速崛起改变了欧洲大陆的传统格局。作为两次世界大战的发动者、国际秩序的挑战者，德国选择的崛起路径令人反思：大国崛起必然要挑战现行国际秩序和霸权吗？

德意志统一的普奥之争

1815年维也纳会议规定德意志成立包含39个邦国在内的德意志邦联。由于普鲁士的战败，奥地利首相梅特涅巧妙运用外交手腕将邦联统治权收入奥地利手中，成为德意志的领导者。1834年，德意志18个邦国联合起来，组成了以普鲁士为盟主的德意志关税同盟（Zollverein），关税同盟的成立是德意志统一道路上的重要一步。然而普鲁士王国内并没有表现出统一德意志的强烈愿望，直至普鲁士贵族地主阶级的杰出代表奥托·冯·俾斯麦的出现，才燃起了普鲁士统一德意志的希望之灯。

俾斯麦（1815—1898年），德意志帝国首任宰相，人称“铁血宰相”“德国的建筑师”及“德国的领航员”。在他一手领导下，通过多次战争完成了德国统一。

19世纪60年代，德意志各邦国工业革命取得了重大成就，开始实现经济现代化。按照恩格斯的说法，德意志在这“二十年中带来的成果比以前整整一个世纪还要多”。由于普鲁士在各邦国中面积最大，人口最多，经济实力和军力最强，意味着未来德意志民族国家统一大任将会落在普鲁士肩上。而且很多邦国希望国力蒸蒸日上的普鲁士能够实现他们统一的愿望，其国内知识分子也著书立说鼓吹由普鲁士领导实现民族和国家统一。当时普、奥两强都有着统一德意志的雄心，但却提出了两种不同的方案。普鲁士提出了“小德意志方案”，充分利用德意志的民族主义，让普鲁士成为德意志统一的缔造者；而奥地利则提出了“大德意志方案”，一个包含奥地利的德意志，借此阻挠普鲁士统一方案。

第一次王朝战争

1864年对丹麦的战争是普鲁士主导统一德意志的第一场战争。起因自石勒苏益格－荷尔斯泰因的归属问题，位于丹麦南边的这两个公国自1460年就结成联盟，有共同的议会，归丹麦国王所有，但一直没有合并。根据维也纳会议规定，荷尔斯泰

普鲁士王国由德意志的一个邦国励精图治，终于完成了德国统一大业。图为普鲁士国王的王冠。

因公国同时又属于德意志邦联，居民也以日耳曼人为主而亲德。石勒苏益格与丹麦关系较近，尽管位于德意志境外，它的南部居民是德意志人而亲德，北部居民是丹麦人而亲丹麦，但以丹麦人占多数。这两个公国的复杂的支配权引起德国人和丹麦人多年来的相互冲突，普丹之间必有一战。普丹战争前夕，俾斯麦积极施展外交攻势，以高超的外交智慧让德意志获得了英、法、俄等大国的支持。1863 年 11 月，丹麦颁布新宪法突然宣

知识链接：普鲁士学派

活跃于 19 世纪、同兰克学派对立的历史学术派别。其创始人为约翰·古斯塔夫·德罗伊森(Johann Gustav Droysen，1808—1884 年)，他主张史学方法的本质是“理解”，认为历史学家的目的在于根据当时的需要和问题去理解历史和解释历史。主要代表有西贝尔、达尔曼和特赖齐克。其主张由政治关怀变为鼓吹民族主义，通过历史著述论证普鲁士统一德国这一政治使命。他们崇尚强权政治，不少人走向了沙文主义。但他们在德意志统一中也成为文化先锋，对后来德意志的历史甚至哲学都产生了非常深的影响。

1866 年 7 月 3 日，在奥地利领地波希米亚的柯尼希格雷茨与萨多瓦之间，上演了一场普奥战争中的决定性会战，以普鲁士大胜告终。画中骑在马上高举军刀的是普鲁士国王威廉一世，与其骑马并肩而行的是他的王公大臣们，首相俾斯麦和总参谋长毛奇跟随其后。

布吞并石勒苏益格，引起了德意志民族主义者的强烈抗议。1864 年，普鲁士联合奥地利对丹麦发起战争，丹麦很快战败求和，签订《维也纳条约》，丹麦将两公国交由普、奥共管。1865 年 8 月 14 日，普鲁士与奥地利签署《荷尔斯泰因条约》，分别管理石勒苏益格和荷尔斯泰因（与奥地利领土不连接）。

第二次王朝战争

普奥战争是德意志统一进程中最关键的一战。奥地利是德意志统一大业最大的阻碍和普鲁士的竞争对手。1815 年，奥地利在外交手腕老练的首相梅特涅主导下操纵维也纳会议，成为名副其实的欧洲四强之一，德意志邦国被并入组织松散的德意志邦联，仍由奥地利领导。要统一德国，普奥之战在所难免。普丹战争后，普奥两国对于两公国的管理和未来地位的矛盾公开化。俾斯麦为保证对奥战争的胜利，积极展开外交斡旋，以防欧洲大国干预。在取得俄国和法国严守中立的许诺后，还与 1861 年刚刚统一后的意大利王国订立同盟条约（因威尼斯被奥地利占领），在国际局势上彻底孤立奥地利。在解决好后顾之忧后，1866 年 6 月，普鲁士出兵占领荷尔斯泰因，挑起对奥地利的战争。开战后普鲁士的现代化机动部队在七个星期之内就将奥地利军队彻底击败，打通了通向维也纳的道路。然而俾斯麦并没有按德皇威廉一世所希望的那样，完全占领奥地利，而是适可而止，应奥地利求和要求，签订《布拉格和约》，规定奥地利退出德意志邦联，并解散德意志邦联；承认普鲁士有权建立北德意志邦联（North German Confederation），南德四邦主权自主。1867 年，普鲁士控制的北德意志邦联成立，包括美因河以北的 21 个邦国和 3 个自由城市。它的成立是统一过程的决定因素，具有统一国家性质，将多民族的奥地利帝国排斥在德意志之外。

这幅法国漫画名为“现代查理曼大帝进驻巴黎”。它表现了普法战争之后法国的羞耻。俾斯麦引领骑在一头戴皇冠的猪（拿破仑三世）上的皇帝威廉漫步在香榭丽舍大道。

1867 年 4 月普鲁士控制下的北德意志邦联议会正式召开，空前提升了普鲁士在德国统一中的领导者地位。

1871 年 1 月 18 日，普鲁士国王威廉一世在凡尔赛宫的镜厅登基为德国皇帝，俾斯麦穿着白色制服站在典礼中心位置。

第三次王朝战争

普奥战争后对于德意志即将完成的统一大业而言，只差一步之遥。奥地利的被排除，北德意志邦联的成立，使得整个德意志的统一大业仅剩下美因河以南、临近法国的巴伐利亚、巴登、符腾堡和黑森－达姆施塔特四个邦国维持独立地位。四个邦国历来受法国影响较深，对普鲁士的军国主义政策抱有抵制态度。而拿破仑三世不愿意失去对四邦国的影响，更不愿看到完全统一的德意志成为自己的强邻和严重威胁，因此在普奥战争调停时强调普鲁士的势力范围要限制在美因河以北。1870 年 7 月 20 日，拿破仑三世以“埃姆斯急电事件”受到侮辱为借口对普宣战，战争爆发。在久经战争考验、训练有素、装备精良并且配备克虏伯大炮的德军面前，法军伤亡惨重，最终法国皇帝被俘虏，巴黎陷落。1871 年 5 月 10 日，普法签订《法兰克福和约》。普鲁士对战败的法国并没有如对待奥地利一样宽大仁慈，和约规定，普鲁士合并了经济发达、煤炭资源丰富的阿尔萨斯和洛林地区，法国赔款 50 亿金法郎。

知识链接：埃姆斯急电

在 1870 年的春天，流亡在巴黎的西班牙女王伊莎贝拉二世宣布退位，西班牙政府想请普鲁士国王的堂兄去当国王。普王威廉一世怕触怒法国而表示反对。1870 年 7 月 13 日，法国驻普鲁士大使贝内德狄带着法国政府的新指令，来到普鲁士国王的疗养地——科布伦茨东郊的埃姆斯温泉，希望求见威廉一世，转达拿破仑三世的密函——“希望陛下能保证，将来不要求这种已放弃了的候选人资格”。威廉一世把和法国大使交谈的内容，从埃姆斯向柏林发出一份急电给俾斯麦。俾斯麦在读过电文后非常开心，他修改了电文，还添加了刺激法国的话语：“国王陛下以后拒绝接见法国大使，并命令值日副官转告法国大使，陛下再也没有什么好谈的了。”俾斯麦把这个电文在报纸上公布，埃姆斯急电的内容很快传到巴黎，拿破仑三世被激怒而正式向普鲁士宣战，普法战争爆发。

德意志统一

1871 年 1 月 18 日，俾斯麦召集所有日耳曼公国首领来到巴黎的凡尔赛宫，在镜厅（Hall of Mirrors）宣布普鲁士国王威廉一世为新成立的德意志帝国皇帝，至此分裂千年之久的德意志统一大业彻底完成，德意志民族国家以新的姿态屹立于世界强国之林。普法战争后，德国取代法国成为欧洲大陆最重要的政治、经济和军事力量，德国日益摆脱大陆政策走向“要求日光下的地盘”的世界政策。

甲午风云

中国与日本的国运抉择

一个是决心“师夷长技以制夷”、追求“富国强兵”的清王朝。
一个是曾受欧美列强凌辱、奋发图强的明治维新政府。
1894 年，一场关乎国运的战争在中日间拉开。

甲午中日战争中国惨败，被迫签订丧权辱国的《马关条约》，日本完全取代中国成为东亚格局的主导者，而1931年日本发动侵华战争，某种意义上不过是甲午中日战争的继续和延伸。

角逐东亚

1868年，日本通过明治维新，以“和魂洋才”和“富国强兵”为口号，以西方资本主义强国为样板，倾全国之力打造出一个工业化资本主义强国，加速了日本现代化进程。与此同时，明治维新后的日本为拓展生存空间，加快对邻国朝鲜和中国的侵略扩张步伐。1887年，日本政府制定了所谓“清国征讨方略”，逐渐演化为以侵略中国为中心的“大陆政策”。而甲午中日战争就是日本实现“大陆政策”前两个步骤的重要环节，战争的目的是解决朝鲜问题，挑战和打破清王朝对属国朝鲜数百年来的宗主权，以近代条约体系取代天朝上国的朝贡贸易和藩属国体系，最终取代中国主导的东亚政治格局。

福泽谕吉（1834—1901年）为日本近代史上的启蒙思想家。其主要思想集中于著作《脱亚论》中。脱亚论亦称为“脱亚入欧论”，鼓动日本积极加入列强行列，其脱亚论思想对日本此后的亚洲政策奠定了不可磨灭的影响，后世学者将其称为日本军国主义思想的鼻祖。

兵起朝鲜

朝鲜问题是日本发动侵略战争的突破口。1894年4月，朝鲜爆发声势浩大的东学党起义，在东学党领袖全琫准等人的领导下，军纪严明的东学军势如破竹，朝鲜政府军节节败退。朝鲜政府因无力镇压而急忙向宗主国清朝求援，作为宗主国的清政府有义务维护属国政局稳定，于是派直隶提督叶志超和太原镇总兵聂士成率淮军精锐2500人于6月6日在朝鲜牙山登陆并安营扎寨，准备镇压起义，同时根据1885年《中日天津条约》通知日本。而日本政府早就密切注视朝鲜局势的发展，等待出兵朝鲜的时机，然后制造挑起中日战端的借口。日军以保护使馆和侨民为借口不请自来，逐渐增至上万人，朝鲜半岛局势骤然紧张。起义平息之后，李鸿章在撤军问题上犹豫不决，最终给日本人以可乘之机。7月23日，日军袭占汉城（今韩国首尔）朝鲜王宫，扶植亲日政府，迫使朝鲜“委托”日军驱

1894年9月15日，中日平壤之战爆发。整个平壤之战持续时间很短，以清军战败而被日军逐出平壤告终。清军死亡近2000人，被俘数百人，而日军仅伤亡700人左右。平壤之战与黄海海战一起成为甲午中日战争的转折点。图为平壤的清军战俘。

逐驻朝清军。

1894年7月25日发生的中日丰岛海战成为甲午战争的导火索。8月1日，中日两国同时向对方宣战。9月15日，中日两国陆军在朝鲜平安道首府发起平壤战役，这是日本驱逐清朝在朝鲜势力的决定性作战。平壤之战是甲午战争宣战后的首次战役，以清军大败而告终，对整个战局影响深远。作为中日两国陆军的第一次大兵团作战，日军大胜显示了明治维新后日本新式陆军深得西洋国家治军之精髓。

知识链接："致远"舰的前世今生

1885年，北洋大臣李鸿章通过中国出使英国大臣曾纪泽向英国阿姆斯特朗公司订购了铁甲巡洋舰"致远"舰。"致远"舰于1887年建成，同年11月加入北洋水师，造价84.5万两白银。1894年9月17日在大东沟海战中，"致远"舰管带邓世昌指挥"致远"舰奋勇作战，后遭日舰攻击爆炸沉没，邓世昌坠海拒绝营救，壮烈殉国，全舰官兵246人为国殉难。邓世昌牺牲后举国震动，光绪帝亲自撰联"此日漫挥天下泪，有公足壮海军威"，并赐予"壮节公"谥号，追封"太子少保"。2015年11月，中国专家根据打捞发现的100多件文物断定，在辽宁丹东港海域发现的"丹东一号"沉舰应为甲午海战中沉没的"致远"舰。

甲午海战雕塑群位于威海刘公岛甲午海战纪念馆中。雕塑气势恢宏，记录了100多年前中日间大海战的惨烈和悲壮。邓世昌、丁汝昌等一批北洋水师爱国将领奋勇抗击日军侵略的英勇事迹，一直激励着中国人奋发图强，实现富国强兵、中华崛起之伟大梦想。

决战黄海

1894年（清光绪二十年）9月17日，中日海军主力在黄海靠近中朝边境的大东沟一带海域相遇，一场影响甲午战争进程和决定中日国运的大海战爆发了。中国北洋水师提督丁汝昌率北洋舰队完成护送援军任务准备返回旅顺时，在鸭绿江口的大东沟黄海海面上与日本联合舰队遭遇。开战时，中国拥有10艘军舰，日本拥有12艘军舰。此战，日军联合舰队"吉野"号、"松岛"号等5舰受损，伤亡官兵290余人。北洋水师损失惨重，包括"超勇""扬威""致远""经远""广甲"在内的5舰沉毁，4舰受损，伤亡官兵千余人。管带邓世昌试图指挥巡洋舰“致远”号冲击日舰，可惜功亏一篑，舰沉黄海。战后，黄海制海权落入日本联合舰队之手，北洋水师完全陷入被动，对以后战局走向产生了决定性的影响。黄海海战中，北洋水师虽然损失较大，但并未完全战败。然而，李鸿章为保存实力，命令北洋舰队躲入威海卫港内，不准巡海迎敌，这种消极保守的军事战略使日本对清朝的侵略更加肆无忌惮，最终将北洋舰队带向死亡之地。

定远级铁甲舰是清政府委托德国造船厂制造的7000吨级的铁甲舰，分为“定远”及“镇远”二舰，二舰于1885年回国入北洋舰队正式服役，是中国海军历史上唯一的两艘主力铁甲舰。甲午战争中定远舰被日舰击伤，为免遭日军掳走，被北洋水师炸毁沉没。2005年，中国制造了定远舰的一比一复制品，停放在威海作为博物馆展品的一部分。

防御威海卫

北洋水师各舰艇于旅顺失陷前即撤返威海港，尚有大小舰艇27艘；港区陆上筑有炮台23座，安炮160余门，守军19营；烟台、酒馆（今牟平东）、荣成（今旧荣成）等处另有驻军41营。1894年11月22日，居北洋要隘、京畿门户、“为奉直两省海防之关键”的旅顺军港被日军占领，由此日本在渤海湾获得重要的根据地，从此北洋门户洞开，失去旅顺要塞拱卫的北洋水师基地威海卫军港危在旦夕。李鸿章令北洋舰队水陆相依，陆军固守大小炮台，舰船依托岸上炮台进行防御。日军为避开从威海港正面进攻，决定在荣成登陆，由陆路抄袭威海卫之背。1895年1月20日，日军共2.5万人，在日舰掩护下开始在荣成龙须岛登陆，23日全部登陆完毕。尽管清军进行了顽强抵抗，但由于兵力单薄，陆海军缺乏协同，陆上阵地相继被日军占领。2月3日，日军占领威海卫城，威海陆地悉数被日本占据，丁汝昌坐镇指挥的刘公岛成为孤岛。尽管北洋舰队官兵英勇抵抗，但势单力薄，海军提督丁汝昌拒降自杀，“定远”舰管带刘步蟾也因弹药告罄而自杀殉国。2月12日，由美籍海员浩威起草投降书，伪托丁汝昌的名义，派广丙管带程壁光送至日本旗舰。2月14日，牛昶昞与伊东佑亨签订《威海降约》，规定将威海卫港内舰只、刘公岛炮台及岛上所有军械物资，悉数交给日军。2月17日，日军在刘公岛登陆，威海卫海军基地陷落，至此曾经的亚洲第一舰队——北洋舰队全军覆没。

刘公岛上有清代炮台 6 座，配备当时世界上最先进的德国克虏伯公司各口径大炮，分别位于黄岛、麻井子、旗顶山、迎门洞、东泓、南嘴，与南北两岸炮台遥相呼应。东泓炮台位于最东端，建于 1889—1890 年。炮台使用花岗岩砌筑、水泥灌浆，施工严谨，造型巧妙，坚固实用。除炮台外，还建有与之配套的地下通道、兵舍、弹药库等。图为山东威海刘公岛东泓炮台。

知识链接：旅顺大屠杀

1894 年 11 月 22 日，日本侵略军攻陷旅顺，对城内进行了四天三夜的屠杀、抢劫和强奸。2 万多手无寸铁的中国平民被日军无情杀戮，只有埋尸的 36 人幸免于难。旅顺大屠杀与后来的南京大屠杀对中华民族来说是一场灾难和浩劫，是人类文明史上灭绝人性的暴行。

和谈与签约

清朝陆海军在朝鲜、辽东半岛和山东半岛的接连溃败，尤其是黄海大海战失败后，清政府内部主战派和主和派激烈交锋。在前线战局不断恶化的情形下，主和派占据上风。1894 年 11 月开始，清政府开始请求英、法、德、俄、美等国公使出面调停，寻求和谈可能性。1895 年 2 月 1 日，中日两国在日本广岛县厅开启了第一轮谈判，中方代表为户部左侍郎张荫桓、湖南巡抚邵友濂，日方全权代表为伊藤博文和陆奥宗光。会谈当日，日方以中方两使节官爵、资历以及名望欠缺等不具备谈判资格而终止，拒绝继续会谈，要求任命恭亲王或李鸿章等有名望之人前来会谈。2 月 12 日，中方代表张荫桓等自长崎归国，第一轮和谈结束。当日威海卫军港陷落，北洋舰队全部覆灭，国家战力遭遇重创，清王朝岌岌可危。清政府迫于日本强大的军事压力不得不派出李鸿章代表团重新与日谈判，并于 1895 年 4 月 17 日在日本下关市（即马关）签署丧权辱国的《马关条约》。条约的签订不但使朝鲜脱离了清朝的藩属地位，转而为日本所控制和吞并，还割让了台湾及澎湖列岛，赔款 2.315 亿两白银。正是利用这笔巨额赔偿，日本经济实现腾飞，军事实力猛增，一跃跻身世界列强行列。

中国甲午战争博物馆开馆于 1985 年 3 月 21 日，属于国家一级博物馆，是一座全面展示甲午中日战争历史的综合性展馆。以北洋水师和甲午战争为主题，共有 28 处纪念遗址，现开放参观的有北洋水师提督署、丁汝昌纪念馆、旗顶山炮台、东泓炮台等。

恶狼与羔羊的谈判
《马关条约》签订

四十年来，中国大事，几无一不与李鸿章有关系。
敬李之才，惜李之识，而悲李之遇也。
——梁启超

甲午战争，决定中日两国国运之战。中日两国正面较量的背后，也是两个国家最著名的政治家、外交家李鸿章和伊藤博文两人的斗智斗勇。正如梁启超所言，李鸿章乃“以一人敌一国”，中国最后岂能不败？

“倒霉”的全权大臣

甲午战争中李鸿章一手操办、苦心经营数十年的淮军和北洋水师不仅被日本彻底打败，而且北洋水师全军覆没，让这位清王朝头号权贵、手握重权的直隶总督兼北洋大臣难辞其咎。威海卫军港陷落后张荫桓议和代表团遭驱逐回国，不仅让清政府颜面扫地，而且不得不重新启用已经被拔掉了三眼花翎、扒掉了黄马褂的李鸿章去收拾残局。幕后的慈禧太后相信此时只有“罪臣”李鸿章才能帮助清政府度过危机。由于伊藤博文的“钦点”，“罪臣”李鸿章一下子成了清政府的救命稻草。1895 年 2 月 13 日，清政府赐他“赏还翎顶，开复革留处分，赏还黄马褂”，任命他为“头等全权大臣”，办理跟日本议和事务。

1895 年 3 月 14 日，李鸿章这位身系国家命运的 72 岁古稀老人带着皇帝“承认朝鲜独立、割让领土、赔偿军费”的授权，踏上了赴日和谈的苦涩旅途。两国代表在山口县赤间关市(中方称之为“赤马关”，简称“马关”，今山口县下关市）的“春帆楼”举行会谈，从 3 月 20 日开始至 4 月 17 日结束，前后经历七轮艰难的会谈，最终签下对日媾和条约《马关条约》(日本称《下关条约》)。

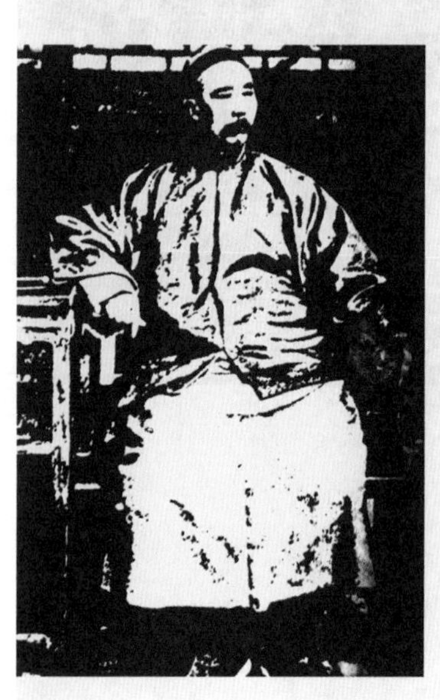

李鸿章（1823—1901年），北洋水师创始人，洋务运动领袖，官至直隶总督兼北洋通商大臣。他发迹于镇压太平天国运动，强盛于洋务改革运动，衰落于甲午战争。在维护大清统治、进行现代化改革、抵御列强侵略等方面做了诸多努力。曾代表清政府签订了很多不平等条约，如《马关条约》《辛丑条约》等。

艰难的七轮和谈

第一轮、第二轮会谈。3月20日下午4时15分，李鸿章在随从伍廷芳、长子李经方等人的陪同下，来到一家有名的饭馆“春帆楼”进行首次会谈。这个以烹饪河豚而著称的饭馆，就是时任日本内阁总理伊藤博文选定的和谈地点。选择这样的一个谈判场所是因为这里是伊藤博文的家乡，“春帆楼”是当地最有名的河豚料理店，伊藤博文经常来这里。伊藤博文在“春帆楼”接待了自己的老朋友李鸿章，这是他们第二次见面。此次伊藤博文是以盛气凌人

伊藤博文（1841—1909年），日本近代著名政治家，明治宪法之父，“长州五杰”之一，日本第一个内阁首相，四次组阁，任期长达七年。任内发动了甲午中日战争，使日本占据了东亚头号强国的地位。1909年10月，在哈尔滨被朝鲜义士安重根开枪击中，不治身亡。

的胜利国身份参加会谈，日本已经通过战争一跃成为西方列强刮目相看的东亚强国；而李鸿章则是以屈辱的战败国身份参加会谈。会谈中中国提出立约休战要求，而伊藤博文则在3月21日第二轮谈判中给出了休战要求的四项苛刻条件。面对日方无理要求，李鸿章抱着“争一分是一分之益”信念，缓三日时间再谈。

第三轮会谈。3月24日下午，李鸿章决定暂时回避休战议题，要求直接进入媾和交涉，请日方开示和平条约案，双方决定翌日转入媾和谈判议程。可是当日却发生了一件震惊中外的刺杀事件，

知识链接：“李鸿章道”

李鸿章在马关谈判期间遇刺后，日本政府为保护李鸿章而专门沿着“春帆楼”左侧的山腰修了一条小路，史称“李鸿章道”。1895年3月24日，中日第三轮谈判结束后李鸿章返回寓所途中遭日本浪人小山丰太郎枪击，命悬一线，中国博得国际舆论同情。抛开甲午战争的失败责任，单就这次谈判本身而言，李鸿章古稀之年以命相搏，充分利用自己被刺事件，积极展开外交和舆论攻势，促成日本停战，并尽可能地挽回了大清国的损失。

李鸿章在结束了与伊藤博文的第三轮谈判后返回在马关的住地接引寺（古代朝鲜通信使的住所），途中遭到日本浪人小山丰太郎的暗杀袭击，子弹击中李鸿章左眼下面颊，所幸抢救及时无性命之忧。暗杀事件的无礼遭遇在国际社会引起轩然大波，

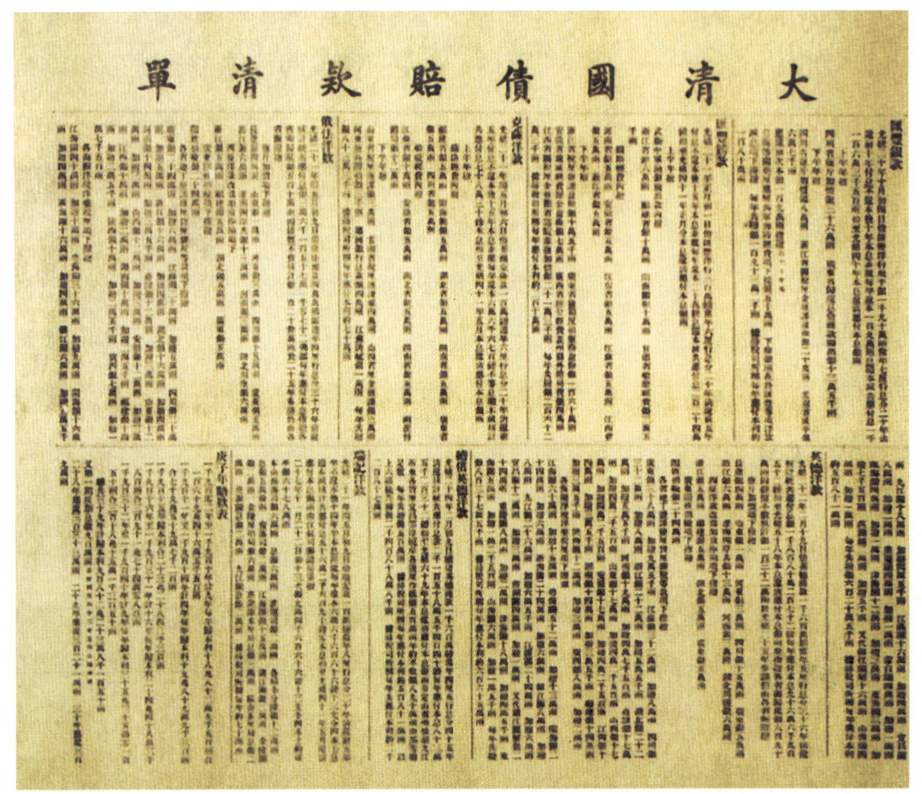

大清國債賠款清單

《马关条约》赔款清单。《马关条约》规定，中国总计向日本赔款2亿两白银。日方原本提出苛刻条件，要求赔款3亿两白银，后为减少西方列强的干预风险，将赔款额修定为2亿两。自双方批准之日起，该赔款分八次付清，第一次和第二次交付各5000万两白银，其余六次平均交付剩余款额。

日本明治神宫藏画《下关讲和会谈场景》。谈判期间，伊藤博文坐在左列的最上位，李鸿章则坐在右列的最上位。只有伊藤博文和李鸿章的椅子是一样的，其他人的椅子都略低一些。

尤其美国与俄国公使纷纷警告日本这一狭隘行为，国际舆论的谴责对日本和谈和国家形象极为不利。深受震惊的日本明治天皇和政府内阁为扭转这一暗杀事件带来的负面影响，以谋杀未遂罪判处小山无期徒刑以平息舆论的不满。而且为安全起见，日方专门为李鸿章代表团修建了一条秘密小路直通“春帆楼”和住地。当时，俄罗斯已派军进入中国北部，日本政府担心第三国借机干涉，下决心尽快签约。而刺杀事件令中国在国际舆论上扳回一局，各国纷纷同情中国，直接迫使天皇要求伊藤博文立即允诺休战。3 月 28 日，双方在“春帆楼”签署休战条约，但不包括台湾和澎湖列岛。

第四轮和谈。李鸿章伤稍愈，双方开始第四次谈判。第三轮谈判后日本继续对清政府进行威胁和讹诈，4 月 1 日，日方提出十分苛刻的议和条款，要求中方在三到四日内答复：包括朝鲜独立，割让辽东半岛、台湾、澎湖等岛屿，赔偿日本军费 3 亿两白银等 6 条苛刻要求。李鸿章对日本的狮子大开口大为震惊，他一面奏报朝廷，一面对除“确认朝鲜独立”以外的条款进行逐条驳斥，并采取拖延战术。其后在日本的要求下，清廷改命李经方为全权大臣，随李鸿章一起议约。伊藤博文则在 4 月 8 日约见李经方，警告他一旦谈判破裂，“北京之安危亦有不忍言者”，要求尽快接受日方条件。伊藤博文对李鸿章说：“中堂见我此次节略，但有允、不允两句话而已。”李鸿章问：“难道不准分辩？”伊藤博文回答：“只管辩论，但不能减少。”事后日方继以增兵再战进行恫吓，李鸿章等连发电报请示，光绪皇帝同意签约，命令“即遵前旨与之定约”。据说李鸿章在签字前的最后关头，曾经老泪纵横地对使团的美国顾问科士达说：“万一谈判不成，只有迁都陕西，和日本长期作战，日本必不能征服中国，中国可以抵抗到无尽期。日本最后必败求和。”

第七轮会谈。4 月 15 日，李鸿章跟伊藤博文进行最艰难也是最后一轮谈判。这一次，日方更加强硬和冷酷无情。李鸿章做出了最后的努力，尽量在割地和赔款数量上将对中国的损失降到最小。李鸿章承受着日本苛刻的压力和朝廷内的无端诽谤，在病榻上与伊藤博文据理力争。最终李鸿章奏请朝廷，光绪帝同意签约。退出会议室时，李鸿章面对伊藤博文扔下一句“没有想到阁下是这样的严酷执拗之人”，愤然离去。

千古骂名谁来背

回国后李鸿章抑郁不已，成为清国“千古罪人”，一直称病躲在天津。也正是因为《马关条约》的强烈刺激，李鸿章发誓“终身不履日地”。1896年后他出使欧美各国归来，途经日本横滨，再也不愿登岸，当时需要换乘轮船，要用小船摆渡，他一看是日本船，就怎么也不肯上，最后只好在两艘轮船之间架了一块木板，73岁高龄老人毅然蹒跚着步子挪过去。1900年，北京沦陷，朝廷西逃西安，已到风烛残年的李鸿章再次被朝廷点将为议和大臣收拾烂摊子，1901年与庆亲王共同签订《辛丑条约》。在生命的最后岁月里，李鸿章依旧没有摆脱世人对他的骂名——“卖国者秦桧，误国者李鸿章”。

知识链接：陆奥宗光

陆奥宗光（1843—1897年），日本政治家、外交家、维新元勋。明治时期参与日本对英不平等条约谈判，实现领事裁判权的收回，外交上对华采取强硬路线，主导了甲午战争开战、讲和以及三国干涉还辽的处理。在伊藤内阁外务大臣任上，陆奥宗光在修改不平等条约方面展现了其精明干练，有“剃刀大臣”的外号。他是近代中日关系史上关键性的人物之一，利用朝鲜东学党起义之机，施展“狡猾”的外交手段，发动了甲午战争。因此，这一时期的日本外交也就冠以“陆奥”之名，被称为“陆奥外交”。

1895年4月，李鸿章代表清政府与日本在马关“春帆楼”签订丧权辱国的《马关条约》，该条约赔款数目之巨、割地面积之大，是继《北京条约》以来侵略者强加给中国最耻辱的不平等条约。图为甲午战争博物馆《马关条约》谈判雕像。

未知大陆的探险：热带非洲与澳洲

受非洲大陆地理环境的制约，与其他大陆探险活动相比，非洲内陆腹地直至19世纪仍旧保持着神秘。随着西欧各国工业革命的完成，欧洲国家对海外市场和原料产地的需求更为迫切，各种名目的地理考察与探险活动兴起，欧洲人逐步向非洲腹地深入。从18世纪晚期到19世纪晚期，去非洲探险的欧洲探险家多达200多人次，其中最著名的是利文斯通和斯坦利。他们深入以前欧洲人从未到达的非洲内地，汇总的地理信息引起了欧洲政府的极大兴趣。特别令人兴奋的是关于非洲大河——尼罗河、尼日尔河、刚果河和赞比西河的详尽报道，以及这些河流提供的进入内地的通道。正是探险家们以生命换取的信息，让非洲这块神秘大陆成为欧洲各国政府眼中的“肥肉”，欲吞之而后快。探险家也是澳大利亚的开拓者，库克船长对澳洲、南太平洋的探险和科考活动为英国占领澳洲开辟了道路。这些探险活动最终导致了非洲和澳大利亚的殖民化。19世纪中期以前，征服非洲和亚洲的代价是巨大的，欧洲人容易染上黄热病、疟疾等热带疾病，死亡率很高。直到19世纪三四十年代，人们采用奎宁治疗疟疾，情形才得以改变。

穿越非洲大陆第一人

利文斯通

是受传播基督教福音的驱动还是因资本主义扩张的冲动？或是两者兼而有之？

津巴布韦西北部的河畔立有一座青铜雕像，高高的石座上，站着一位蓄着短髭、鼻梁高挺的欧洲人。他头戴护耳帽，脚踏长筒靴，手持拐杖，一副长途跋涉的神态。这就是第一个完成从非洲西海岸到东海岸穿越考察工作的英国传教士兼探险家利文斯通。

传教士的三重使命

大卫·利文斯通（David Livingstone，1813—1873年）出生于苏格兰中部的南拉纳克郡，在全家7个孩子中排行第二。10岁时开始在格拉斯哥附近的一家棉花厂工作，1834年，基督教会招募懂医的传教士去中国，这对利文斯通很有吸引力。从此，他每天在工作10个小时之外，还花4个小时学习拉丁文、医学和神学。由于鸦片战争爆发，和平无望，他不得不另谋出路。这时利文斯通遇到“伦敦传道会”（London Missionary Society）的传教士罗伯特·摩法特（Robert Moffat），被其理想所吸引，决心前往非洲南部传教。1840年12月，利文斯通乘船来到南非开普敦。他的非洲之行有三重使命：传播基督福音、进行地理考察和开辟商业通道，正如在维多利亚瀑布旁的利文斯通纪念像下的铭文：“基督教·通商·文明”（Christianity，Commerce，and Civilization）。利文斯通来到南非之后，首先是熟悉民情。他经常徒步或驾着牛车深入穷乡僻壤，了解当地的语言、民俗和文化。1843年他外出时遭到狮子袭击，左臂受伤，落下终身残疾，但这并未动摇他在非洲工作的决心。1845年，利文斯通娶了摩法特的女儿玛丽为妻。玛丽支持他的工作，长期陪伴其身边。1849年，他穿过非洲西南部卡拉哈里沙漠，到达恩加米湖。1852年4月，利文斯通带着妻小回到开普敦，安排她们返回英国，自己则回到库鲁曼（Kuruman），继续穿行于当时仍然充满未知的非洲。

大卫·利文斯通，英国探险家、传教士，维多利亚瀑布的发现者。他是19世纪非洲探险的最伟大人物之一，为世界打开了通往“黑暗大陆”的一扇窗户。图为吉布提共和国发行的带有利文斯通头像的邮票。

发现维多利亚瀑布

1853年11月，利文斯通带着几个土著随从和很少的装备从现今津巴布韦和赞比亚交界地带出发，乘独木舟沿着赞比西河向西北进发。不能航行时，他们就弃舟登陆，在多雨的茂密原始森林中穿行。探险的路途困难重重，途中不但有强大好战的部落，还有疟疾、痢疾等致命疾病肆虐。1854年5月31日，他到达目的地——位于非洲西海岸的葡

开普敦（Cape Town）是南非第二大城市，也是南非繁忙而重要的港口。开普敦以其美丽的自然景观及码头而闻名于世，知名的地标有被誉为“上帝餐桌”的桌山，以及印度洋和大西洋的交汇点——好望角。图为南非开普敦鸟瞰。

知识链接：赞比西河

非洲第四长的河流，也是从非洲大陆流入印度洋的最长河流，当地方言意为“巨大的河流”。赞比西河源于赞比亚西北部，河流上游有一部分经过安哥拉，但大部分位于赞比亚境内海拔约1000米的巴罗茨高原，经过纳米比亚及博茨瓦纳的边境后，到达长130多千米的巴托卡峡谷（Batoka Canyon）时形成了著名的维多利亚瀑布。

属西非（今安哥拉）首都罗安达。这是欧洲人第一次从东到西横跨非洲大陆。

1855年11月17日，他在当地人带领下来到今赞比亚境内的马兰巴（以当地马兰巴河命名），忽听雷声轰鸣，顿感天撼地动。他举目向东南眺望，发现赞比西河上烟波浩渺，云雾飞腾。当地人称这个大瀑布为“莫西奥图尼亚”，托卡莱雅汤加语意为“像雷霆般轰轰作响的烟雾”。后来证实，这是世界上最大、最壮观的瀑布。利文斯通欣喜异常，当即以英国女王的名字为之命名为“维多利亚瀑布”。他写道：“在英国没有这样美丽的景象，没有人能够想象出它的美景。从来就没有一个欧洲人看到过它，只有天使在飞过这里时才能看到这么漂亮的景象。”这个瀑布的发现被视为利文斯通在非洲地理勘查活动中取得的最大成就。

经过近两年的艰苦跋涉，利文斯通于1856年5月20日抵达赞比西河注入印度洋的河口，即现今莫桑比克境内的克利马内，这是有史以来第一次有记载的从南非斜穿过整个非洲大陆到达非洲东海

维多利亚瀑布位于非洲赞比西河的中游，赞比亚与津巴布韦之间，是非洲最大的瀑布，也是世界上最大、最美丽和最壮观的瀑布之一。1855年，苏格兰探险家利文斯通成为首位见到该瀑布的欧洲人，并以维多利亚女王的名字为之命名。

岸的旅行。利文斯通乘船前往毛里求斯，尔后回到阔别16年的故乡英国，受到英雄般的欢迎。伦敦地理学会为他颁发了大奖章，举行了盛大的招待会。1857年，他所著《在南非的传教和考察之旅》一书出版，首版发行7万册，给他带来巨大荣誉和收入。1864年，他又发表了《赞比西河及其上游各支流考察记》。在利文斯通踏上非洲前，从卡拉哈里到撒哈拉之间的非洲地图几乎是一片空白，利文斯通的探险打开了"黑暗大陆"，带来了丰富而准确的资料。

为探险而献身

利文斯通认为他对地理探险比传教有更大的使命感，因此于1857年退出"伦敦传道会"。在英国政府的资助下，1858年3月10日，利文斯通从利物浦搭乘"珍珠号"出发，开始向赞比西河远征。这次远征没有什么重大发现，导致利文斯通此后筹措探险经费十分困难。1862年4月27日，利文斯通妻子玛丽因疟疾病逝。1865年8月14日，利文斯通最后一次离开母国，这次从桑给巴尔出发，抵达尼亚萨湖（今称马拉维湖）。利文斯通本身是一位糟糕的领导者，处理不好与探险队队员的关系。大多数队员弃他而去，身边只有他的仆人与脚夫，完全没有任何后勤补给与专业支援。他曾阻止了很多贩运黑奴的交易，但当他穷困潦倒时却不得不靠那些奴隶贩子供给吃住。后来，利文斯通又为了寻找尼罗河的源头进行了艰苦卓绝的探险，虽然没有找到尼罗河源头，但是他的伟大壮举为全世界所公认。据记载，利文斯通一生曾4次前往非洲。当冒险家亨利·斯坦利在非洲中心的坦噶尼喀湖边发现饥寒交迫的利文斯通时，后者只接受了他的物资帮助，却拒绝离开非洲。虽然有病在身，利文斯通依然出发前往卢阿普拉河，以为这条河可以通往尼罗河。事实上，它通往刚果河。1873年5月，60

赞比西河是非洲第四长河，是一条注入印度洋的大河。流向从西向东，从河源到入海口全长3540公里。赞比西河及其支流流经赞比亚、安哥拉、纳米比亚、津巴布韦、莫桑比克、博茨瓦纳和马拉维。

玛丽是大卫·利文斯通的妻子，曾两度陪同丈夫在非洲探险，1862年因疟疾病逝，葬在莫桑比克的舒潘加(Chupanga)。她生前与丈夫聚少离多，死后依然被丈夫的光芒掩盖。

知识链接：利文斯通探险日记重见天日

1871年7月15日，利文斯通在尼扬圭(Nyangwe)目睹400名黑人被阿拉伯奴隶商人屠杀。由于没有纸张笔墨，他用羽毛笔蘸着自制的草莓汁，在报纸的边角中记录下这一段历史。后来运到英国的这部写在报纸上的日记还勉强可以辨识，部分内容成为1874年出版的著作的一部分。100多年后，当年用草莓汁书写在报纸上的文字完全褪色，无法辨认。2009年，英、美学者使用多种数字处理技术对日记进行处理分析，使利文斯通的这部日记重见天日。2011年11月，加州大学洛杉矶分校数字图书馆将解密后的日记公布到了网络上。

岁的他因感染疟疾，身体更加虚弱，在赞比亚东北部的班韦乌卢湖南岸去世。两位忠心的仆人知道他的心愿是死后葬在英格兰，就将他的遗体进行防腐处理，心脏埋在去世的一棵树下，那里现在立了一块纪念碑。他的仆人步行两个多月、跋涉上千公里抵达桑给巴尔岛，托一艘船将其遗体和日记送返英国。1874年4月，利文斯通葬于伦敦威斯敏斯特大教堂。同年，他的日记经过整理以《大卫·利文斯通在中部非洲的最后日记》为题出版，为他长达32年的非洲探险活动画上句号。斯坦利后来在谈到利文斯通时说："在整部非洲探险史上，没有哪个名字像利文斯通那样响亮。在他身上，集中了其他所有探险家所具有的优秀品德。"

利文斯通的非洲探险旅行有着极为重要的意义。探险期间他亲眼目睹了黑奴贸易给这些地区带来的严重恶果，因此在政治上反对和要求废除不人道的黑奴贸易。他的著作中常提到奴隶制度的残酷，对英国的废奴运动有很大影响，如直接推动了英国政府与桑给巴尔苏丹签署废除奴隶贸易的协议。他也认为人们应当关注非洲商业经济发展，在合法通商中带动经济，阻止蓄奴。同时，他的内陆探险为后人探索非洲提供了大量的地理科学信息。作为非洲传教士的先驱，他为基督教在非洲的进一步深入创造了条件。

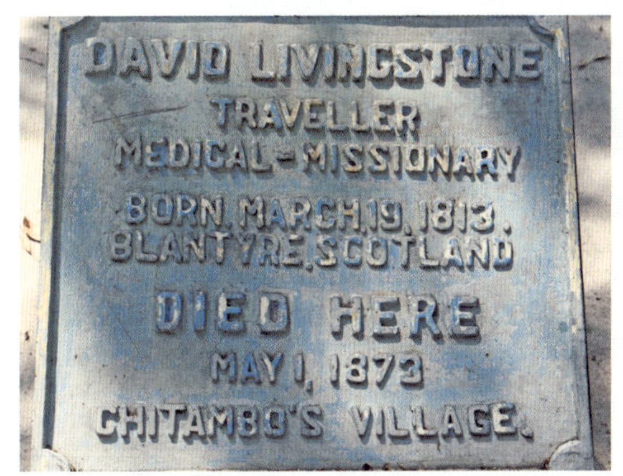

1873年5月1日，大卫·利文斯通在赞比亚班韦乌卢湖的南岸去世。利文斯通的仆人将他的心脏葬在一棵树下，并立了一块简易铭牌。1902年，人们在其去世地附近重新树立了一个纪念碑。图为碑上铭刻，写有生卒年代等信息。

重回历史现场

斯坦利寻找利文斯通

你是利文斯通博士，如果我没有猜错的话？

——斯坦利日记

利文斯通深入非洲内陆，失去联系长达6年。他也试图向外界传递信息，但从非洲内陆发出的44封信件，只有1封到达了在桑给巴尔的一个朋友手里。当时流传着各种谣言，有说他失踪了，也有说他死了。公众在呼唤着他们的探险英雄。

禁地之行

1869年，英国媒体《伦敦环球报》宣布，由该报组织的探险队确认著名探险家利文斯通已经去世。美国的《纽约先驱报》老板詹姆斯·戈登·本尼特不相信此事，他凭直觉认为利文斯通还活着。随后，本尼特给其属下记者亨利·斯坦利（Henry Stanley，1841—1904年）下达了一个几乎是不可能完成的任务：带领一支探险队去非洲大陆寻找利文斯通。在当时，到“撒哈拉以南非洲大陆”内部探险是十分艰难的任务，但斯坦利还是接受了这个挑战。

1910年，美国烟草公司发行了名为“世界最伟大的探险家”的系列收藏卡，其中之一为英裔美国记者和探险家亨利·斯坦利。斯坦利给人留下的最深记忆是他在非洲寻找失踪的大卫·利文斯通的故事。

1871年1月6日，斯坦利到达非洲东部的桑给巴尔岛（也就是利文斯通最后一次探险的起点）。3月21日，斯坦利的探险队从桑给巴尔出发了，他的队伍中有几名队员、马匹，一辆旅行用的大篷车，里面装有武器、药品，送给沿途土著人的礼物，换洗衣物和食品，以及其他生活必需品。他不懂非洲当地的语言，只能靠比划从当地人中间打听到了一点有关利文斯通的蛛丝马迹。一些土著人回忆，曾经有个白人路过这里，后来向东方去了。还有人介绍，在坦噶尼喀湖东边的乌吉吉村（Ujiji）住着一个白人。斯坦利一路向东追寻，经历千辛万苦，几次与死神擦肩而过。

寻到利文斯通

1871年11月10日，在离乌吉吉村还有约一英里地的时候，斯坦利让人升起美国国旗，接着鸣枪并吹响号角，枪声、号角声在空气中回荡。斯坦利在他的日记中写道：“在这个伟大的时刻，我们忘记了所走过的500英里路，忘记了翻越过的数百座山丘，忘记了穿越过的众多森林，忘记了带给我们麻烦的灌木与荆棘，忘记了让我们双脚起泡的盐地荒原，忘记了暴晒我们的烈日，也忘记了一路上的危险与困难。现在，只有幸福的感觉围绕着我们。在我们凝视棕榈树丛中的村庄并试图分辨出哪一座茅草棚或房屋里住着我们听说的那位灰胡子白人时，我们的心跳……”“当我们离乌吉吉村只有900英尺时，我周围的人群越来越多……我推开众人，从人墙中走过。一群阿拉伯人围成的半圆圈里，站着一位留着灰白胡子的白人。随着我慢慢走近他，我注意到他脸色苍白，看上去很疲惫。他胡子灰白，戴着一顶浅蓝色帽子……我刻意地走近他，摘下我的帽子，试探性地询问：‘你是利文斯通博士，如果我没有猜错的话？’”此句“Dr. Livingstone，I presume？”后来成了流行语，《大英百科全书》和《牛津国家传记辞典》都记载了这句名言。1872年5月2日，《纽约先驱报》发表报道《利文斯通还活着》，在全世界轰动一时。斯坦利凯旋，后来写了一部畅销书《我怎样找到利文斯通》。

斯坦利找到利文斯通。1871年11月10日，亨利·斯坦利在非洲坦桑尼亚的小村庄奇迹般地找到了失踪多年的英国著名探险家、传教士大卫·利文斯通，成为人类探险史上的一段佳话。图中左立者为利文斯通，右立者为斯坦利。

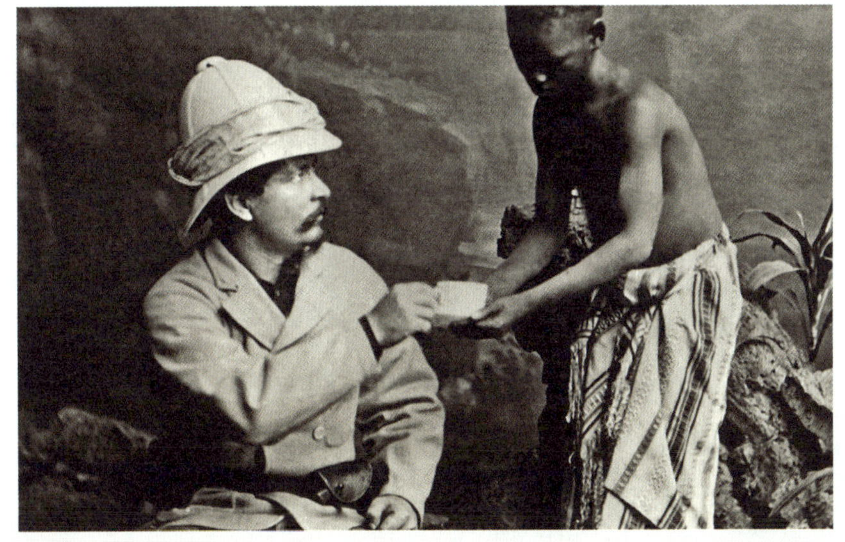

斯坦利在非洲探险期间收养了一个非洲奴隶，为其起名为卡鲁鲁。斯坦利在非洲找到利文斯通后，带着卡鲁鲁返回英格兰，并请伦敦的一家摄影公司为二人拍照。但卡鲁鲁只活到大约12岁。

知识链接：斯坦利的名与利

斯坦利本名叫约翰·罗兰德，出生在英国的威尔士。自幼家庭贫困，17岁时逃到美国新奥尔良，在那里开始新的生活，名字也变成亨利·莫顿·斯坦利。美国内战结束后他去西部淘金，后成为一名记者。斯坦利后来成为比利时国王利奥波德二世的代理人，为其在刚果盆地“开疆拓土”、奴役当地人民。他于1892年恢复了英国公民身份，1895—1900年担任英国下院议员。逝世时因为人生污点而被拒绝安葬在威斯敏斯特教堂。20世纪60年代，刚果人民获得民族独立后清除西方殖民主义影响，斯坦利的雕像被拆除，以其名字命名的城市“斯坦利维尔”改为基桑加尼，以其名字命名的“斯坦利湖”恢复原来的名字“马莱博湖”。

探索刚果盆地 布拉柴

刚果（布）首都布拉柴维尔的名字来源于一个欧洲白人，即这座城市的建造者、法籍意大利探险家皮埃尔·萨沃尼昂·德·布拉柴。

刚果河流域地处非洲心脏地区，矿产资源丰富，有“中非宝石”之称。刚果河口战略地位十分重要，扼住了河口，就能封锁整个流域，因此成为列强激烈争夺的目标。作为一个狡诈的君主，比利时国王利奥波德二世察觉到了正被探险者开发的内地大高原所提供的良机。1880 年，利奥波德二世以帮助非洲开化为名，在布鲁塞尔召开了一次会议，他在开幕词中宣称：“今天将我们团结在此的目标之一就是应当最大程度地占有对人类有帮助的东西。我敢说，开发全球唯一未受文明渗透的地区，冲破笼罩在该地区全体居民的黑暗，是与我们这个进步世纪相称的一次圣战。”19 世纪末，法国与比利时争夺对广袤刚果河流域的控制权，两国竞争激烈。法国人布拉柴探索了刚果盆地右岸地区，打开了法国在中非的殖民之路。

法国籍意大利探险家布拉柴，布拉柴维尔市的创建者。其最大贡献是在法国地理协会支持下于 19 世纪 70—80 年代探索了刚果河右岸地区，使得法国殖民地面积增加了 50 万平方公里。

刚果河探险

彼得·萨沃尼昂·德·布拉柴，也叫皮埃尔·萨沃尼昂·德·布拉柴（Pierre Savorgnan de Brazza，1852—1905 年），1852 年出生在意大利的一个贵族家庭，在全家 12 个孩子中排行第七。他从小就对探险极为感兴趣，1868 年考入位于法国布雷斯特的海军学校，毕业后获海军少尉军衔。1870 年，普法战争爆发，他在法国北海舰队一艘铁甲舰上执行任务。他在茹费里（Jules Ferry）和甘必大（Leon Gambetta）等朋友及家族的帮助下，1874 年加入法国籍，将名字从意大利文改为法文。他获得资助，1875 年带领一个探险队深入了奥果韦河和刚果河流域，探明二者并不是一条河流。返回法国之后，布拉柴撰写报告，在地理学会开讲座，获颁荣誉军团勋章。比利时国王利奥波德二世意识到布拉柴的价值，不断拉拢他参与野心勃勃的非洲计划。布拉柴两度辞谢，而他的竞争对手亨利·斯坦利则是迫不及待地接受了比利时国王的邀请。

1880 年，在法国地理协会资助下，布拉柴率探险队再次进入刚果河流域。同年 9 月 10 日，在布拉柴的劝说和利诱下，当地的安济科（又译成“特克”）王国的国王马可可（Makoko）与其签订保护条约，接受法国的“保护”，法国取得了对安济科王国包括斯坦利湖（今马莱博湖）两岸土地的保护

马可可是安济科王国（巴特克人建立的国家）的国王，他对与西方开展贸易很有兴趣，并希望借机拓展自己的领地。1880 年，他与来自法国的探险家布拉柴签约，使得安济科王国成为受法国保护的领地。

权。同一天，布拉柴在湖右岸的恩古玛开始修建兵站。四年后，为了与河对岸比利时人兴建的利奥波德维尔（今金沙萨）竞争，该地加快修建，这就是后来的布拉柴维尔（Brazzaville），“维尔”（ville）在法语中指“城镇”。1882 年 11 月 30 日，法国修改与安济科国王的条约，并把加蓬和刚果合并为法属刚果殖民地，任命布拉柴为法属刚果特派员，负责管理这两块殖民地。

批判殖民弊端

在与非洲原住民打交道的过程中，他采用尊重与安抚的方法，反对当时殖民公司的野蛮掠夺，为

知识链接：布拉柴与路易·威登

自 1854 年首家路易·威登（Louis Vuitton）旅行皮件专卖店在巴黎开业以来，一个标志性的品牌故事由此开始。布拉柴从 1875 年起就是路易·威登的客户，路易·威登为他的第一次非洲探险供应锌皮和铜皮的密封式旅行箱。事实上，他就是坐在路易·威登旅行箱上，说服了马可可国王接受刚果成为法国的保护属地。他的姓名缩写“P.S.Brazza”清晰地印在平坦的箱盖上。

此树敌颇多。1905 年，法属殖民地情况恶化，暴行、虐待、大屠杀等报道传到巴黎，布拉柴重获任命并被派往调查。在最后一次刚果之行中，布拉柴目睹了商业机构和殖民政权的滥用权力，谴责了特许经营制的弊端。1905 年 9 月 14 日，布拉柴在返回法国的途中病逝，终年 53 岁。法国政府曾想将布拉柴安放在先贤祠内，但遭到其遗孀特雷莎的拒绝。她在布拉柴位于阿尔及尔的墓碑上刻下“人类的血无法玷污对你的记忆”的字句。2006 年 10 月 1 日，布拉柴的墓地被迁移到了刚果（布）首都布拉柴维尔，刚果（布）政府并为其修建了一座纪念馆。

刚果河和它的支流分布在赤道两侧，全年流量相当丰沛且稳定。刚果河流域的热带动物也几乎应有尽有，包括猩猩、大象、狮子、长颈鹿、斑马、犀牛、羚羊、河马和鳄鱼等。图为两只大象在刚果河中戏水。

探险太平洋

库克船长

北美十三殖民地的独立让大英帝国黯然神伤，而库克船长的太平洋探险却为英帝国意外送上最美的礼物。

库克船长是18世纪英国最知名的探险家、航海家和制图学家，他在太平洋和南极洲的航行为世界科学发展作出了重大贡献，并极大地推动了全球物种在南太平洋地区的扩散。库克成长的年代，正是西方各国新一轮探险高潮迭起的时期。自1768年起，库克先后三次探险太平洋，因发现澳洲而成就一世英名。

发现澳大利亚与新西兰

詹姆斯·库克（James Cook，1728—1779年）出生在英格兰约克郡马顿的贫穷帮工家庭，在家里8个孩子中排行第二。他当过马倌、店员，16岁时进入约克郡惠特比小镇一家船运公司当学徒，从此开始海上生涯。1756年，英国与法国等国的七年战争爆发，库克弃商从军，进入皇家海军服役，成为他平步青云的重大转折点。七年战争中他首次越过大西洋，到美洲协助进攻魁北克。凭借精湛的航海技术，29岁时从大副被破格提升为舰长。

英国航海家詹姆斯·库克船长曾三次奉命出海前往南太平洋进行科学考察，带领船员成为首批登陆澳大利亚东岸和夏威夷群岛的欧洲人。在澳大利亚、新西兰和其他大洋洲地区，不少地方均以库克命名。图为2009年卢旺达发行的纪念库克船长的邮票。

最早到达澳大利亚的欧洲人并不是英国人，而是荷兰人。1606年，荷兰水手成为最早看到这片南方大陆的欧洲人。荷兰东印度公司批准了几次探险航行，荷兰探险家对澳大利亚的勘察非常积极，以至于欧洲人称这块大陆为“新荷兰”。他们勘察了澳大利亚的北部、西部和南部海岸，但没有到过东海岸。荷兰人对这块大陆的评价很低，认为这里荒凉贫瘠，又没有黄金，因此没有作进一步的考察或者占领。荷兰人之后，英国人来到了这里。1767年发现了塔希提岛的沃利斯探险队宣称，他们曾在太平洋上的落日余晖中瞥见过南边大陆的群山。1768年，英国政府为了赶在别国之前抢先发现和占领这块大陆，扩大英帝国在太平洋的版图，选派富有科学素养、航海经验又丰富的库克出海远航，寻找这个带有神奇色彩的南方大陆。

库克的首次海外探险还与一桩科学事件有关。根据天文学家哈雷的估计，1769年6月3日，金星要从地球和太阳之间穿过，在某个时间，金星、地球和太阳会在一条直线上。英国皇家学会计划派出考察船前往太平洋观测这一百年难遇的天文奇观“金星凌日”，为寻找合适人选而向海军求助，结果已经升任海军上尉的库克成了最佳人选。库克的考察队于1768年8月25日乘坐“奋进”号从英格兰普利茅斯港出发，向西横越大西洋后，经南美洲南

塔希提岛，又称大溪地，被美国《国家地理》杂志列为“世界十大度假胜地”之一。岛上山清水秀，绿草如茵，到处是成林的棕榈树，多海滨浴场，海滩优良，适于游泳、泛舟和休息，好似人间仙境。

端合恩角进入太平洋，1769 年 4 月 13 日抵达皇家学会指定观察“金星凌日”的塔希提岛。库克在大洋洲期间到访了附近多个岛屿，并把各个岛屿统称为学会群岛（Society Islands），以此纪念皇家学会的这次科学考察。库克一行在塔希提岛上架设观察台，并在 6 月 3 日协助天文学家观测“金星凌日”。

观察结束后，库克开始执行受命于皇家海军的秘密任务，即在南太平洋寻找广阔且“未知的南方大陆”（即现今所知的南极洲）。库克与“奋进”号离开学会群岛向西进发，于 1769 年 10 月 6 日抵达新西兰。新西兰的地名源于荷兰文“Nova Zeelandia”，经库克翻译后遂以英文正名为“New Zealand”。库克抵达新西兰后即环岛航行进行测绘，虽然他证实了新西兰不是传说中的南方大陆，但却因此成为首位环绕新西兰航行的航海家。

之后库克一行驶离新西兰，继续往西探索，在 1770 年 4 月 19 日抵达澳洲大陆东南方海岸，这是欧洲人首次抵达澳洲东岸。库克发现了山脉和树木，判断这是南太平洋的一个新大陆。库克有感于当地景致与威尔士南部相似，遂将之命名为“新南威尔士”。4 月 29 日，库克与随员在现称为科内尔半岛（Kurnell Peninsula）的岸边正式登陆。由于随船植物学家约瑟夫·班克斯和丹尼尔·索兰德在该处发现不少独特的物种，因此库克又将该处命名为“植物湾”（Botany Bay）。5 月下旬，“奋进”号驶入太平洋上最危险的暗礁区——大堡礁，受损严重，不得不停靠岸边修整了 7 周。8 月 22 日，库

知识链接：坏血病的防治

库克在第一次的探索旅程中，尝试不同的方法防止船员患上坏血病。他发现预防坏血病的关键是要经常向船员提供充足的新鲜食物，尤其是青柠等富含维生素 C 的蔬果。探险全程没有一人因为坏血病而丧命，这在当时是一个了不起的成就。库克把这方面的研究成果写成详细报告，提交皇家学会，1776 年获学会颁授科普利奖章。

库克船长 1768—1779 年间三次率领船队前往太平洋地区，从太平洋最深的海沟到南极圈都有他的足迹，他对澄清南半球的地理问题作出了巨大贡献。图为吉布提共和国发行的纪念库克船长三次环球航行的邮票。

新西兰的奥克兰是南太平洋的枢纽，旅客出入境的主要地点。在 2015 年的世界最佳居住城市评选中，奥克兰高居全球第三位。新西兰的首都早先设在奥克兰，后于 1865 年迁至惠灵顿。

克以国王乔治三世的名义宣布这片大陆归属大英帝国所有。“奋进”号途经雅加达、好望角和圣赫勒拿岛，于 1771 年返抵英格兰，成功完成第一次环太平洋航行。

三次进入南极圈

1772 年，已擢升为海军中校的库克再次受皇家学会所托，展开第二次航海旅程，继续探索传闻中“未知的南方大陆”。在第一次探索中，库克已经证明新西兰并不接壤任何大陆。虽然他几乎勘察了整个澳洲大陆东岸，但从测绘的资料判断，澳洲大陆的规模仍不及那块神秘大陆。亚历山大·道尔林普等皇家学会成员则始终相信，这块南方大陆是确实存在的。这次旅程除了由库克指挥的“决心”号外，还有托拜厄斯·弗诺负责指挥的“探险”号同行。1772 年 7 月 13 日，两舰出发，库克向东途经好望角前往太平洋，而且还设法靠南航行，以求发现南方大陆，这使得船队在 1773 年 1 月 17 日立下横跨南极圈的创举。不久，“决心”号和“探险”号因大雾而分道扬镳。库克的“决心”号独自在茫茫大海中寻找南极洲大陆。1773 年 12 月，“决心”号第二次进入南极圈，随后于 1774 年 1 月 26 日第三次驶入南极圈，并于 1 月 30 日成功驶至南纬 71°10′ 离南极洲不远的海域，成为整个 18 世纪中航海家所到过最南的地方，也是人类有史以来到

纪念库克船长进入南极圈探险的邮票。他虽然两次穿越了南极圈，但都因自然条件极为恶劣、海面被浮冰堵塞，船只无法进一步前进。库克船长并不知道，他最近一次距离南极大陆海岸线只有 240 公里。

过的地球最南部。在环太平洋的考察探险中，库克绘制了汤加和复活节岛的海图。1775 年 7 月 30 日，库克返抵英格兰的普利茅斯，时间比“探险”号足足迟了一年。两次的航海经历令库克逐渐成为英国家喻户晓的航海家，在上议院的辩论中，他甚至被誉为“欧洲第一航海家”。

普利茅斯（Plymouth）位于英国西南海岸，曾经是英国皇家海军的造船厂，也是 16—19 世纪英国人出海的港口。图为 1759 年修建、2002 年重建的斯米顿灯塔。

壮士一去兮不复还

1776 年，库克第三次获得机会出发前往太平洋，获指派寻找连接太平洋和大西洋的西北航道。库克的“决心”号在这次旅程中由太平洋前往大西洋，而另一支船队“发现”号则由大西洋前往太平洋。两舰在 1776 年 7 月 12 日正式由普利茅斯出发，1778 年 1 月发现夏威夷群岛，成为首批登陆群岛的欧洲人。库克一行没有在夏威夷逗留，而是指挥船队沿着北美海岸继续北上，穿过亚洲与美洲之间的白令海峡。库克希望绕道北美到达大西洋以开通西北航道，但巨大冰山的障碍让库克无功而返。1778 年 11 月，库克返回夏威夷群岛。1779 年 2 月，他在逗留期间与土著人发生冲突而被杀死，年仅 51 岁。库克在前后 12 年中三次探索太平洋，在数千公里的航程途中深入不少地球上未为西方所知的地带，带领船员成为首批登陆澳洲东岸和夏威夷群岛的欧洲人。他以更精确的航海技术制作航海图，为当时航海史上一大突破，这些航海图一直到 20 世纪中期仍为航海人士所使用和信赖。

悉尼是澳大利亚历史最悠久的州——新南威尔士州的首府。作为澳大利亚的城市名片，悉尼的环形码头（Circular Quay）东面是著名的悉尼歌剧院，西面是海港大桥，北面是海港，南面是城市的延伸天际线。

瓜分世界：海外殖民扩张

西方强国开拓海外殖民地的动机多种多样，包括海外移民、为本国商品找到新的市场、转移国内剩余劳动力、输出西方文明等。从殖民手段上看，或是诱骗当地酋长租借土地，进而实际控制；或是先设立商站，逐渐蚕食；或是动用军队，武力夺取。在落后国家推行自由贸易受到阻碍时，炮舰外交便是最好的手段。他们在强大的科技、军事、经济、医疗等支持下，掀起了海外殖民的狂潮，英国、法国、德国、比利时等国都占领了大片土地。到20世纪初，他们几乎将全球瓜分殆尽。大洋洲基本为英国的殖民地与自治领，几乎没有其他势力能在太平洋与英国相抗衡；拉丁美洲主要被西班牙和葡萄牙这两个老牌殖民帝国平分；非洲这个与欧洲最近的大洲，成为各个殖民帝国角逐与厮杀最惨烈的战场。在东南亚，到19世纪末，除了暹罗（泰国）之外的整个地区都沦为欧洲帝国主义国家的殖民地。暹罗还能维持名义上的独立，也是因为该国是将英国和法国的东南亚殖民地分隔开来的缓冲国。在殖民扩张中出现了一批像罗德斯这样的殖民主义和帝国主义的虔诚信徒。他们鼓吹“种族优越论”，致力于扩大本国的版图。各类特许公司则拥有巨大权力，包括任命各级官吏、设立法庭、签订条约、修筑交通设施、维持军队、宣战等，成为帝国主义海外殖民的先锋，扮演了“准政府”角色。

英国在非洲扩张的“急先锋”塞西尔·罗德斯

我为尊敬的女王陛下治下的帝国又增加了两个省份。

——塞西尔·罗德斯

塞西尔·罗德斯（Cecil Rhodes，1853—1902年），英国19世纪商人、矿业大亨和政治家，殖民主义的虔诚信徒。罗德斯垄断了南非的钻石生产，但他的野心却在于扩大大英帝国的版图。罗德斯是19世纪中后期英国在南部非洲进行殖民扩张的急先锋和代理人，奠定了今日赞比亚和津巴布韦的政治地理版图。

死后百年惹争议

历史学家理查德·麦克法兰称罗德斯为“南非与大英帝国历史不可或缺的参与者，其地位如同华盛顿或林肯之于美国历史……19世纪末的南非历史，大部分都由塞西尔·罗德斯书写”。罗德斯去世113年后，南非开普敦大学爆发了“推倒罗德斯雕像运动”，一名大学生甚至向罗德斯的雕像泼粪。在学生们的抗议施压下，开普敦大学最终移走了罗德斯雕像。“倒罗运动”波及英国，罗德斯生前就读的牛津大学奥里尔学院开始探讨是否移除罗德斯的雕像。该雕像的反对者认为，罗德斯的观点与大学包容的文化氛围不符，雕像是为种族主义树碑立传。牛津大学校监彭定康则持不同意见，称历史不能迁就现代观念而重写。2016年1月，奥里尔学院发表声明，认为应保留罗德斯的雕像，但学院将增加对该雕像历史背景的介绍。

塞西尔·罗德斯，曾担任英国开普殖民地总督，其属下的英国南非公司控制了今天的津巴布韦及赞比亚等地，并以其名字将这一地区命名为“罗德西亚”。

垄断全球钻石生产

1853年，罗德斯出生于英格兰赫特福德郡，是一位牧师的儿子。他9岁入读当地的文法学校，16岁因肺结核而退学。他的家人决定将其送往南非，希望南非较为温暖的气候能减轻其身体的痛苦。1870年，经过70天的航行，罗德斯来到南非投奔已在此建立种植园的长兄赫伯特。1871年10月，罗德斯与赫伯特前往金伯利（Kimberley）钻石场寻找商机。初到金伯利的兄弟俩一贫如洗，只得一边开采矿石，一边靠卖冰块为生。1872年，罗德斯的心肺疾病恶化，被医生认为只能再活6个月，经过几个月的休养才缓过来。1880年，有了

2015 年 4 月 8 日，南非开普敦大学理事会投票决定移除殖民主义者、鼓吹“白人至上”的塞西尔·罗德斯的雕塑。次日，罗德斯雕像被从开普敦大学拆除，雕像的去处将由南非国家遗产局决定。

知识链接：罗斯柴尔德家族

罗斯柴尔德家族是欧洲乃至世界久负盛名的金融家族。它发迹于 19 世纪初，其创始人是梅耶·罗斯柴尔德（Mayer Amschel Rothschild），他和他的 5 个儿子即“罗氏五虎”先后在法兰克福、伦敦、巴黎、维也纳、那不勒斯等欧洲著名城市开设银行，建立了自己的银行产业链。其后，这个家族在拿破仑战争中为威灵顿军队提供资金，参与开发苏伊士运河和马六甲海峡，资助铁路建设等，事业不断兴盛，至今仍是非常重要的投资银行家。

一定资本的罗德斯成立了戴尔比斯矿业公司。在罗斯柴尔德家族资金的支持下，罗德斯不断兼并当地的小型钻石矿场。通过操控钻石供应量、降低钻石开采成本，到 1889 年时戴尔比斯公司已控制了全世界 90% 的钻石生产与销售。戴尔比斯至今仍是世界钻石市场的最大交易商，其广告词“钻石恒久远，一颗永流传”也被人们所熟知。

鼓吹“种族优越论”

罗德斯深受牛津大学教授约翰·拉斯金（John Ruskin，1819—1900 年）观点的影响。拉斯金宣

约翰·拉斯金是英国艺术家、评论家、哲学家，曾在牛津大学任教近 15 年。1899 年，牛津大学以其名字创立新学院，主要为无法进入大学的工人阶级提供接受教育的机会。图为牛津大学拉斯金学院。

扬盎格鲁–撒克逊民族优越论，认为这个民族命中注定要统治其他民族，号召牛津的年轻学子们加入英国殖民扩张的大军中去。罗德斯认为英国人是“世界上最上等的种族”，“黑人的发展比英国要落后2000年”，大英帝国的责任是“教育”黑人，向他们“输出文明”。他24岁时写下第一份遗嘱，阐述了自己的雄心壮志：“将大英帝国的统治扩展至全世界，由英国国民对所有可资生存的地方进行殖民；将美利坚重新纳入大英帝国，在帝国议会实行殖民地代表制度，将分散的帝国成员统一起来，从而奠定永无战争、符合人类福祉的世界。”他还指出，“我们居住的地方愈多，对人类就愈有利”。1891年，罗德斯与其密友成立“圆桌组织”(Round Table)，亦称“罗德斯会社”，其目标是以邦联的形式将英语国家统一在大英帝国之下，“把不文明的世界置于大英帝国的统治之下”，“通过掌控教育、新闻及宣传机构来实现其目标”。该组织在成立后的50多年里，对大英帝国的外交政策的制定及执行发挥了重要影响。据说“英联邦”的概念就是由“罗德斯会社”提出并广为宣传、从而变为现实的。

知识链接：“2C计划”

19世纪末，塞西尔·罗德斯提出了修筑一条贯通非洲南北的铁路计划，通过这一交通大动脉，英国可以轻而易举建立起串联非洲大陆南北的庞大帝国，而铁路沿线都将成为英国的势力范围。因北端的开罗与南端的开普敦均以字母C开头，故称“2C计划”。

1892年，英国《笨拙》杂志在塞西尔·罗德斯宣布将在开普敦和开罗之间架设电报线后推出的讽刺漫画，名为“巨人罗德斯”，画中的罗德斯双腿跨越非洲大陆的南北两端。

坚定的殖民主义者

罗德斯极力主张英国在非洲建立殖民统治。他赤裸裸地表示，“非洲静静地躺在那里等着我们，我们的职责就是去占领它”。1895年，罗德斯从南非回到英国活动，露骨地谈到拓展殖民地对英国的作用：“为了使联合王国4000万居民免于残酷的内战，我们这些殖民主义政治家应当占领新的领土来安置过剩的人口，为工厂和矿山生产的商品找到新的市场。”他认为，实现这个梦想的最快方法是建造“连接领土、优化管理、加快军队应变速度、有益移民、促进贸易”的开罗—开普敦铁路，以及在开罗与开普敦之间铺设电缆。英国周刊《笨拙》刊出一幅名为“巨人罗德斯”的漫画，画中的罗德斯双腿跨越非洲大陆的南北两端。此外，其殖民扩张的主要做法就是利诱和威胁当地酋长签署条约、获得采矿特许权，进而获得对这一地区的统治权。1885年，他力推英国政府将贝专纳兰（Bechuanaland，今博茨瓦纳）纳为保护国。随后，他以贝专纳兰为跳板向非洲腹地拓殖。罗德斯的英属南非公司（British South Africa Company）获得女王特许，组建了警察部队，不惜以武力手段打击反抗的土著部落。1893—1894年间，英属南非公司警察部队用马克沁机枪屠杀了数千名马塔贝莱人。罗德斯在殖民扩张过程中还激化了与欧洲移民布尔人的矛盾，最终酿成了英布战争的爆发。1895年，英属南非公司用罗德斯的名字将赞比西河和林波波河（Limpopo）河间地区和赞比西河以北地区（今赞比亚、津巴布韦、马拉维）命名为“罗德西亚”。两年后，罗德西亚分为南北两部分。1964年，北罗德西亚宣布独立，改名为赞比亚；1980年，南罗德西亚获得独立，改名为津巴布韦。讽刺的是，罗德斯临死前曾问守候左右的人：“人们会改变这个国家的名称吗？”

设立罗德奖学金

1873年，罗德斯怀揣着从南非赚到的1万英镑，进入牛津大学读书。由于健康恶化，罗德斯读了一个学期后返回南非。两年后，他再度回到牛津大学奥里尔学院，继续学业。1881年，罗德斯从牛津大学结业。1902年3月26日，罗德斯死于心脏病，享年49岁。他在遗嘱中写道：“将全部财产交给英国殖民大臣……让世界置于英国统治之下，收复美国……”他希望后人用其遗产成立一个奖学金，这就是后来的罗德奖学金（Rhodes Scholarships）。奖学金向英国殖民地开放，美国学生也可以申请，据说是为了在美国学生中培养亲英派。罗德斯敬重德国人与德皇，所以德国学生也可以申请这个奖学金。罗德斯在遗嘱中对奖学金名额的分配如下：南部非洲24个，澳大利亚21个，加拿大6个，美国100个，德国15个。罗德奖学金的受益者包括美国前总统比尔·克林顿、南非前总统德克勒克以及澳大利亚前总理阿博特等。

知识链接：英属南非公司

在塞西尔·罗德斯游说下于1889年成立的英国特许公司，实际上代表英国政府统治贝专纳兰以北、德兰士瓦以北和以西以及葡萄牙殖民地以西的广大地区。该公司获得英国女王颁布的特许状，拥有巨大权力，包括可任命各级官吏和法官、签订条约、维持警察部队、修筑交通基础设施、建立银行以及出租土地等。

罗德奖学金是世界上竞争最激烈的奖学金之一，有“全球本科生诺贝尔奖”之称。1968年，大学本科毕业的比尔·克林顿获得罗德奖学金，前往英国牛津大学学习政治学。

大英帝国走向衰落 布尔战争

英国同荷兰移民后裔布尔人为争夺南非领土和资源而进行的战争，一场导致大英帝国走向衰落的殖民地战争。

19世纪后期，英国同荷兰移民后裔布尔人建立的德兰士瓦共和国和奥兰治自由邦为争夺南非领土和资源而进行了多年的战争。1880年12月到1881年3月，英国和德兰士瓦共和国为时三个月的战争被称为"第一次布尔战争"。1899年10月到1902年5月，战火再次燃起，战斗也更为惨烈，史称"第二次布尔战争"。这是大英帝国建立过程中派出兵员最多、斗争最为残酷的战争。

积怨已深

英国很早就认识到南非好望角控制两大洋交通要道的战略地位，1795年和1806年，英国人曾两次占领这一地区。在1814—1815年的维也纳会议上，英国在向荷兰支付了600万英镑的补偿款后，把开普地区据为己有。英国统治者想建立一个开普殖民地主导的、囊括德兰士瓦、奥兰治和纳塔尔的"南非联邦"，在这些殖民地建立起英国式的议会制度，保护英国在南非的贸易利益和劳动力供应。

保罗·克鲁格，1880年12月当选德兰士瓦总统，因领导布尔人反抗英国统治而闻名。他身材高大，留有大胡子，烟斗不离嘴。斗争失利后流亡欧洲，1904年死于瑞士。1941年，纳粹德国拍摄了一部反英宣传电影，名为《克鲁格叔叔》。

1877年，英国利用德兰士瓦共和国的财政危机，将德兰士瓦纳入英国殖民地体系中。英国统治德兰士瓦期间，允许英国商人进行土地投机，要布尔人缴纳以前欠德兰士瓦共和国的税款，引起了布尔人民广泛的不满。1880年12月中旬，布尔人宣布恢复独立，随后打响反抗英国统治的战斗。1881年2月，布尔军在马祖巴山附近击败了1000多名英军，迫使英国议和。1881年3月6日，双方签订停战协议，英国在保留三项特权后同意布尔人建立自治国家。

1884年，德兰士瓦总统保罗·克鲁格（Paul Kruger，1825—1904年）来到伦敦。根据双方签订的《伦敦协定》，英国取消了对德兰士瓦的"宗主权"。《伦敦协定》签字仅仅几个月之后，德兰士瓦共和国发现了全世界最大产量的金矿——威特沃特斯兰德金矿。因为金矿的巨大利润，德兰士瓦共和国有了雄厚的资本，经济得到飞速发展，与英国殖民者的矛盾增大。总统克鲁格鼓吹建立"布尔非洲"，计划把整个南非地区联合起来，夺回近100年来英国从布尔人手中夺去的土地。布尔人还与德国结盟，从欧洲购买武器，令英国人大受刺激。1890年，德兰士瓦政府再次申明，定居在约翰内斯堡的外国侨民需要缴纳全额的赋税，但仍然没有权利参加总统和立法会的选举，除非在德兰士瓦住满14年。此外，所有的外侨（不论他们是新教徒、犹太人或者天主教徒）都不能担任政府公职，其子女不能上政府资助的学校。有大英帝国为之撑腰的

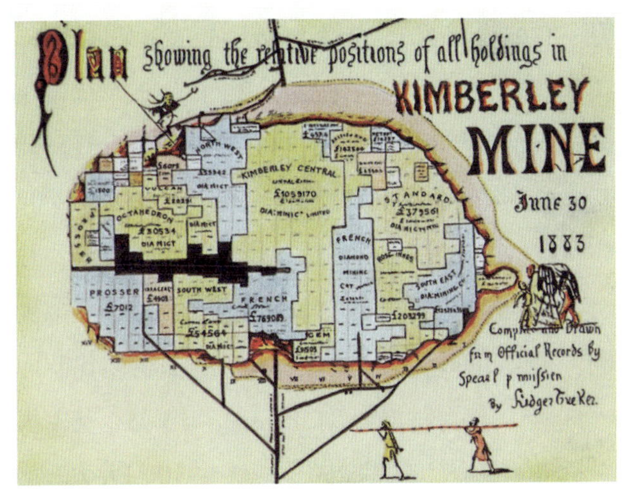

在威特沃特斯兰德发现黄金之后，1886年南非的淘金热开始。来自遥远的英国和印度的人们涌入德兰士瓦，该地区迅速成为世界上最大的金矿区。为了保障英国在该地区的利益，英国吞并了德兰士瓦，并侵略祖鲁。

知识链接：布尔人

“布尔”是英国人对荷兰移民的称呼，源于荷兰语“农民”一词。布尔人是1652年第一批荷兰移民抵达南非后繁衍的后代，他们经过长期的同化和适应，成为不同于宗主国荷兰和南非土著的主要民族。布尔人性格保守，吃苦耐劳，生活俭朴，崇尚武力，不愿接受异族统治，对自己的语言、文化、宗教和其他民族特性始终抱有自豪感。经过多年的冲突，在英国的强大实力面前，布尔人被迫向北面迁徙，于1852年和1854年分别建立了德兰士瓦和奥兰治两个共和国。

英国侨民自然不能接受这种苛刻的待遇。

1895年，公开宣称要在南非推行殖民政策的约瑟夫·张伯伦成为英国殖民大臣；同德兰士瓦政府龃龉不断的塞西尔·罗德斯就任开普殖民地总督；1897年，帝国主义者阿尔弗雷德·米尔纳爵士任驻南非专员。英国人征服南非的张伯伦—罗德斯—米尔纳“三驾马车”已经备齐。英国决定和布尔人来一次总清算，用战争机器碾碎德兰士瓦共和国和奥兰治自由邦，一劳永逸地解决南非问题。

拉锯战

新上任的米尔纳充分利用了外侨的不满情绪，煽动德兰士瓦的两万多名英籍外侨写了一封声泪俱下的申冤书，呈递给维多利亚女王。1899年9月，克鲁格告诉米尔纳，他可以考虑把外侨得到公民权的居留期

布尔人游击队。第二次布尔战争后期，布尔人的游击队在史末资（Jan Smuts）等人的领导下，于开普殖民地频频骚扰英军后方。史末资后来两度担任南非联邦政府总理，奉行对英和解政策。

位于英国坎特伯雷戴恩·约翰花园的布尔战争纪念碑，纪念在第二次布尔战争中牺牲的肯特郡将士。1904年设立，1999年修复。

限从14年减少为5年，但要求英国今后停止对德兰士瓦共和国提出“宗主权”。双方在谈判的同时，都在扩军备战。1899年10月9日，德兰士瓦政府向英国发出最后通牒，要求英国停止向南非增兵，撤退6月1日以后到达南非的军队，将一切争议问题付诸外交仲裁。10月10日，张伯伦命令米尔纳对南非提出的条件予以拒绝。10月11日，德兰士瓦共和国和奥兰治自由邦联邦议会向大英帝国宣战，第二次布尔战争爆发。

战争进程分三个阶段：第一阶段（1899年10月—1900年1月）。战争初期，布尔人采取攻势，英军损失惨重。1899年11月15日，布军伏击一列英国的装甲列车，在战斗中俘虏了一个身材修长、长着红头发的《晨邮报》记者——温斯顿·丘吉尔（Winston S.Churchill，1874—1965年）。12月10—15日，英军在东、中、西三条战线全部失利，损失2800多人，在英军史上被称为“黑暗的一星期”。仅在科伦索（Colenso）火车站，英军损兵折将1139人，失踪250人，丢失10门大炮。第二阶段（1900年2月—9月）。连遭挫折的英军更换主帅，富有殖民战争经验的罗伯茨、基钦纳分别担任南非英军总司令和参谋长。英国援军也源源不断开到，1900年3月，南非战场上的英军增至25万人，居于绝对优势。1900年6月，英军占领德兰士瓦首都比勒陀利亚。罗伯茨宣布德兰士瓦共和国和奥兰治自由邦并入英国，德兰士瓦共和国总统克鲁格流亡欧洲。第三阶段（1900年9月—1902年5月）。布尔军退出城市后，以小股部队开展游击战，切断铁路交通，掠取英军给养，歼灭小股英军，令英军疲于奔命。为了打败布尔人，基钦纳建立集中营，关押了10余万布尔人的老幼妇女。

1899—1900年布尔战争时期，甘地在南非组织了300人（另说是1100人）的印度救护队，在战场救助伤员，为“帝国事业”作出了贡献。当地报纸赞扬他们说“我们终究是帝国的儿女”。照片中排左数第五人为甘地。

两败俱伤

战争使得双方损失巨大。英国三易主帅，投入45万军队（其中25.6万为英国正规军，10.9万为英国志愿军，5.3万为南非殖民地军队，3.1万来自加拿大、澳大利亚和新西兰），死亡5万多人，耗资2.5亿英镑。高额的战争开支使一向热衷于帝国殖民事业的张伯伦也在战后感叹道："这是个负担。"英国在道义上也失去支持，欧洲诸强几乎一致谴责英国在南非的政策。年迈的维多利亚女王为战争进展忧心忡忡，最终于1901年1月22日病逝。女王临终前的最后一句话是："基钦纳将军那里有消息吗？"布尔人几乎全部成年男子都参加了战斗，前后共计8.8万人，其中死于战场约4000人，死于集中营2万多人。集中营的高死亡率严重动摇了布尔军人的士气，最后不得不同英国妥协。

知识链接：布尔战争中的丘吉尔

1899年9月，温斯顿·丘吉尔作为伦敦《晨邮报》记者随军奔赴南非采访，不久就被布尔民兵俘虏。丘吉尔虽然是随军记者，但因携带武器并参加战斗，布尔人拒绝将其释放。他成功越狱，在当地一个英国侨民的帮助下逃到了洛伦索—马贵斯（今莫桑比克首都马普托）的英国领事馆。因为英国军队在南非遭遇一连串失败，英勇无畏、成功脱险的丘吉尔被视为民族英雄。1900年，不到26岁的丘吉尔当选英国下院议员，开始了政治家生涯。

1902年2月，双方开始和平谈判，5月31日签订《弗里尼欣条约》，布尔人接受了"英国行使主权，布尔人处理本地事务"的条件。布尔人停止军事抵抗，承认德兰士瓦共和国和奥兰治自由邦并入大英帝国。英国则保证尽快成立代议机构，在实行自治以前不给予非洲土著选举权，以保证白人的绝对优势。英国政府还支付300万英镑作为破坏农田的赔偿。布尔战争让英国实现了南非境内的英属殖民区的联合和统一，为英国提供了不可替代的资源和劳动力。1907年，英国自由党政府接手处理南非问题，两个共和国重获自由，1910年与开普殖民地、纳塔尔一起组成了"南非联邦"，取得了与加拿大相同的自治领地位。

1902年5月31日，德兰士瓦和奥兰治代表赶到比勒陀利亚，与基钦纳等英方代表签署了结束布尔战争的《弗里尼欣条约》。前排左起第一人是布尔军队总司令路易斯·博塔，左起第三人是基钦纳。

史上最强大的跨国公司 东印度公司

一家伦敦的商贸公司统治着领土面积比英国更大、人口比英国更多的帝国。

英国东印度公司（British East India Company）创建于1600年，1874年解散。其权力从好望角一直延伸到中国，实力远超谷歌或亚马逊这些当代的跨国公司。东印度公司的总部大楼坐落于伦敦金融城中心的利德贺街（Leadenhall Street），大堂中是一座大理石浮雕，印度、亚洲、非洲环绕着大不列颠，可见其雄心与野心。它塑造了英格兰的日常生活，英国人饮用茶叶和穿白棉布，都归功于东印度公司。在印度，东印度公司的重心由贸易转向了征服。它用自己的军队接管了南亚次大陆的大部分领土，19世纪它的统治地区包括印度大多数地区、缅甸、新加坡和中国香港。

特许经营与贸易垄断

东印度公司由几百名伦敦商人发起组建，目的是打破荷兰等国对东印度贸易特别是香料贸易的垄断，获取商业上的好处。1600年12月31日，英国东印度公司从伊丽莎白女王那里领取了特许状，获得与好望角以东的印度等东方国家进行贸易的特权。在17世纪，环球航行需要耗费大量的金钱和承担高风险，而垄断经营为当时的环球航行提供了有限的经济保障。

加尔各答的马利克码头花卉市场是亚洲最大的鲜花批发销售地。这里每天有大量的鲜花做成的花链、花束、花环供应买花的人群。

1608年，公司船只已驶达印度的苏拉特港（Surat），但直到1613年才获得莫卧儿皇帝贾汉吉尔颁布的准予进行贸易的特许状，在印度次大陆建立了第一个商站。1639年在东海岸的马德拉斯，1680年在西海岸的孟买，1690年在孟加拉国的加尔各答设立了商站。到18世纪中叶，公司已在印度设立了150处商站和15家大代理店。他们很快就发现，印度在商业上的潜力是其他地区远不能相比的，且不说这里生产了欧洲市场短缺的靛青、糖等，仅经营印度的棉、丝制品就可以致富。公司初建时期以“在印度贱买，在欧洲贵卖”为行事原则，认为“最坏的和平也比最好的战争强”。它从东方购入大批香料和纺织品，并在伦敦出售，获得丰厚利润。东印度公司垄断北美的茶叶销售，由此引发了“波士顿倾茶事件”，成为诱发北美独立战争的导火索。为解决与中国茶叶贸易的逆差问题，英国向中国大量走私在印度收割的鸦片，并为对抗中国的“禁烟运动”发动了第一次鸦片战争。

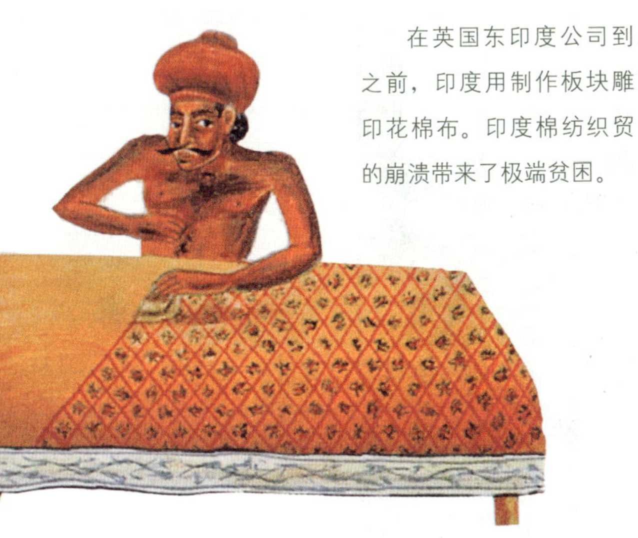

在英国东印度公司到来之前，印度用制作板块雕刻印花棉布。印度棉纺织贸易的崩溃带来了极端贫困。

知识链接：福钧"盗茶"

18世纪以前，中国垄断了全球的茶叶生产与贸易。中国利用对茶叶的完全控制，统治了英国人的品味达两个世纪之久。英国从中国大量购入茶叶，茶是购物单上的首选。为了让茶叶落户印度，19世纪中期，东印度公司资助苏格兰人、植物学家罗伯特·福钧（Robert Fortune）到中国"寻找"优秀茶种。福钧四次进入中国，成功从武夷山盗走茶种及其相关技术，帮助东印度公司在印度建立起第一家茶园。福钧窃走中国"商业机密"后不到20年，茶叶贸易的重心就从中国转移到了英国的殖民版图内。美国作家萨拉·罗斯以此为题撰写了《茶叶大盗：改变世界史的中国茶》一书。

独特的管理模式

东印度公司不仅是世界上最强大的公司之一，它的职位也最令人钦羡。公司的职位竞争很激烈，多数人输在起跑线上。大英图书馆东印度公司档案馆馆长玛格丽特·梅克皮斯说："公司里主要是白人男性，没有女人，除非去做家务。"想进公司全靠关系，就算在仓库里干体力活，也需要公司的董事推荐。求职者远远超过岗位数量，向董事会毛遂自荐一般会被拒绝。为确保品行良好，每个工人要缴纳保证金，新员工是500英镑。职位越高，保证金就越高。职业生涯起步从无薪的"试用期"开始，试用期长达5年，到1778年才减少到3年。公司沿用荷兰人的模式，把雇员分为几等。最低一级是学徒，全年薪金仅有5英镑；如果干得不错，几年后晋升书写员，年薪10英镑；5年任管事，年薪20英镑；再过几年可升任初级商务，年薪30英镑；之后3—5年后可任高级商务，年薪也升至40英镑。

东印度公司逐渐发现靠关系招募雇员不是管理公司的最好方法，于是推出了类似今天"员工训练营"的培训模式。1806年，公司在黑利伯里(Haileybury)开设东印度学院来训练新员工。其课程包括历史、古典学、法律和梵语、波斯语等。在海外，为了便于管理，工人住在工厂里，在领导的眼皮底下吃、住、祈祷。英国在日本平户的工厂有个果园，园中有池，池中有锦鲤，还有日式温泉。在印度苏拉特（1687年以前是东印度公司在印度的总部），则有小礼拜堂、图书馆和土耳其浴池。1689年到访东印度公司的英国牧师约翰·奥文顿说，苏拉特工厂雇用了一个英国厨师、一个葡萄牙厨师和一个印度厨师，做符合不同人口味的

鸦片战争中，清朝的木船根本无法与英国人的铁壳蒸汽轮船相抗衡。

马拉特统治者坦焦尔的拉贾·塞佛吉二世的队伍。从1787年起，他在印度南部展开统治。在他取得权力之后，他的叔父兼摄政阿马尔辛格很快将他赶下台，自己攫取了王位。在英国人的帮助下，1798年塞佛吉重新登上王位。随后签订的条约迫使他把王国内部实际的权力转交给英国东印度公司，塞佛吉的统治直到1832年才宣告结束。

菜品。“日常伙食的开支一年要几百英镑，其丰盛足以让任何有头有脸的人满意。”

“商人政府”统治印度

公司的政治影响力远超过贸易。1661年，查理二世扩大公司的权力范围，其可宣战、媾和、维持军队、设立法庭和独立处理与印度及其他国家的关系。18世纪中叶，一种观点逐渐占了上风：“为了贸易，殖民和侵略是不可避免的。”也就是说，要巩固自己的贸易地位，就必须控制领土、壮大军事力量和完善政治统治机构。公司逐渐转化为占有大片土地，包揽财、政、军、法大权的殖民统治机构。1746年，英国东印度公司战胜了法国东印度公司，控制了卡尔纳提克土邦。七年战争后期，又最终摧毁了法国殖民者在印度的势力，独霸了对印度的统治。公司不单是一个商业机构，而且是主宰印度的“商人政府”。1757年，公司发动普拉西战役（Battle of Plassey），用武力占领了印度最富庶的孟加拉地区。从18世纪60年代起，公司开始强迫孟加拉农民种植鸦片，然后偷运到中国销售赚取暴利。鸦片收入约占公司总收入的1/7。1769年，孟加拉大旱，东印度公司不仅坐视不理，还上调了

一位英国“夫人”（她的先生地位高贵）和她的印度仆人

税收。曾有人估算，死于大旱造成的饥荒的人可能多达1000万。

随着时间的推移，公司遇到了来自各方面的困难，光靠自己的力量无力渡过政治和军事难关，只得向英国政府伸手求援。于是英国政府开始按照自己的意志来改造公司，给它打上越来越深的国家机器的烙印。1773年，英国议会通过《东印度公司管理法》，改原驻加尔各答的省督为印度总督，赋以管理英属印度全部领土的最高权力，由议会每5年任命1次。在英国国内，主张自由贸易的势力逐渐成为主流，东印度公司垄断印度和中国贸易的地位分别在1813年和1833年被废除。

印度民族大起义后，英国议会于1858年8月2日通过《关于改善治理印度的法案》，规定印度由英国女王直接统治，印度总督代表女王治理印度。东印度公司将它管理印度事务的权力和在印度的所有财产交付政府，仅帮助政府从事茶叶贸易（尤其是与圣赫勒拿岛）。1874年1月1日，《东印度公司股息救赎法案》生效，东印度公司这一人类历史上影响力最大的公司就此解散。《泰晤士报》评论说："在人类历史上它完成了任何一个公司从未肩负过、在今后的历史中可能也不会肩负的任务。"

知识链接：圣赫勒拿岛

该岛距非洲西海岸约2000公里，1645—1651年间曾被荷兰占领。1659年，英国东印度公司声称占据该岛并开始在那里殖民。1815年，拿破仑在滑铁卢战役失败后被流放到圣赫勒拿岛，其安置地就是东印度公司员工的"朗伍德别墅"。拿破仑在岛上度过5年多的流放生涯，于1821年去世。1833年，圣赫勒拿岛的所有权从东印度公司转到英国王室手中。

1757年，英国东印度公司指挥官克莱武事先买通了孟加拉军队将领米尔·贾法尔作为内奸，从而在普拉西战役中以少胜多。英军胜利后扶植贾法尔为孟加拉名义上的统治者。此幅油画反映的是战后克莱武接见贾法尔的场景。

得寸进尺

英国三次入侵缅甸

没有尽头的缅甸战争的第三次爆发，看来有不可避免之势……英国在东方进行的历次征伐，哪一次也比不上征伐缅甸这样师出无名。

——马克思（1853 年 7 月 15 日）

缅甸是中南半岛上最大的国家，位于中印两国之间，是连接南亚与东南亚的纽带，战略地位十分重要。早在 16—17 世纪，缅甸就成为欧洲殖民者争夺的目标。英国在缅甸沿海设立商业代理处，进行商业掠夺活动。在 1824—1885 年的 60 多年时间里，英国殖民统治者连续对缅甸发动了三次侵略战争，最终侵占缅甸全境，缅甸沦为英国的殖民地。

第一次英缅战争

1824 年 3 月 5 日，英印殖民当局以缅甸出兵卡恰尔威胁了英属印度的安全为借口，对缅甸发动了第一次侵略战争。缅军顽强抵抗，英国军队在付出沉重代价后，攻占阿萨姆首府，随后控制阿拉干全境。5 月 9 日，英军一支由 66 艘战舰、1.1 万人组成的庞大舰队从安达曼群岛驶向缅甸南部沿海，趁缅军主力尚在西部边境地区、南部沿海兵力空虚之机，在仰光登陆，攻占了仰光、勃固等海岸城市，从南面直接威胁缅甸中心地区。班都将军率缅军 6 万多人回防仰光，但已无力阻止英军。1826 年 2 月，英军逼近缅甸首都阿瓦，缅甸政府被迫接受英方提出的谈判条件。根据《杨达波条约》，缅方割让若开区和丹那沙林两地给英方，赔款 100 万英镑，缅甸接受英国派遣的代表驻在阿瓦。此后不久，东印度公司与缅甸签订通商协议，允许英国船舰在缅甸港口自由航行。英国驻缅官员及商人在开展商业活动的同时，收集了大量有关缅甸的政治、经济、交通、物产资源、气候等重要的情报。

一幅缅甸绘画的局部，展示了王室大象载着坐在精美王座内的国王。

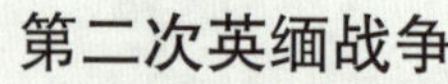

第二次英缅战争

缅王孟坑 1837 年继位后，宣布不承认同英国签订的不平等条约。英殖民当局也不满足于割地赔款，还想获得更多的政治、经济利益。1852 年，英国驻印度总督派舰队进至缅甸沿海地区，掠走缅甸商船，炮击岸防工事，还向缅甸政府发出最后通牒。遭到缅方

贡榜王朝（Konbaung Dynasty）是缅甸最后的王朝，存在于1752年到1885年。19世纪中期，南缅甸受到英国入侵，该王朝与英国爆发三次英缅战争。1885年，贡榜王朝覆灭，其领土被并入英属印度。图为19世纪水粉画，正中人物为国王和王后。

拒绝后，英国将领戈德温遂率2万余人从丹那沙林向缅甸发起进攻。此次缅甸政府没有像第一次英缅战争那样组织积极抵抗，英军仅用了8个月就侵占了下缅甸地区。1852年12月，英国殖民者单方面宣布将勃固省并入英属印度领土，缅方反复交涉未果。缅甸政府一直对英印殖民当局抱有幻想，指望通过谈判实现收回勃固等地。1857年，印度爆发了大起义，大批驻缅英军赶赴印度去镇压起义，缅甸政府没有乘机收复失地。1862年，英国宣布把阿拉干、丹那沙林和勃固三个地区合并组成“英属缅甸”，以仰光为首府，由英国驻印度总督管辖。

第三次英缅战争

1885年，英国结束了阿富汗战争，镇压了祖鲁人的反抗，腾出手来处理亚洲问题。为防止法国染指缅甸，英殖民者于1885年11月发动了第三次英缅战争。由于缅甸政府没有做好思想和军事准备，英军未遇大范围抵抗，仅用了14天就占领了缅甸首都曼德勒（缅甸贡榜王朝于1857年兴建的新首都），俘虏了国王锡袍。1886年1月1日，上缅甸被宣布为英属殖民地，成为英属印度的一个省份，由驻印度总督委派专员统治。英国在缅甸大力推行稻谷单一作物制，使缅甸成为英帝国的粮仓。缅甸各地抗英斗争此起彼伏，声势浩大，英军花了10年时间才把各地的抗英斗争镇压下去。英缅战争对缅甸的社会历史发展产生了巨大的影响，中断了缅甸封建专制王朝独立发展的进程，使缅甸从一个独立的国家沦为英属印度的一个省，为英国大量掠夺缅甸资源、扩大殖民侵略打开了通道。

知识链接：缅甸的英文国名

在英国殖民时期，缅甸被称为“Burma”。缅甸军政府于1989年将国名改成了“Myanmar”，以显示与英国殖民统治时代的决裂。“Myanmar”与“缅甸”的缅语发音是对应的。联合国接受“Myanmar”为缅甸的官方名称。

仰光靠近仰光河口，古称“大光”，在缅语中有“战乱平息”的意思。1852年成为下缅甸首府，1862年成为“英属缅甸”的首府，1948—2005年为缅甸首都。

夺取亚洲殖民前哨

英国占领新加坡

新加坡是印度洋进入太平洋的战略要冲和咽喉，也是大英帝国在远东的殖民前哨。

新加坡位于马来半岛东南端，西南临马六甲海峡，战略位置十分重要。18世纪下半叶，英国殖民者为保障东印度公司对东方贸易扩张的需要，迫切要控制马六甲海峡及其附近地区，因此同早已进入该地区的荷兰殖民者进行了多次争夺。

英国势力的侵入

19世纪初期，英国正在扩张印度的版图以及发展与中国的贸易，急需找到一个能够让其船只停泊、维修的港口，以在与荷兰人的贸易竞争中取得优势。1818年12月，英国驻印度总督黑斯廷斯派遣史丹福·莱佛士（Stamford Raffles，1781—1826年）在马六甲一带寻找贸易据点。为打消荷兰人的顾虑，黑斯廷斯声称英国的探索是“纯粹的商业性质”，“与领土扩张的想法毫无关联”。1819年1月28日，莱佛士率舰队越过荷兰人控制的马六甲，在向东航行途中发现了新加坡岛。莱佛士从新加坡河岸登陆后，发现这里不但坐拥天然良港，而且极具军事价值，决定将之建设为自由港。当时新加坡属于柔佛王国领土，由该国天猛公阿卜杜尔·拉赫曼管辖。莱佛士与天猛公签订临时协定，英国以3000西班牙银元的代价换取了在新加坡设立商站的权益。1819年2月，莱佛士与柔佛新苏丹签订条约，规定英国东印度公司可在苏丹统治下的任何领土建立商站，新加坡港由英国当局直接保护和管理，苏丹和天猛公可以获得船舶往来税收的一半，苏丹保证不让其他欧美国家建立

知识链接：史丹福·莱佛士

史丹福·莱佛士，新加坡的创建者。他14岁进入伦敦的英国东印度公司当雇员，24岁时被公司派往今天的马来西亚地区，30岁时被委任为爪哇的代理总督，38岁时发现新加坡，43岁时返回伦敦，资助建立伦敦动物园并当选为第一任园长。他在新加坡留下的足迹随处可见：莱佛士女中、莱佛士医院、莱佛士酒店、史丹福酒店、史丹福路、莱佛士路、莱佛士城、莱佛士坊等。新加坡河畔立有莱佛士的铜像。

莱佛士敏锐地意识到，新加坡拥有天然的深水港口、丰富的淡水和森林资源，再加上它毗邻马六甲海峡的地理位置，这些正是他建立殖民地所需要的。

鱼尾狮像（Merlion）坐落于新加坡河畔鱼尾狮公园内，1972 年建成，是新加坡的标志和象征。塑像由雕刻家林南先生和他的两个孩子共同雕塑完成，鱼身象征着新加坡从小渔村起步，狮头则代表了新加坡最早期的名称“Singapura”（马来西亚语意指“狮城”）。雕像高达 8.6 米，狮口源源不绝地喷出水柱，汇入新加坡河。

知识链接：天猛公

天猛公（Temenggung）是马来人诸苏丹国中的一种高级官职，一般负责国中治安，是苏丹宫廷侍卫、警察和军队统领。1511 年，马六甲王国被葡萄牙灭亡，其苏丹逃亡到廖内群岛成立柔佛苏丹王国，派遣当时的天猛公代表其统治今柔佛和新加坡地区。1760 年后历任天猛公作为苏丹的封臣成为上述地区实际上的统治者。

居留地。莱佛士指示首任驻扎官法夸尔在新加坡实行自由贸易政策，吸引各地商船来此进行贸易。英国人开始修桥铺路等基础设施建设，并且开办学校，对居民进行管理。1823 年 6 月，新任驻扎官克劳福德与苏丹及天猛公签订新条约，迫使他们放弃征收关税权，新加坡全境交给东印度公司管理，英方则每月付给苏丹 1500 西班牙银元、天猛公 800 西班牙银元。

英国在远东的重要基地

随着新加坡经济的繁荣和战略地位的提高，1823 年 7 月，英国东印度公司决定将其交由加尔各答管区管辖。1824 年 3 月，英国与荷兰签订重新划分势力的《伦敦条约》，荷兰承认印度、锡兰、马来半岛、新加坡等地为英国的势力范围，英国则承认荷兰对马鲁古群岛的权利。这样，荷兰势力完全退出马来半岛，马六甲海峡完全为英国控制。1824 年 8 月，克劳福德迫使柔佛苏丹缔结新约，规定将新加坡永远割让给英国东印度公司，分别支付苏丹和天猛公 3.33 万西班牙银元和 2.68 万西班牙银元以换取他们放弃对新加坡的统治权。至此，新加坡已经完全成为英国的殖民地。1826 年，英国东印度公司将槟榔屿、马六甲和新加坡合并为海峡殖民地，首府设在槟榔屿（Penang）。1832 年，海峡殖民地的首府迁至新加坡。1851 年，海峡殖民地改为由英国驻印度总督直辖。1867 年，改由英国国王直辖殖民地，由殖民地部管理。苏伊士运河的通航、电报和蒸汽船的发明进一步加强了新加坡作为东西方贸易中心的重要性。

槟榔屿，亦称槟城，当年的郑和航海图中就有“槟榔屿”之名。1786 年被迫租借给英国东印度公司，成为英国海军基地。1826—1946 年成为英属海峡殖民地的一部分。今为马来西亚的一个州，首府乔治市。图为建于 1903 年的市政厅，现在是槟城市议会的总部。

蚕食越南

法国向东方扩张

拿破仑三世的法兰西帝国在亚洲扩张的重要步骤，也是中国对越南传统宗主权逐渐崩塌的开始。

1858年至1883年，法国对越南连续发动三次侵略战争，最终迫使整个越南沦为法国的殖民地。

法国殖民势力的侵入

17世纪初，法国的传教士和商人已经进入越南活动。法王路易十六曾拟定过入侵越南的计划，可惜他本人在法国大革命中被送上了断头台。19世纪中叶，拿破仑三世实施对外扩张政策，法国开始对越南进行公开的武装侵略。

1847年，越南人民在土伦（今称岘港）杀死几名作恶的传教士，法国遂以保护传教士为名，用炮舰轰击了越南军舰。1857年7月，法国政府通过了侵占越南的决议。1858年9月，法国和西班牙的联合舰队侵占土伦，次年2月，攻占越南南部重镇西贡。1862年6月，阮氏王朝在西贡同法国和西班牙签订了第一次《西贡条约》。根据条约，越南把边和、嘉定、定祥三省及昆仑岛割让给法国，以后割地给他国须经法国同意；10年内越南向法国和西班牙赔款400万皮阿斯特（西班牙货币）；开放土伦、巴叻、广安三港、湄公河及其支流；保证法国人贸易和传教自由。1862年，阮氏王朝被迫向法国交出了对柬埔寨的保护权。

西贡圣母教堂，越南胡志明市最著名的地标。因使用红砖建造（红砖全部从法国运来），又称红教堂。法国殖民者耗时6年建造，两座40米高的钟楼塔尖直冲云霄，是仿照巴黎圣母院钟楼设计的。

1873年10月，法国侵略军向越南北部发动突然袭击，侵占了古都顺化，随后控制了越南北方的大部分重要城镇，阮氏王朝风雨飘摇。1874年3月，法国强迫阮朝签订了第二次《西贡条约》。条约规定：越南承认法国对“交趾支那”享有控制权；开放河内、海防、归仁和红河；法国监督越南外交；法国侨民在越南享有治外法权。

法国人经过长期艰苦的战争才控制了印度支那。图为在“东京”战役中，法国人与越南和中国的多支军队战斗。

知识链接：法国割占老挝

法国占领越南后，将手伸向曾为暹罗（泰国）属国的老挝，遭到英国的阻拦。最终英法同意以暹罗为界，法国不损害英国对景栋地区的主权，英国不干涉法国对老挝的行动。1893 年，法军进攻老挝，与暹罗驻军发生冲突。法军进逼曼谷，迫使暹罗同意将湄公河东岸的老挝土地割让给法国。

中国失去宗主权

1882 年春，法军不宣而战，攻下河内。1883 年 5 月，中国刘永福率领黑旗军同越南军民配合，于河内纸桥伏击法军，击毙 200 多人。法国以此为借口，再次宣战。同年 8 月，越南统治阶级内部发生内讧，法军趁机占据顺化外围，迫使阮氏王朝签订《顺化条约》。该条约详细规定了法国在越南享有的权益，特别是规定法国拥有对越南的保护权和外交监督权。1884 年 6 月，法国又同越南签署了第二次《顺化条约》，规定法国有权在越南各地驻军等。此后，尽管越南名义上还是独立的王国，实际上已经成为法国的殖民地。

1887 年，法国建立了由“安南”（越南人称“中圻”）、“交趾支那”（越南人称“南圻”）、“东京”（越南人称“北圻”）、柬埔寨组成的“法属印度支那联邦”，1893 年老挝加入其中。法国对越南的殖民统治采取“分而治之”的原则：在南圻，采取直接统治形式，由总督直辖；在中圻，采取“保护领地”形式，保留阮氏王朝统治机构，派总监进行监督；在北圻，实行间接的“半保护领地”形式，由阮氏王朝傀儡政权统治。法国统治者以垦荒、强购或没收等方式掠夺土地，对越南人民征收苛捐重税，并通过发放高利贷获利。法国还鼓励印度支那地区的人皈依基督教，因此天主教会在越南等地影响较大。

在吞并越南的过程中，法国挑起了中法战争（1883—1885 年）。1883 年，中越军民在红河三角洲并肩抗击法军的进攻。1885 年，冯子材所部清军在镇南关—谅山战役中大获全胜，刘永福的黑旗军也在临洮大败法军，法国的茹费里内阁因此倒台。但怯懦的清朝政府旨在“乘胜即收”，向战败的法国侵略者屈辱求和，于 1885 年 4 月和 6 月先后签订了《中法停战协定》和《中法会订越南条约十款》，清政府承认法国与越南订立的条约，放弃对越南的宗主权。

刘永福（1837—1917 年），广东钦州（今属广西）人。原是反清的黑旗军将领，1883 年率黑旗军参加中法战争，屡次大败法军。被清政府收编后，1894 年调赴台湾协防，带领台湾民众抗日。

侵略中国

法国与第二次鸦片战争

英国和法国两个强盗不仅抢劫了东方夏宫圆明园，还放火将其烧毁，在近代文明史上留下了殖民主义罪恶浓浓的一笔。

第一次鸦片战争结束后，英国所期望的贸易扩大并没有实现，因而迫切要求中国清政府增辟商埠，开放长江和内地贸易。当时法国也不满《黄埔条约》中只在通商城市设立天主堂的条款，力图取得深入内地传教的合法地位。他们的要求没有得到清政府的允许，于是就开始谋求武力征服。

战争爆发的背景

《南京条约》签订后的十年里，大清王朝并没有从军事失败的耻辱中清醒过来，林则徐、魏源等开明人士提出的“师夷长技以制夷”思想并没有被统治高层所重视，中国这个“天朝上国”在精神上并未被击败，官方文件仍称英国为“英逆”，英国入侵则被称为“犯顺”。中国官僚们认为给予西方的特权太多，因此想方设法不履行条约。同时，不少来到中国的西方人声名狼藉、行事不端，更加剧了中国人强烈的排外情绪。与此同时，英法两国对华不满情绪也日益增加。《南京条约》等规定的通商关系并没有帮助两国迅速打开中国市场。作为通商口岸的福州和宁波，外国侨民数量仍只有 12 人；厦门略多，约 25 人左右；传统外贸中心广州也不过有 300 名外侨；即使在外国势力的据点上海，到了 19 世纪 50 年代中期，也只有 300 多名外国居民（不计家眷）。1856 年，英、法取得克里米亚战争胜利后，再次要求清政府“修约”。咸丰皇帝态度有所松动，但拒绝全面“修约”。

马神甫事件

清咸丰三年（1853 年），法国天主教神甫马赖（Auguste Chapdelaine，1814—1856 年）非法潜入我国广西西林县，披着宗教外衣进行侵略活动。他吸收地痞流氓入教，勾结当地官府和土豪，欺压人民，强奸妇女，无恶不作，并纵容包庇教徒马子农、林八等在乡间起衅，肇事多起。他们作恶多

画有广州一景的装饰性扇面，欧洲各贸易国的国旗在广州城上空飘扬。

扼守津门、拱卫京师的大沽口炮台始建于 1817 年，1841 年增建，是当时中国北方最强大的海防要塞。第二次鸦片战争中，英法联军先后三次进攻大沽口炮台。清军与侵略者展开激战，炮台遭到严重毁坏。

知识链接：《雨果致巴特勒上尉的信》

1860 年 10 月，英法联军焚毁圆明园。这一罪行，是人类文明史上的空前劫难。在和北京远隔千山万水的英吉利海峡的根西岛上，有一个政治流亡者为圆明园被焚毁而感到痛心和愤慨，这个人就是法国作家雨果。当雨果的朋友巴特勒上尉致信他征求他对远征军焚毁圆明园的看法时，雨果在 1861 年 11 月 25 日的回信中义正辞词地谴责了英法联军的野蛮行为："有一天，两个来自欧洲的强盗闯进了圆明园。一个强盗洗劫财物，另一个强盗在放火……将受到历史制裁的这两个强盗，一个叫法兰西，另一个叫英吉利。"

端，而又逍遥法外长达 3 年之久，激起当地人民的极大愤慨。1856 年 2 月，新任西林知县张鸣凤根据村民控诉，调查据实后，将马赖及不法教徒共 26 人逮捕归案，依法判处马赖及不法教徒 2 人死刑，其余分别论罪处罚。法国皇帝拿破仑三世及其政府为了进一步取得天主教的支持，巩固军事独裁及扩大海外权益，以此事件为借口挑起侵华战争。法国还通知英国政府，次年联合英国出兵侵华。1857 年 10 月，额尔金和葛罗先后率领两国舰队到达香港，英法联军 5600 余人（其中法军 1000 余人）在珠江口集结。12 月 28 日，英法联军炮击广州城，俘虏两广总督叶名琛，后解往印度加尔各答。1860 年，英法联军攻入北京，清帝逃往承德。为迫使清朝统治者妥协投降，彻底击败其抵抗意志，英法联军大肆抢劫了圆明园，后英军又将圆明园付之一炬。他们强迫清政府签订了丧权辱国的《天津条约》和《北京条约》，进一步破坏了中国的主权，加深了中国社会的半殖民地化程度。

北京圆明园西洋楼大水法遗址是北京圆明园西洋楼景区的一部分。西洋楼景区的主景就是人工喷泉，时称"水法"。1860 年，英法联军侵略北京时放火焚烧圆明园，今仅存大水法、远瀛观的几个大理石石柱屹立在那里。

蛇吞象

比利时吞并刚果

海洋冲刷着我们的海岸，世界展现在我们眼前。汽船和电力缩短了距离。地球表面一切未占用的土地，能够成为我们行动和成功的地域……

——比利时国王利奥波德二世

比利时国王利奥波德二世（Leopold II，1835—1909年）1865年继位时，一心想要取得强国地位。他曾想向亚洲扩张，却发现比利时国小势弱，鞭长莫及；试图涉足莫桑比克和德兰士瓦，也屡次受挫。最后，他下决心去“开发”列强介入不多的中部非洲。

小国的扩张欲望

利奥波德二世领悟出一个道理：比利时作为军事弱小的国家要想从列强争斗中获利，就要亮出“国际旗帜”，用“利益均沾”来获得竞争者的让步与妥协。1876年9月，利奥波德二世在“赞助伟大的科学研究工作”的名义下召开“布鲁塞尔地理学会议”，德国、奥匈帝国、英国、法国、意大利和俄国的代表参加。会议最后同意设立国际组织“国际考察和开发中非协会”（简称“国际非洲协会”），总部设在布鲁塞尔，利奥波德二世出任主席。1877年11月，利奥波德二世在布鲁塞尔召开了“国际非洲协会”第一次全体会议，会上正式成立“上刚果研究委员会”（1882年改名为“国际刚果协会”）。

利奥波德二世大肆扩展了比利时在非洲的殖民地。他从橡胶和象牙贸易中获得了巨大财富。

探险与残暴统治

1874年起，美国新闻记者、探险家亨利·斯坦利组织了一支300多人探险队，在刚果河流域探险两年多，以牺牲200多人的代价完成了对非洲中部第一次完整的探险。斯坦利先向英国政府报告，却未得到英国政府的资助，所以转与比利时打交道。比利时国王于是以“国际开发”的名义极力资助斯坦利开发刚果盆地。1877年，斯坦利沿刚果河顺流而下，绘制了它的流向图、220英里长的激流和利文斯通大瀑布。1878年1月，利奥波德二世派出两名心腹来到法国的马赛港，迎接从非洲探险回来的斯坦利。斯坦利在巴黎同利奥波德二世进行了密谈，同意后者提出的“在指定的非洲任何地方工作5年”，“合同期内，未

1928 年，比属刚果发行的邮票，上有探险家亨利·斯坦利的头像。斯坦利对流经中非大部分地区的刚果河进行了考察，还帮助建立了比利时国王利奥波德二世统治下的“刚果自由邦”。

征得国王事先同意，不公布任何消息，不举行任何报告会”。1879 年，斯坦利率领一支打着“国际非洲协会”旗帜的远征军进入刚果河流域。到 1884 年，他已经在辽阔的刚果河流域建立了 40 多个殖民据点，与 450 多名当地酋长签订了“保护”条约。酋长们把他们的标志画在那些他们难以理解的文件上，接受了“国际非洲协会”的会旗，而得到的报酬不过是一些不值钱的小饰品或是布匹。1885 年 4 月 30 日，比利时议会正式授予利奥波德二世“刚果自由邦元首”的称号。比利时占领的刚果盆地面积达 230 多万平方公里，是其本土的 76 倍。

1908 年，刚果被比利时政府接管，从国王的私人领地变成比利时殖民地，并改称“比属刚果”。1960 年，比利时被迫同意刚果独立。图为“比属刚果”的乡村杂货店。

知识链接：利奥波德二世

利奥波德二世 1865 年继位成为比利时国王。他奉行重商主义，推行自由贸易政策，推动比利时搭上了第二次工业革命的列车，使比利时工业在 19 世纪最后 30 年和 20 世纪初得到迅速发展。他是“刚果自由邦”的创立人和拥有者，金萨沙的旧名“利奥波德城”或“利奥波德维尔”，即是以他的名字命名。他对当地居民的残酷剥削、压迫和屠杀，遭到国际舆论的谴责。他有“殖民主义之王”的称谓，列宁讽刺他是一个“生意人、金融家、奸商”。

刚果是世界上少数几个天然橡胶供应来源地之一，利奥波德二世从当地强征劳工，在野蛮的条件之下强迫他们完成不可能的橡胶产量。为了震慑刚果劳工，比利时监工甚至砍下无法按时完成工作任务的工人或他们妻儿的手。他对当地人的残酷镇压被欧洲媒体曝光，引发公众愤怒，也遭到国际社会的广泛谴责。1908 年，比利时议会对此进行了干预，同意支付给国王 1.2 亿法郎，买下刚果的所有权。此后，刚果不再是比利时国王的个人采邑，“刚果自由邦”成为“比属刚果”。

第 138—139 页：刚果盆地

刚果盆地拥有仅次于亚马孙河盆地的世界第二大热带雨林，汇聚了极其丰富的物种，包括 1 万多种植物，400 多种哺乳动物，1000 多种鸟，200 多种爬行动物。这里的大森林被称为地球最大的物种基因库之一。

列强屠龙
掀起瓜分中国狂潮

甲午战后，大清帝国国际地位一落千丈，当欧洲列强瓜分完非洲之后，虚弱的中国也成为他们猎食的目标。

当1895年中国在甲午战争中战败时，帝国主义者就发出了“干净利落地解决中国问题，由欧洲有关的几个主要国家加以瓜分”的声明。各国列强在中国的争夺，让中国陷入日益严重的民族危机和亡国灭种的危险境地之中。

这幅讽刺画描绘了（左起）维多利亚女王（英国）、威廉皇帝（德国）、尼古拉沙皇（俄国）、玛丽安（法国）和明治天皇（日本），他们正打算瓜分中国，中国就像是他们要共同分享的派饼。

三国干涉还辽与俄国强租旅顺、大连

《马关条约》中日本迫使清政府割让具有重要战略价值的辽东半岛给日本，这被视为严重损害了俄国的利益。长期以来俄国就不断提出要在远东地区取得不冻港的要求，旅顺和大连湾便是俄国所选中的南方出海口之一。在《马关条约》签订的当天，俄国便正式邀请德、法两国采取一致行动，共同“劝告”日本放弃对辽东半岛的占领。当时，德国政府正急于将侵略势力伸向远东，企图在中国占领一个港口，作为进一步进行殖民扩张的基地，德国利用参加干涉日本占领辽东的机会，“可以从心怀感激的中国……得到一块地方作为海军基地和煤站之用”。同时，德国还可以把俄国的势力引向远东，从而减轻俄国在欧洲对德国的压力。因此，德国积极支持俄国的建议。法国是俄国的同盟国，在对待日本的态度上基本上以俄国立场为转移，并企图在联合干涉中谋取利益。于是俄、德、法三国联合向日本施压，不惜以武力威胁，最终日本向清政府勒索3000万两白银作为“赎辽”费用。

“三国干涉还辽”事件开启了列强企图瓜分中国之端。干涉还辽后，俄国在远东的地位迅速提高，清政府内以李鸿章为首的亲俄势力乘机抬头。清政府为了对抗日本的压力，实行“联俄制日”的策略。俄国以还辽首功自居，软硬兼施，开始侵占

旅大地区。1897年11月，两名德国传教士在山东巨野被杀，俄国趁机怂恿德国军舰驶入胶州湾，占领青岛，并立即表示承认德国在青岛的利益。同时，俄国政府以帮助中国对付德国的名义，于12月19日派5艘军舰驶入旅顺口，1艘军舰驶入大连湾，正式实施对旅大的军事占领。俄国政府为了长期占领旅大地区，一边与德国暗中勾结，一边以武力相威胁，迫使清政府于1898年3月27日在北京签订《旅大租地条约》，中国东北地区成为俄国的势力范围。

知识链接：《展拓香港界址专条》

在列强瓜分中国的狂潮中，为了保障在华整体利益，英国在北方联日抗俄强租威海卫的同时，在南方又要遏制法国的扩张。早在1898年4月，英国借口北抗俄国南拒法国，向清政府提出租借威海卫和展拓九龙界的要求。法国强租广州湾后，英国立即要求强租九龙半岛作为"补偿"，并于1898年6月9日强迫清政府签订了《展拓香港界址专条》，把位于深圳河以南、界限街以北及附近岛屿的中国领土（即"新界"）"租借"给英国，租期99年。

英国强租威海卫

威海卫地处山东半岛东北端，濒临黄海，西接烟（台）蓬（莱），北隔渤海海峡与辽东半岛旅顺口势成犄角，共为渤海锁钥，拱卫京津海上门户。鉴于其在山东和北方重要的战略地位和价值，西方列强千方百计想夺取威海卫的控制权。"狗扒地，鹰吃食；老猫子，干生气。"大约在1898年年底这首民谣开始在威海城乡流传开来。民谣虽然只有4

1898年，俄国以《旅大租地条约》租借军港旅顺口、商港大连湾。1899年，沙皇敕令将青泥洼一带命名为"达里尼"，开工建设自由港。1904年，日本占领"达里尼"，将其改名为大连。1906年，日本开放大连港与各国通商。

1897年德国侵占青岛后，青岛湾周围逐渐形成以德国中世纪建筑风格为主、商业集中、具有殖民地色彩的城市景观。青岛湾风景秀丽，水天一色，栈桥与小青岛交相辉映，岸边各式特色建筑参差错落。

句12个字，却形象而深刻地揭示了英国租借威海卫的历史背景。民谣里的“狗”指日本，“鹰”指英国，“老猫子”指俄国，反映的正是英日勾结及其与俄国钩心斗角的事实。德国侵占胶州湾不久，俄国租借旅顺口，使大英帝国在远东的优势地位受到严重的挑战。为维持英俄在华北的均势，英国政府决定占领威海卫。1898年上半年俄国强租旅顺和大连以后，英国借口抵制俄国，向清政府提出须以同样条件租借山东的威海卫。但是根据《马关条约》，日本要挟清朝政府，不全部拿到赔款，就不撤兵，这样直至1898年日本政府收到清朝全部的2亿两白银赔款后撤兵。当然，日本的撤离与英日共同遏制俄国在北方的扩张有关。英国首相训令驻华公使：“由于总理衙门接受了俄国租借旅顺口的要求，渤海湾内的均势已经发生重大的变化。因此，必须用你认为最有效和最迅速的办法，取得在日军撤退后占领威海卫的优先权。占领条件必须和俄国占领旅顺口的条件相同。英国舰队已经从香港出发，开往渤海湾。”日军撤离威海卫的第二天，英军就登陆威海卫。1898年5月25日，英国海军将领在威海发表声明，声称自即日起两天内“由英派员与清廷员绅会同点验接收……所有各处公房并炮台码头基址及日本移交各营房”，形成了未租先占的事实。1898年7月1日，清政府代表庆亲王奕劻、刑部尚书廖寿恒与英国驻华公使欧格纳在北京签订《订租威海卫专条》。英国轻而易举地得到了一个中国北方的重要军事基地，加上俄国强租旅大，渤海湾的控制权完全落入帝国主义国家手中。

德国抢占胶州湾

从19世纪60年代起，德国就对中国东部沿海的澎湖、大鹏湾、厦门、舟山、胶州湾等港口进行过调查。德国的地质学家李希霍芬于1869年3月踏上齐鲁大地，开始了3个月的实地勘测，这是德国殖民统治的前期准备。李希霍芬对山东的矿产、物产、交通、港口等方面做了详细调查，尤其以煤炭资源描述甚详。通过考察他得出以下结论：山东地区极为富庶，有可供使用的丰富资源和大量廉价劳动力，并且有位置优越的可供作军港和商港的胶州湾。德皇威廉二世时期德国已经不满足称霸欧洲的角色，而是积极推行让德国成为世界强国的“世界政策”，要建立一个殖民帝国。到了19世纪90年代，它不再满足军火和一般商品的输出，打算到中国攫取据点，与英、法、俄等强国争夺远东桥头堡。

胶州湾位于山东省的东南部，古代曾称幼海、少海、小海和南海。它与旧金山、东京、直布罗陀、马耳他岛几乎处在同一纬度线上，具有重要的战略地位。当欧洲列强都在远东磨刀霍霍的时候，德国人对山东的觊觎更加迫切，1897年德国远东舰队在中国沿海查勘，认为胶州湾最适宜建立海军基地，上报德皇。1897年冬，德国两个传教士在山东巨野唆使教民欺压农民，激起公愤被杀。威廉二世得知后欣喜地说：“终究给我们提供了……期

青岛圣弥厄尔教堂，青岛地区最大的哥特式建筑，由德国设计师设计，1934年竣工。教堂两侧有两座对称而又高耸的钟塔，塔身高56米，锥形塔尖上各竖立一个4.5米高的巨大十字架，塔内上部悬有4个巨大的铜钟。

知识链接：德国在青岛的下水道工程

德国占领青岛期间，老城区一段是德人划定的“欧人区”，德国的城建计划主要是服务德国人。最初为了应对公共卫生问题和疾病流行问题，德国有意识地在“欧人区”的排水上采用先进的雨污分流方式。下水道系统与海防要塞的修建是一体的，目的是打造成远东第一要塞和海外殖民地的样板城市。据说德国统治者调集了当时德国一流的城市规划专家和建筑设计师来到青岛，按照19世纪末欧洲最先进的城市规划理念，实地勘察设计，形成了青岛的城建规划。1905年，德国人在前海一线将地下排水管道铺设完毕，奠定了青岛的地下排水系统。

待已久的理由与事件，我决定立刻动手。”他马上令德国远东舰队向胶州湾驶去。1898年3月6日，李鸿章、翁同龢同德国代表海靖签订了中德《胶澳租借条约》，规定将胶州湾及南北两岸租与德国，租期99年。租期之内，治权不归中国。从此胶州湾沦入德国之手，直至1914年第一次世界大战爆发，日本借口对德宣战而强行占领，前后共达17年。德国强占胶州湾，推倒了西方各国在华强占港湾和划分势力范围的多米诺骨牌，中国的半殖民地危机更为深重。

刘公岛处于威海港湾的中央，因战略地位极其重要，被选为北洋水师舰队的驻泊之所。甲午战争后期被日军占领，1898—1940年被英国租借。图为刘公岛博览园内的“定海神针”雕塑。

CATALONIA
CATALONIA
VALLETTA
PANAMA XIV
PANAMA R.P.

全球角逐：帝国争霸

在帝国时代，欧美资本主义国家纷纷通过政治革命和工业革命实现经济腾飞。到 19 世纪中后期，第二次工业革命在欧美各国迅猛开展，尤其是德国、美国等新兴国家在新一轮科技发展中领先世界，成为第二次工业革命的领头羊。科学技术赋予了工业化国家征服和控制非工业化国家所需要的强大能量。新兴帝国借助科技革命，不仅实现了快速的工业化，而且带来了深刻的军事变革，武器上的革新也给了西方世界新的征服力量。

在欧洲，新兴国家德意志不满足于称霸欧洲大陆，逐渐抛弃传统的大陆政策，挑战大英帝国主导的世界秩序和霸权。在美洲，南北战争统一后的美国经济迅速崛起，其外交政策经历了由孤立主义到门罗主义以及远东门户开放政策的过程。在东亚，明治维新后的日本效仿西方迅速实现了工业化和富国强兵，经甲午战争和日俄战争，迅速走向对外扩张之路。美、德、日等新兴国家的崛起，极大冲击和挑战了老牌帝国主导下的国际秩序。由于传统海外殖民地被老牌帝国瓜分殆尽，亚洲和非洲成为帝国时代欧美列强争霸的重点。这一时期帝国争霸更加激烈，军备竞赛加剧。局部性的地区冲突不断，殖民地愈发成为帝国生存与发展的生命线。最终各个国家依据国家利益需求，纷纷结盟，形成协约国和同盟国两大军事集团，为第一次世界大战的爆发埋下了隐患。

明争暗斗
英法争夺苏伊士运河

围绕苏伊士运河控制权，英法明争暗斗。英国先下手为强，更胜一筹。

埃及原本是法国的势力范围，英国的插足对法国控制地中海南岸的计划造成了打击。19 世纪中期，围绕着埃及特别是苏伊士运河的控制权，英法之间展开了激烈的斗争。

法国开凿苏伊士运河

1798 年 3 月，法国外交大臣塔列朗向政府建言，认为法国占领埃及、开凿苏伊士运河，将在欧洲引起“商业革命”，进而打击英国在印度的霸权。同年 5 月，拿破仑率法军在埃及的亚历山大港登陆，迅速占领了埃及。同年 8 月，英国海军少将霍雷肖 · 纳尔逊（Horatio Nelson，1758—1805 年）在阿布基尔湾全歼法国舰队，切断了拿破仑所率领的远征军的归路。1798 年年底，拿破仑秘密离开埃及返回法国，留在埃及的法军于 1801 年 9 月撤离。1854 年，法国驻亚历山大港总领事斐迪南 · 德 · 雷赛布（Ferdinand de Lesseps，1805—1894 年）用贿赂和花言巧语，从埃及总督那里赢得开凿运河的特许。1856 年，他又成立了由各国资本家组成的苏伊士运河公司负责开凿事宜。根据与埃及的协议，该公司在运河开通之日起拥有 99 年的运河海运管理权。1859 年，苏伊士运河开始建设，预计 6 年完工，实际花费了 10 年时间。1869 年 11 月 17 日，苏伊士运河举行了正式的开通仪式。以法国皇家蒸汽游艇“艾格尔号”为首的 67 艘船缓缓驶入运河，雷赛布本人得以与来访的法国皇后欧仁妮一同伫立在最高层甲板上，接受沿岸民众的欢呼与致敬。

斐迪南 · 德 · 雷赛布漫画。雷赛布是法国外交官、实业家，19 世纪中期主持开凿了苏伊士运河，因此而名利双收，1884 年被选为法兰西学院院士。年过古稀时又受命开凿巴拿马运河，期间却极不顺利，相关丑闻使其遭遇牢狱之灾。

英法控制埃及财权

苏伊士运河开通后，从欧洲前往亚洲的航行不必再绕行好望角。运河成为英帝国生命线上的重要一环，英国也竭力寻找契机夺取对这一黄金水道的控制权。1875 年，埃及财政陷入困境，总督伊斯梅尔决定出售其在苏伊士运河公司中的股份。英国首相迪斯雷利立即推动议会批准了拨款，在罗斯柴尔德银行的帮助下，购买了苏伊士运河 44%的股权，取得了运河的部分管理权。当年 12 月的伦敦讽刺周刊《笨拙》上刊登了一则漫画，

苏伊士运河的开凿完全靠手工劳动，再加上炎热干旱的热带沙漠气候，有12万埃及民工为修建苏伊士运河而献出生命。埃及纳赛尔总统曾指出："这条运河是用我们的生命、血汗和尸骨换来的！"

知识链接：《君士坦丁堡公约》

1888年，主要海洋国家在君士坦丁堡签署了《君士坦丁堡公约》，同意苏伊士运河无论在和平还是战时都对所有国家船只开放（即"自由通航"），并且禁止在运河上发生一切敌对行为或是在运河两岸修建防御工事。1904年，英国和法国解决了它们在埃及问题上的分歧，伦敦随之承认了《君士坦丁堡公约》。

头戴阿拉伯头巾的迪斯雷利怀抱刻有"苏伊士运河"字样的巨大钥匙，对着面容酷似埃及总督的狮身人面像做出令其噤声的手势。由于开凿运河、发动对外战争及王室的挥霍，埃及外债达9100万英镑，每年不得不以财政收入的2/3来支付外债利息。1876年，埃及政府宣布财政破产，英法趁机成立了以两国为主的债务委员会，对埃及财政实行"双重监督"，英国管理收入，法国管理支出。1879年，埃及局势进一步恶化，欧洲债主们迫使伊斯梅尔退位。

英国军事占领苏伊士运河

1879年，埃及知识分子和爱国军官成立"祖国党"，以陆军中校艾哈迈德·阿拉比（1841—1911年）为领袖。1881年9月，阿拉比率军起义，获得民众的支持。总督杜菲克被迫召开国会。1882年"祖国党"组阁，阿拉比任陆军部长，取消"双重监督"制度。1882年5月，英国趁法国因内阁更替而焦头烂额之际，以保护侨民为借口，单独派出军队。7月11日，英国舰队在亚历山大港外向毫无防备的城市开炮轰击。英军沿运河区直向开罗进发，短时间内占领了整个埃及，阿拉比被判决流放至斯里兰卡。英国人声称这次军事干预是"暂时的"，一旦秩序恢复，英军即行撤退。但英国军队却长期驻扎，直到1956年才撤走。武装占领埃及后，英国一度在苏伊士运河区驻扎了近10万军队。为了平息法国的抗议和其他国家对于英国独霸运河的担心，1888年10月，德国、法国、意大利、西班牙、荷兰、俄国、奥斯曼帝国和奥匈帝国签订了保证运河区永远中立的《君士坦丁堡公约》。

苏伊士运河是全球最大的无船闸运河，南入口到塞得港灯塔的内陆段全长约163公里。运河通航之后，欧洲的船只可经地中海，驶过苏伊士运河和红海直接进入印度洋，无需绕道好望角。

沟通两洋

英美争夺巴拿马运河

美国得到巴拿马运河控制权后，西奥多·罗斯福总统兴奋地说："我拿到了地峡！"一位美国教授更正说："我们是正当地偷窃了它！"

改变世界航运面貌的两条运河——苏伊士运河和巴拿马运河，都是由法国人斐迪南·德·雷赛布发起并主持开凿的。雷赛布因苏伊士运河而功成名就，却因巴拿马运河而身败名裂。英国和美国都看到了巴拿马运河的战略地位，为此展开了多年的争夺。

开凿运河的初步尝试

人们修建巴拿马运河的想法由来已久，早在16世纪，西班牙人就试图修建无需绕经合恩角而直接到达美洲西海岸的捷径，但调查后认为复杂的天气和地形状况让这个计划几乎不可能实现。1814年，当西班牙终于决定开凿运河时，拉美独立战争的爆发却打乱了整个计划。1850年，美国在巴拿马地峡投资修建了一条铁路。1879年在法国巴黎召开了审查巴拿马运河问题的国际代表会议，决定由法国政府全面负责开凿运河，工程设计由曾主持修建苏伊士运河的法国人雷赛布主持。1880年1月1日，法国"全球巴拿马洋际运河公司"宣布开工挖掘巴拿马运河，实质性工作两年后才正式开始。由于当地的热带气候、大量降雨、财政上的重重困难以及后来爆发的热带疾病，挖掘工程进展缓慢。1889年，雷赛布宣布运河公司破产。

历史上，人们一直希望能够开凿一条能够贯通大西洋和太平洋的运河。在备选方案中，最合适的地方就是巴拿马。20世纪初以前，巴拿马属于哥伦比亚的一个州。哥伦比亚位于南美洲西北部，处于南美洲与北美洲"洲界"的位置。

英美争夺运河支配权

1849年，美国向英国提出未来的巴拿马运河中立化的建议，得到了英国的积极响应。1850年4月19日，美国与英国签订《关于连接大西洋和太平洋的通航运河的条约》，也称《克莱顿–布尔沃条约》，规定两国负有保证运河中立化的义务。1881年，美国国务卿詹姆斯·吉莱斯皮尔·布赖恩照会英国，称《克莱顿–布尔沃条约》必须按照美国的具体要求加以修改，而英国却不愿让步。1899年，英国在布尔战争中连遭挫败，美国国务卿海约翰与英国大使庞斯福特基于《君士坦丁堡公约》签署了《海约翰–庞斯福特条约》，授权美国独家开凿和管理一条连接大西洋和太平洋的运河，条文中最重要的一项是"运河地区不设防"。美国参议院对这一条款大为不满，坚持在巴拿马运河设

巴拿马运河开凿。法国人对有巨斗的挖掘机抱有极大期望，但这种挖掘机远不如美国比塞洛斯公司的蒸汽铲有效，就每天的铲土量而言，后者是前者的 3—5 倍。开凿巴拿马运河时，美国的蒸汽铲发挥了关键作用，最后美国人收拾了法国人留下的烂摊子。

防而修改了条文，英国则拒绝签署修改后的条约。1901 年 11 月，第二个《海约翰－庞斯福特条约》在华盛顿签订。这一条约几乎完全推翻了原有条约，赋予美国单独修建、修筑防御工事及对工事的管理权。根据该条约，英国同意把运河交给美国支配。作为交换条件，美国保证运河在战争与和平时均对各国军舰和商船自由开放，在通过时所征费用和其他条件方面完全平等。由于英国同南美洲之间有大规模的贸易，这项保证对于英国来说具有相当重要的意义。

知识链接：库莱布拉河道

库莱布拉河道后来改称盖拉德河道，因美国工程师盖拉德负责监督修建这段河道而得名。这段河道地区土壤和岩石极不稳定，修建这段河道成为整个修建运河计划中最困难、最有挑战性的工程部分。工人们为了使开凿的河道低于海平面 40 英尺（12 米），使用凿石机、黄色炸药和蒸汽挖掘机，搬运了 7300 万立方米的土壤和岩石。

巴拿马运河横穿巴拿马地峡，大致呈西北—东南走向，宽的地方达 304 米，最窄的地方也有 152 米。该运河连接太平洋和大西洋，是重要的航运要道。4.4 万人耗时 33 年修筑完成，其中 2.2 万人因为疟疾和黄热病死亡。

美国开凿巴拿马运河

法国主持开凿巴拿马运河后，美国曾多次表达收购运河公司的意愿，但遭到运河所在国哥伦比亚的反对。1903 年，巴拿马分离势力宣布脱离哥伦比亚独立，美国立即予以承认。1903 年 11 月 18 日，美国与新成立的巴拿马共和国缔结了一份条约。根据这一条约，美国将对巴拿马运河两岸 5 英里以内的土地拥有主权，并有权在这一区域内驻扎军队；巴拿马授权美国管理巴拿马运河区、修建和运营运河。1904 年，法国最后决定以 4000 万美元的价格将巴拿马运河的相关权利转让给美国。续建工作于 1904 年开始，美国政府首先派遣昆虫学家前往巴拿马扑灭当地的蚊子。有超过 4 万人受雇修建运河，大部分工人来自西印度群岛的巴巴多斯群岛、马提尼克岛和瓜德罗普岛，还有很多来自美国的工程师、管理人员和手工艺人。1913 年 10 月，在盛大的竣工典礼上，人们对雷赛布的名字只字未提。1914 年 8 月，长达 82 公里的巴拿马运河通航。

擦枪险走火
法绍达事件

两个老牌帝国在非洲激烈争夺，法国的“东西线”和英国的“南北线”在法绍达相遇。

英国 1882 年占领埃及后，加速推行“开罗—开普敦计划”，企图从开罗至开普敦建立一个纵贯非洲的殖民帝国，同时独占上尼罗河进而统治整个尼罗河流域。法国则推行“佛得角—索马里计划”，企图从塞内加尔至吉布提建立一个横贯非洲的殖民帝国。毫无疑问，法国的“东西线”和英国的“南北线”是不能共存的。这两条线在尼罗河上游、苏丹东部的法绍达（后改名为科多克）附近相撞了。

英法对峙

自 1882 年以来，许多法国政客后悔没有参与英国占领埃及的行动。他们希望强迫英国离开，并认为位于上尼罗河的殖民前哨站能为法国炮艇提供一个基地。英国为了换取法国的妥协，默许法国对突尼斯和摩洛哥的控制。但当法国继续加紧向英国视为宝地的尼罗河流域扩张时，英国便不肯退让了。1895 年，法国向尼罗河流域派遣了探险队，以科学考察为名试图在该地区占据势力范围。而英国采取了针锋相对的行动，也派出探险队深入尼罗河流域。1896 年，法国派马尔尚少校率军从布拉柴维尔向东推进，历经 14 个月的长途跋涉，传奇一般地穿越非洲心脏地区，1898 年 7 月到达苏丹的法绍达村（Fashoda），升起了法国三色旗。当时该地区尚未被欧洲强国“有效占领”过。两个月后，刚刚在恩图曼战役中战胜马赫迪起义军的英埃军队指挥官基钦纳也率军从苏丹东部到达法绍达，升起了英国国旗。英军仗着军队人数多，以武力威胁，要求法军撤走；法军以“有效占领”为由，拒不撤军。两国在埃及和摩洛哥问题上早有摩擦，都准备在法绍达进行摊牌，战争有一触即发之势。

图为西非约鲁巴雕像，表现的是骑驴旅行的天主教传教士。

法国退让

消息传到了巴黎和伦敦，每一方都在指责对方赤裸裸的扩张主义和侵略行径。英国驻法国大使说，法国马尔尚远征队“将切断北非和南非之间的交通线，而建立这条交通线是我们的政策目标”，英国内阁决定在法绍达问题上“不做任何妥协”。

法国人为了将殖民地向东扩大到整个非洲，派遣马尔尚进行了一次危险的远征。1898 年，英法两国在法绍达险以兵戎相见。图为法国《小日报》(*Le Petit Journal*) 1899 年刊登的封面画，题为“马尔尚在法绍达”。

知识链接：让 – 巴普蒂斯特 · 马尔尚

让 – 巴普蒂斯特 · 马尔尚（Jean-Baptiste Marchand，1863—1934 年）法国军人和探险家。早年主要在非洲从事探险和殖民活动，曾探索尼日尔河河源（1890 年）、西苏丹（1892 年）和象牙海岸腹地（1893—1895 年）。由于具有殖民和战争经验，马尔尚被派往中国参与镇压义和团运动和八国联军侵华（任法国陆军参谋长）。期间，法国报纸有“太后宫发生火灾，马尔尚上校率部救火”的报道。第一次世界大战期间，马尔尚任西线殖民地师师长，参加过 1916 年的索姆河战役。

在法国，“德雷福斯事件”讨论的重启使得公众的大量注意力从苏丹转移开。法国新任外交部长泰奥菲勒·德尔卡塞担心同英国的冲突会削弱法国在欧洲大陆的地位，尤其担心德国乘机再次进攻法国。他敏锐地意识到，未来与德国对抗时，得到英国的支持非常重要，因此主张和平解决危机。1898 年 11 月，法国政府以法绍达“环境卫生不佳、不适合驻军”为由，命令马尔尚撤退。1899 年 5 月，双方达成妥协，基本以乍得湖、刚果河和尼罗河流域为双方殖民势力范围的分界线，法国放弃对尼罗河上游地区的领土要求，英国取得苏丹和整个尼罗河流域，从而把埃及、苏丹与乌干达等殖民地连成一片。作为补偿，法国取得中苏丹地带，其在西非、中非和北非的殖民地也得以连成一片。法国在与英国的争斗中最终处于下风，之后也很少能够脱离英国的阴影。法绍达事件诞生了一个属于法国的外交名词“法绍达综合征”（专指法国在非洲事务遇到麻烦）。法绍达冲突的和平解决也为后来英法两国在 1904 年共同对付德国奠定了基础。

1894 年，在廷巴克图（位于现在的马里）的法国升旗仪式。

帝国主义重新瓜分世界的第一战
美西战争

帝国时代新兴帝国与老牌帝国的第一次生死较量，
战争的胜利意味着美国开始了作为主要大国的崛起之路。

美国虽无法再重复欧洲国家的殖民扩张之路，但凭借强盛的国力可以驱逐那些老弱的欧洲殖民国家，衰弱的昔日海上霸主西班牙就成了最好的目标。西班牙有两处殖民地颇具价值，一个是位于美国南大门、被誉为“加勒比海明珠”的古巴，另一个是位于东方富庶之地的菲律宾。19世纪末帝国主义瓜分世界的狂潮中，英、法、德、俄、日等国家占尽了天时地利之便，都有自己的势力范围，而美国也要占有一席之地，于是美西战争不可避免。

1898年，西班牙海军上将帕斯夸尔·塞韦拉率领的舰队被美国舰队封锁在圣地亚哥港。塞韦拉率领舰队冲出港口驶向公海，遭到有其3倍优势的美国海军的围歼，西班牙舰队全军覆没。

战争的导火线

1895年，古巴多地爆发武装起义，试图推翻西班牙的殖民统治。美国报纸天天报道古巴发生的事件，手法十分夸张。总统麦金莱认为有责任保护生活在古巴的美国人的生命和财产安全，1898年年初命令“缅因”号军舰驶向哈瓦那。1898年2月15日，“缅因”号于哈瓦那港近海爆炸沉没，造成266人死亡，其中绝大多数为士兵。美国媒体立即将矛头指向西班牙，声称是西班牙人炸毁了“缅因”号。一时间，“记住缅因号事件”和“西班牙人见鬼去吧”成为美国人最流行的话语，愤怒的民众要求美国向西班牙开战。3月27日，美国通过驻西班牙公使，提出要求西班牙在古巴停火和取消集中营等条件。西班牙为了避免对美作战，于4月9日宣布休战，并请欧洲国家出面调停。但美国国会发布决议承认古巴独立，要求西班牙军队撤出古巴，同时授予总统使用武力的权力，并宣告美国无意兼并古巴。4月22日，美国海军封锁古巴港口。

1898年2月15日晚，美国战舰“缅因”号在古巴哈瓦那港外突然爆炸沉没，美国媒体随之大肆报道，引发了美国人对西班牙的举国仇恨。在煽动起来的民意支持下，美国向西班牙宣战。美西战争是美国走向世界舞台、向亚洲扩张的重要一步。

战争爆发

1898 年 4 月 24 日，西班牙向美国宣战，美国于次日宣战。5 月 20 日，美国陆军派遣部队进入古巴，期间遇到了西班牙守军的顽强抵抗。7 月 3 日，美国舰队攻占了圣地亚哥港。西班牙舰队仓皇逃跑，却开进了一条极为狭窄的水道，彻底丧失了抵抗能力，被美舰一一击沉。7 月 17 日，2.5 万走投无路的西班牙军队全部投降。美军顺利进占圣地亚哥，这标志着古巴战事结束，战争只持续了 10 周时间。

知识链接：舆论引燃美西战争

《纽约日报》的老板赫斯特（William Randolph Hearst）派记者雷明顿（Frederic Remington）前往古巴采访，然而雷明顿没有找到古巴起义军的营地，便发回电报："这里很平静，不会有战争，请求回国。"赫斯特回复："雷明顿：留在古巴，你提供图片，我提供战争。""缅因"号爆炸后，该舰舰长在接受采访时称爆炸原因不明，然而远在纽约的赫斯特听到这个消息后兴奋不已。美国媒体捏造新闻挑动民众情绪，称"缅因"号系被西班牙人"炸成两截"。美国媒体对"缅因"号军舰沉没的报道方式，推动了战争的爆发。

战争在古巴、波多黎各和菲律宾同时进行。美国军队已经装备了电报、电话、速射炮等先进装备，而西班牙军队则还停留在 19 世纪中期前的水平，甚至其海军还是木壳战舰。开战后，美海军部副部长西奥多·罗斯福辞去职务，组建志愿军前往参战。1898 年 4 月 27 日，美国亚洲分舰队司令乔治·杜威率领舰队悄悄驶往菲律宾，并于 5 月 1 日拂晓前到达马尼拉港外。驻守此地的西班牙军舰率先发动攻击，但未能对美舰造成多少杀伤。精明的杜威观察到西班牙舰船甲板上堆满了烧锅炉用的木柴、煤等易燃物，果断下令对准这些引火材料射击。很快，熊熊烈火吞噬了西班牙舰艇。中午时分，7 艘西舰全被击沉，西军伤亡 381 人，美方仅轻伤 8 人。消灭了西班牙舰队后，杜威下令封锁马尼拉，等待国内陆军来援。7 月底，美国远征军 1.5 万人赶来后，杜威又开始发动新的攻击，攻占了马尼拉，并拿下了波多黎各（同为西班牙的殖民地）。

1898 年美西战争期间，坐在教堂雕像上的一位美国士兵。

美国接管西班牙地盘

1898 年 10 月 1 日，美国以胜利者的姿态和西班牙政府进行谈判。两国于 12 月 10 日在法国巴黎签订《巴黎和约》。根据和约，西班牙完全放弃古巴，割让波多黎各和关岛等原殖民地给美国，西班牙自此完全丧失美洲殖民地。此外，西班牙以 2000 万美元的代价将吕宋（菲律宾）卖给美国。1898 年之后，美国在菲律宾建立起殖民统治。帝国主义阵营的"后起之秀"从老牌殖民帝国西班牙口中抠出了如此多的肥肉，以至于有美国人得意扬扬地说："历史上还没有任何战争能在如此短暂的时间内，以如此小的损失，取得如此辉煌的成果。"

中国土地上进行的帝国主义争霸战
日俄战争

一边是初试锋芒，不惜赌上国本的日本；一边是看似强大，实则风雨飘摇的俄国。地跨欧亚两洲的俄罗斯帝国意外败在“后起之秀”日本手中。

日俄战争是东方“后起之秀”日本与老大帝国俄国因争夺远东势力范围而发生的第一次真正战争。日本和俄国在中国东北大动干戈，清政府却宣布交战双方都是“友邦”，在战争中“保持中立”。

战前东北亚形势

甲午战争后，日本势力在中国增强，引发俄国与德国、法国“三国干涉还辽”。以当时日本的实力，根本无法同这三个列强相抗衡，不得不妥协以收取 3000 万“赎辽费”了事。俄国逼迫日本放弃辽东半岛一事，令日本怀恨在心，伺机报复。俄国以干涉还辽有功，攫取了在中国东北修筑中东铁路及其支线等特权，后又强租旅顺和大连，中国东北成为俄国的势力范围。《辛丑条约》签订后，俄国极力主张各国从中国撤军，而俄军却赖在东北不走，甚至设立了“远东总督管辖区”。俄国在远东的扩张野心加剧了日俄之间的矛盾，而俄国在远东的扩张行动势必损害英国在华利益，也引发了英国的强烈不满，于是日英两个在地理空间上相距甚远的国家为了遏制俄国在远东的扩张而走在一起。1902 年，英国为联日制俄，与日本签订《英日同盟协约》，日本得到军事强国英国的支持后加深了以战争手段解决日俄争端的决心。1904 年 1 月，英国同意一旦日俄爆发战争，会向日本提供贷款，这给日本吃了一个定心丸。同期，日本与俄国谈判中国东北和朝鲜问题，日方确立的基本方针是“满韩交换”：若俄军继续留在中国东北，俄国政府就必须公开承认朝鲜半岛为日本的势力范围。俄国则要求日本无条件承认俄国独占中国东北，日本在朝鲜的权利是有限的。双方争执不下，日本人断定战争已经不可避免，暗地里做好战争准备。俄国方面却比较轻敌，当“日本随时可能与俄开战”的情报呈送沙皇时，沙皇仍认为“日本不可能主动攻击”。

仁川旧称“济物浦”，1904 年 2 月的仁川海战是日俄战争的揭幕战之一。是役日本海军投入了压倒性的兵力，轻松击败了俄国驻扎在仁川港的舰艇。图为日军在仁川登陆，并随后向中国东北进发。

旅顺要塞争夺战

1904 年 2 月，日本海军不宣而战偷袭了旅顺港的俄国军舰。俄舰凭借强大的海岸火炮支持，避港不出。东乡平八郎则仿效美西战争中的成功做法，将船沉在旅顺港出口，封锁俄舰。之后，东乡

日俄战争爆发时，俄国依靠西伯利亚大铁路在短时间内从欧洲调动大量军队到远东前线。当时贝加尔湖段铁路尚未完工，出于与日本作战的紧迫需要，1904 年冬天，俄方在冰面上铺设铁轨直接穿过湖区，但危险系数也较高。

知识链接：旅顺港

旅顺口是天然良港，隐蔽险要，终年不冻。清政府于 1880 年建造旅顺港，费时 10 年，西方人称之为“亚瑟港”。俄国于 1897 年 12 月强占旅顺、大连，并于次年 3 月迫使中国签订了《中俄旅大租地条约》。俄国太平洋分舰队主力常驻该地。俄国在日俄战争中败北，旅顺基地转为日本人占有。闻一多的《七子之歌》中，旅顺、大连被称为“七子”中的“孪生兄弟”。

又让日军在旅顺口外布设水雷，导致俄国太平洋舰队司令马卡洛夫的旗舰被一颗水雷击沉，剩余俄国军舰被困旅顺港不敢出战。日军无法有效歼灭俄国太平洋舰队，便分四路从朝鲜、辽东半岛登陆，进攻旅顺要塞。俄军占据着旅顺口要塞，易守难攻。在 1904 年 8 月 24 日的望台炮台争夺战中，俄国军队用马克沁机枪还击了一批批冲锋的日军。一天战斗下来，日军付出的伤亡已经超过 4000 人，远远超过战前估计。日本强攻旅顺受挫后，挖筑战壕逼近距俄军阵地只有几十米的地方。俄军难以用一般火炮和机枪杀伤日军，就试着让大炮进行大仰角发射，使弹道高抛，炮弹落在日军战壕里，结果有效杀伤日军。俄军从这件事得到启发，研制出发射仰角大于 45° 的曲射火炮，即后来的迫击炮。此后日军不断增调兵力发动强攻，经过 4 个月的厮杀，俄军重点工事相继失守，要塞内的俄军于 1905 年 1 月宣布投降。日军的伤亡也较高，乃木希典大将所指挥的第三军几乎是踏过同胞尸体填满的战壕才攻下旅顺。1905 年 2 月至 3 月，双方在奉天（今沈阳）举行会战，共投入兵员超过 60 万人，是继 1813 年莱比锡会战之后世界上发生的最大规模的战役。俄军应对不利，再次输掉战争。此役俄军损失近 12 万人，日军损失约 7 万余人。奉天会战后，由于严重的伤亡，日俄双方没有再发生大的地面战斗。

对马海战

沙皇政府不甘心失败，从欧洲调集海军支援亚洲战场。19 世纪时俄国曾因英国的压力而在《伦敦条约》中承诺俄国黑海舰队不得通过达达尼尔海峡与博斯普鲁斯海峡进入地中海。因此，俄国唯一可增援的海军部队只有波罗的海舰队。沙皇尼古拉二世将原太平洋舰队改称为第一太平洋舰队，而将

日俄战争中，交战双方均有较大伤亡，但日本最后胜出。图为描述日俄战争的日本漫画，较为少见的是，该画是从俄国士兵的视角描述了这一场遭遇战。

东援的波罗的海舰队改为第二太平洋舰队，并命罗杰斯特文斯基中将（Zinovi Prtrovich Rozhestvensky）为第二太平洋舰队的司令官。第二太平洋舰队的主力舰艇还有3艘尚未完工，另外由于俄国海军官兵大多都在远东，罗杰斯特文斯基不得不征召退伍军人和从未见过大海的农民充当水手。经过了4个多月的准备，1904年10月，一支拥有38艘战舰和21艘各类辅助舰船的庞大舰队从基地出发了。由于苏伊士运河水浅，不得不绕道好望角，航行万余海里。因为旅顺港已经落入日军的手中，俄国东来的舰队只能驶向海参崴。东乡平八郎采取以逸待劳的战略，等待长途跋涉的俄军入瓮。1905年5月27日，俄舰队穿越对马海峡时，遭到还未经战火洗礼的日本海军的伏击。东乡平八郎模仿特拉法加海战时的纳尔逊将军，发出“皇国兴废在此一战、各员一层奋励努力”信号，集中火力猛击俄军的旗舰。由于日军使用了改良的火药，杀伤力大增，加上平时训练有素，命中率较高，致使俄舰损失惨重。经过2天激战，俄舰除3艘逃出重围外，其余均被歼灭。“阿芙乐尔”号等几艘军舰掉头穿过对马海峡，不料被菲律宾人扣留，直到第二年才被允许返回远在俄罗斯的母港。对马海战标志着俄国在日俄战争中的彻底失败。

东鸡冠山堡垒是俄国1900年修建的一座攻守兼备的堡垒，日俄战争中日军为攻此堡垒伤亡900多人。图为东鸡冠山堡垒的望台炮台，两门炮是1899年俄国彼得堡奥卜霍夫钢铁厂铸造。1905年元旦，日军攻占望台炮台，宣告日俄旅顺争夺战结束。

影响深远

美西战争后亚洲成为美国新的势力范围。日俄战争的爆发引发新兴大国美国的严重关注，而日俄任何一方在远东取得压倒性胜利对美国都是不利的，美国总统西奥多·罗斯福在关键时刻插手。经罗斯福调停，日俄双方全权代表来到新罕布什尔州的朴次茅斯会晤。根据1905年达成的《朴次茅斯条约》，日本人从俄国人手上夺回了在1895年得而复失的旅顺港和辽东半岛，以及在中国东北的优先地位。朝

明治时代著名浮世绘画师杨斋延一笔下的日俄战争（日本称之为“日露战争”）。随着日俄战争的胜利，日本作为“近代第一个打赢白人的有色人种国度”，国际地位迅速提高。

1905 年 5 月的对马海战中，日本联合舰队完胜，仅损失 3 艘鱼雷艇。俄国第二太平洋舰队 38 艘军舰，22 艘沉没、7 艘被俘。图为对马海战期间，日本联合舰队司令长官东乡平八郎（右四）在“三笠”号战舰（联合舰队旗舰）上指挥战斗。

鲜沦为日本的保护国，仅保留着名义上的“独立”。俄国将萨哈林岛（库页岛）南部割让给日本。

当战争的结果传到圣彼得堡的时候，沙皇尼古拉二世表现出极大的震惊，因为他想不到像日本这样的亚洲小国竟然可以完全击败俄国这样庞大的欧洲帝国。日俄战争后，俄国政府对外政策在东亚受挫，于是把注意力转回欧洲，继续在巴尔干事务上发挥积极作用，这加剧了欧洲一系列国际危机的形成，包括后来的第一次世界大战。俄国政府不论是在威望还是实际军事力量都被战争大大削弱，而且国内舆论对政府处理战争的笨拙和无能甚为反感，各种地下运动得以公开化，从而触发了 1905 年革命。仅仅在半个世纪以前，日本还是“落后的东亚小国”，受到欧洲人的威胁和欺凌，对俄战争的胜利使日本与欧洲列强站在了同一水平线上，加快了日本军国主义对外扩张的步伐。

1905 年，美国总统西奥多·罗斯福（图中）出面调停，日俄双方代表在美国的朴次茅斯签署《朴次茅斯条约》，日俄战争结束。1906 年，罗斯福因为调停日俄战争获得诺贝尔和平奖。

知识链接：“阿芙乐尔”号

“阿芙乐尔”号巡洋舰于 1900 年在圣彼得堡的海军船厂下水，1902 年建成服役。“阿芙乐尔”意为“黎明”或“曙光”，在古罗马神话中是司晨的女神。该舰在对马海战中侥幸逃脱，战后回到俄国。1917 年 11 月 7 日，“阿芙乐尔”号打响了十月革命第一炮。1941 年，“阿芙乐尔”号因无力抵挡德军的轰炸在港口自沉，战争后期被打捞出水并进行了修复。从 1948 年起，“阿芙乐尔”号作为十月革命的纪念舰永久性停泊在涅瓦河畔，并成为海军博物馆供游客参观。

第 158—159 页：日俄战争

1904 年到 1905 年间，日本与俄国为了争夺中国辽东半岛和朝鲜半岛的控制权，而在中国东北的土地上进行的一场帝国主义列强之间的战争。日本经过战争跨入列强的行列。图为旅顺电岩炮台俄军大炮。

“大博弈”英俄角逐中亚

谁统治心脏地带，谁就控制世界岛，谁统治世界岛，谁就控制世界。

——英国地缘政治学家麦金德

从地缘政治角度看，中亚是世界地缘战略的心脏地带，它位于欧亚大陆的腹地，在大陆上是连接东亚、南亚、中东和欧洲的枢纽，成为东进西出、南上北下的必经之地。大陆强国俄国为了打通经中亚到印度洋的出海口，海洋强国英国为了在中亚堵住俄国到印度洋的出海口，两国进行了近百年的冒险和对抗。“俄国熊”与“英国狮”掰手腕，动用了除全面开战以外的一切手段：间谍、刺探、代理人战争。英国诗人吉卜林称之为“大博弈”（The Great Game）。

第一次英阿战争

阿富汗地处俄国同英属印度之间，俄国把它看作南下印度洋的跳板，英国则视其为维护印度安全的北方屏障。阿富汗巴拉克宰家族的多斯特·穆罕默德可汗（Dost Mohammad Khan，1793—1863年）成为英俄争夺的对象。英国人承诺帮助这位普什图族王公统一阿富汗，并在喀布尔派驻一个常设代表团。俄国沙皇尼古拉一世也派人出使喀布尔，声明支持阿富汗人的领土要求。东印度公司和多斯特·穆罕默德决裂之后，找到了被巴拉克宰家族

第一次英阿战争是英属印度（参与战斗的英军部队大部分由印度人组成）与阿富汗之间的一场战争。这是19世纪期间，英俄在中亚角力（“大博弈”）时的首场大型冲突。

1826 年，多斯特·穆罕默德称汗，宣布建立国家。从 1835 年起，多斯特·穆罕默德成为埃米尔，建立巴拉克宰王朝。1840 年 11 月，他成为英军俘虏，被关押在印度，1845 年重登王位。图为多斯特·穆罕默德可汗和他最小的儿子。

推翻的前王室继承人沙·舒贾（Shah Shujah），并和锡克帝国缔结了三方盟约：英印军和锡克人出兵帮助舒贾推翻巴拉克宰王室；舒贾复国之后宣布阿富汗成为英国的保护国，并协助英国人对抗俄国。1838 年 12 月，约翰·基恩（John Keane）中将指挥的印度军团离开旁遮普省，揭开了第一次英阿战争的序幕。这支部队包含 1.5 万名英国和印度籍官兵，分为步兵、骑兵和炮兵，相继占领了坎大哈、加兹尼和首都喀布尔。1839 年 8 月，舒贾被扶上王位，宣告杜兰尼王室复辟。多斯特·穆罕默德于 1840 年 11 月向英军投降，随即被流放印度。舒贾毫无政治根基，反对新政权的叛乱不断发生。1841 年 11 月，喀布尔发生暴乱，英军应对不利。1842 年 1 月，英国驻军以对方保证安全通行为条件，同意撤出喀布尔。约 4500 名英军与 12000 名后勤人员和家属在撤退时遭到阿富汗军民的一连串袭击，只有威廉·布赖登医生一人逃回贾拉拉巴德。1842 年秋，英军卷土重来，占领喀布尔并进行报复。阿富汗人民掀起了更大规模的抗英斗争。1842 年年底，英军撤出阿富汗，中断了在中亚的扩张企图。

俄国对中亚的征服

俄国于 1856 年鼓动波斯进攻阿富汗西部重镇赫拉特，此举恶化了波斯与英国的关系。就在波军占领赫拉特当天，英国对波斯宣战。1856 年 12 月 4 日，英国波斯湾分舰队占领哈尔克岛，次年 3 月在波斯南部的霍拉姆沙赫尔登陆。在法国的斡旋下，英国撤出波斯，波斯撤出赫拉特并放弃对阿富汗各汗国的宗主权和领土要求。

克里米亚战争爆发之后，俄国人决心在中亚扩张领土来弥补克里米亚的失利。1865 年 5 月，米哈伊尔·切尔尼亚耶夫少将（Mikhail Chernyayev）率 1900 名俄军和 12 门大炮冒险侵入浩罕汗国境内，6 月 16 日占领了由 3 万名大军防守的塔什干。1868 年 4 月，康斯坦丁·冯·考夫曼（Konstantin von Kaufman）派遣 3500 名俄军入侵布哈拉汗国的重镇撒马尔罕。随后的几个月里，考夫曼连续击败布哈拉军队主力，迫使埃米尔（国王）承认成为俄国的保护国。1873 年春天，考夫曼集结了一支 1.3 万人的大军发动对希瓦（又译“吉发”）汗国的全面远征，于当年 5 月攻下希瓦。1881 年，俄国强

阿夫里迪人是居住在白沙瓦（Peshawar）边界地带的普什图族山地部落，勇敢好斗，擅长游击战。第一次英阿战争中，英国人开始与他们发生冲突。图为英国随军记者 1878 年拍摄的阿夫里迪纠察队，队员随身携带的是阿富汗滑膛步枪。

迫波斯签署《阿哈尔条约》，波斯宣布永远放弃对希瓦、布哈拉、浩罕汗国和阿姆河以东地区的主权。到 1885 年，俄国基本完成对中亚诸国的征服，兼并的总面积达 390 万平方公里。

知识链接：赫拉特

赫拉特（Herat）是阿富汗西部的绿洲城市，位于喀布尔西约 600 公里，哈里河中游右岸。曾经的历史名城，是把波斯、印度和中国连接起来的丝绸之路上的重要交通贸易枢纽和中转站，战略地位重要。始建于 6 世纪，曾被阿拉伯、波斯等国占据，帖木儿在 1381 年攻下了赫拉特市，以中亚为中心建立起帖木儿帝国。帖木儿四子沙哈鲁将帖木儿帝国的首都迁到这里，成为伊斯兰文化和学术中心之一，19 世纪时该城又成为英国和俄国的战场。

第二次英阿战争

俄军南下的迅猛势头威胁到印度的安危。作为回应，英国企图再次侵占阿富汗，将之作为对抗俄国的缓冲地带。阿富汗的执政者谢尔·阿里（Sher Ali）试图在英俄两国之间维持一种不偏不倚的状态，但英俄两国矛盾激化后都迫切要求阿里选边站。英国驻印度总督利顿勋爵（Lord Lytton）称阿富汗不过是“夹在两只金属罐之间的小陶罐而已”。1878 年，俄国向阿富汗派出的使节团获准进入喀布尔，而英国的使节团却被阿富汗军队拒绝入境。利顿勋爵决心粉碎这个“小陶罐”，派出三路大军入侵阿富汗，发动第二次英阿战争。谢尔·阿里逃离阿

1880 年 8—9 月，弗雷德里克·罗伯茨（“坎大哈的罗伯茨伯爵”）将军所属部队攀越 300 多座高山，经过 20 天的急行军后抵达坎大哈，一举打败阿尤布汗的阿富汗军队，取得第二次英阿战争的决定性胜利。图为一支英军部队在亨利·布什曼中校的率领下向坎大哈行进。

帕米尔高原，中国古代称葱岭，横跨塔吉克斯坦、中国和阿富汗，是亚洲多个主要山脉的汇集处，平均海拔4000—7700米。在清朝全盛时期，帕米尔高原全境属于中国管辖，清末遭英国和俄国染指。

知识链接：阿古柏汗国

1865年中亚浩罕汗国军官阿古柏窜入新疆，1867年建立所谓“哲德沙尔汗国”，后改称“洪福汗国”，自立为王。1876年，浩罕汗国被俄国灭亡，其部众投奔阿古柏，一时气焰颇盛。英俄两国都想渗透和拉拢“洪福汗国”。俄国于1872年与阿古柏签署条约，承认该政权的“合法性”，向阿古柏提供武器、棉布等重要物资，并派军官协助训练军队。英国向阿古柏提供步枪和大炮，1874年签订《英阿条约》，除了和《俄阿条约》类似的条款外，还规定双方互派“大使”。鉴于“哲德沙尔汗国”在新疆胡作非为，而且与英、俄勾结，意图分裂新疆，已严重威胁清朝边疆安全。1875年，左宗棠挥师入疆平叛，1878年收复新疆。

富汗，控制喀布尔的英国向阿富汗派驻总督。英国驻阿总督到任两个月后即遭暗杀，导致战争再起。1881年，阿富汗统治者阿布杜尔·拉赫曼同意英国掌管阿富汗的外交，英军再度撤出喀布尔。

俄国通过吞并里海东岸的土库曼来威胁阿富汗西部的安全。1885年3月31日，俄国军队在梅尔夫和赫拉特之间的偏远绿洲潘杰（今土库曼斯坦谢尔赫塔巴特）袭击了当地的阿富汗守军，打死600多人。英国首相格莱斯顿视之为公开挑衅，从议会寻求了一笔预算外拨款，皇家海军做好了进攻黑海和海参崴的准备。俄国也援引1881年缔结的《三皇同盟》条约，要求德奥两国在战争爆发时给予自己援助。德、奥、法、意各国代表接连在伦敦和圣彼得堡之间斡旋，最终平息了这一风波。1887年，俄国与阿富汗签署勘界条约草案，英国同意双方的现有控制界线为俄罗斯与阿富汗之间的边界，英俄在阿富汗的冲突暂时告终。

英俄瓜分帕米尔高原

1890年，俄军侵入帕米尔高原地区，而英国的荣赫鹏中尉（Francis Younghusband）进入这一地区查探时却遭俄国人强行驱逐。英国首相格莱斯顿要求永久性地解决俄阿边界问题以及英俄两国在帕米尔的控制区划分。1895年3月，英俄外交部互换照会，确定了在帕米尔达成谅解的五点协议。至此，欧亚大陆腹地的均势已经形成：英俄两国再也无法觅得可以轻松攫取的区域，每获得一分利益都须冒发生全面战争的风险。为了避免这一后果，同时为了对付共同的敌人德意志帝国，双方于1907年8月31日在圣彼得堡缔结了《英俄协约》，对两国在中亚和近东的势力范围做了全面划分：波斯北部约79万平方公里的领土为俄国势力范围，东南部35.5万平方公里的沿海地区为英国势力范围，两者之间约50万平方公里的地区为中立地带。俄国放弃对阿富汗的领土和政治要求，承认其为英国势力范围，英国则保证不妨碍沙皇在中亚各汗国的统治。传统意义上的英俄“大博弈”告一段落。

挑战霸权秩序的开端 英德竞争

让别的国家分割大陆和海洋，而我们的国家满足于蓝色天空的时代已经过去，我们也要阳光下的地盘。

——德国外交大臣皮洛夫

19 世纪后期的人们理所当然地认为，想成为一个强大的国家，必须拥有庞大的殖民地。德国在殖民地争夺赛中姗姗来迟，但俾斯麦首相一直避免过早卷入海外的殖民地争夺，以免同时与法国和俄国为敌。1890 年，30 岁出头的德国皇帝威廉二世解除了俾斯麦的职务。英国讽刺周刊《笨拙》称之为“丢弃领航员”。俾斯麦下台之后，德国对外实行更加富有侵略性和野心勃勃的殖民、炮舰政策，即所谓“世界政策”。

海军军备竞赛

德国人坚持，他们必须拥有一支与其实力地位相匹配的全球性海军以保护殖民地，从而保证对外贸易的安全，并保证“其崇高地位的总目标”。英国人认为，该国是一个拥有密集人口的工业岛国，甚至连食物也要依赖进口，因此无论在和平或战争时期都必须不惜任何代价去控制海洋。从英国的角度看，德国舰队对英国海军的威胁不仅是数量上也是战略上的。德国海军基地位于北海，正对着英国，即使德国舰队不做任何举动，也会牵制英国的海军力量。海军之于德国不过是国际地位和全球野心的象征，对于大英帝国却是生死攸关的事。德国海军在炮术、组织动员、光学仪器设备和军舰工程构造上的优势，迫使英国在 20 世纪初将 3/4 的海军力量调回北海。

威廉二世，全名为弗里德里希·威廉·维克托·艾伯特·冯·霍亨索伦，德意志帝国末代皇帝和普鲁士国王，1888—1918 年在位。威廉二世积极推行著名的“世界政策”，具有强烈军国主义的色彩。1918 年退位，流亡至荷兰。

1889 年，英国皇家海军宣布了英国海军建设的“双强标准”，即其海军实力必须是其后两强海军力量的总和。1897 年，深受马汉海权思想影响的德国海军上将阿尔弗雷德·提尔皮茨（Alfred von Tirpitz）出任威廉二世的海军大臣。1898 年，德国国会通过了第一个扩建海军的法案。根据法案，德国海军计划建造 19 艘一级战列舰、8 艘装甲海防舰、12 艘重型巡洋舰和 30 艘轻型巡洋舰。1900 年，德国又通过了造舰计划更为庞大的新海军法。英国认为，按照这一发展速度，德国在 1906 年就将成为仅次于英国的世界第二大海军强国，打破英国的“双强标准”优势。

针对德国的威胁，英国于 1906 年建造了当时世界上最先进的战舰“无畏”号：排水量为 1.811 万吨、拥有 10 门 12 英寸口径“全重炮”、全面重装甲防护、4 台蒸汽轮机组、最高航速 21 节，以此显示英国将不顾一切维持其海上霸主地位。不甘示弱的德国做出了自己的反应：由克虏伯造船厂建造 1.9 万吨级、12 门 11 英寸口径主炮的“拿骚”

级战列舰。1908 年，英国建成 12 艘无畏舰，而德国已经拥有 9 艘“拿骚”级战列舰。1911 年，担任海军大臣的丘吉尔提出，德国每开工建造一艘主力舰，英国就要建两艘。

工业竞争

德意志统一后，在首相俾斯麦的主导下，将德国建设成为了欧洲强国，其工业基础可以与英国和美国相抗衡。德国的迅速工业化对英国的经济优势构成了威胁，如果以钢产品作为国家实力的衡量标准，1871 年，德国钢的年产量仅为英国的 3/5，到 1900 年开始超越英国，1914 年已经是英国的 2 倍。1870 年，英国这一最早进行工业化的国家的工业生产总值占世界生产总值的 32%，德国占 13%，但是到 1914 年，英国所占份额降到 14%，几乎与德国相等。德国的商品推销员奔走在世界各地，精力充沛，善于应变，抢走了许多原属于英国的市

知识链接：无畏舰

无畏舰（Dreadnought）是一种活跃于 20 世纪初期的战列舰类型。1905 年 10 月，英国新任第一海务大臣约翰·费舍尔（John Fisher）开始主导建造“无畏”号。1906 年 2 月 10 日下水、同年 10 月 3 日就完工，展现了当时英国强大的造舰工业能力。“无畏”号的技术与设计之先进远超过同时代的战列舰，故以其为名自成一种新型战列舰的类别——无畏舰。无畏舰具有两种革命性的创新设计，一为采取“全重炮”（All-Big-Gun）武装配置，其装备的大口径火炮数远超以往的战列舰，二为使用蒸汽涡轮发动机作为推进系统。随着无畏舰逐渐成为海上力量乃至于国力的重要指标，各国展开了规模巨大的无畏舰建造竞赛，遍及欧洲、亚洲和美洲国家。

无畏舰的名称与分类源于英国海军 1906 年建造的“无畏”号战列舰，而旧式战列舰则全部被归为“前无畏舰”。图为英国皇家海军的“无畏”号，是世界上第一艘无畏舰，开启了战列舰发展的新革命，亦引发了 20 世纪第二波的造舰竞赛。

场。一家英国工厂称英国政府严重低估了德国重整海军军备的进度，促使英国政府决定把军舰数量加倍，而该公司则从每一艘大型军舰上获得25万英镑的利润。

殖民地争夺

德皇威廉二世对当时最大的殖民帝国——英国既妒忌又羡慕。他认定，德国应该而且必须在海外也拥有自己的利益范围。作为后起的殖民国家，德国积极扩张其在尚未完全被殖民者瓜分的非洲大陆的势力范围。1883年，德国侵入安哥拉，获得了第一块非洲殖民地。随后，利用英国和布尔人的战争，抢得西南非、多哥和喀麦隆，并宣布要建立一个“条顿非洲”，与英国在非洲的殖民计划严重冲突。当时，英国首相索尔兹伯里勋爵提出了“英国人要从开普到开罗”的口号，即将英国在埃及、东非、南非的殖民地打通，连成一片。这一计划被阻断在坦桑尼亚，而坦桑尼亚则是“德属东非”的一部分。

相互猜忌

两国矛盾的加剧也与德国的行事风格有关。德皇威廉二世极不稳定的个性加剧了英国对德国的不信任，英国国内疑德、反德的情绪日益高涨。1895年，一支英国非常规部队入侵德兰士瓦失败，威廉二世幸灾乐祸地给德兰士瓦的克鲁格总统发去电报，祝贺他“在未向友邦求助的情况下，凭借自己的力量抗击侵略，击败了入侵贵国的武装集团”。不言而喻，“友邦”是指德国，“侵略者”是指英国。

1904年，德国为了在西南非洲殖民，殖民军队攻击西南非洲民族赫雷罗人（Herero）。

马赛人（Maasai）是东部非洲著名的游牧民族，主要活动在肯尼亚的南部及坦桑尼亚的北部，著名的马赛马拉大草原在斯瓦希里语的意思就是“马赛人的平原”。图为手持盾牌和长矛的马赛勇士。

知识链接：“光荣孤立”政策

19 世纪晚期英国追求的外交政策。英国外交政策的基本目标就是保持欧洲均势，不容任何力量破坏这种和谐局面，以最大限度维护英国安全和国家利益。此名词其实是由某一位访问英国的加拿大国会议员所提出，赞扬英国不干预欧洲事务。英德两国在欧洲和全球的竞争和矛盾加剧后，英国也开始寻找盟友，1902 年英国与日本结成同盟，正式结束“光荣孤立”。

面对这种蓄意侮辱，维多利亚女王亲自写信训斥了这个自大狂妄的德国外孙。1908 年 10 月，威廉二世接受英国《每日电讯报》采访，虽然本意是为了促进英德之间的友好关系，但他在采访中提到“当前德国中下阶层中普遍存在反英情绪”，这一表述激起了英国更加强烈的反德情绪。

英国放弃外交孤立

海军竞赛导致英国产生了一种极端不安全感，驱使它逐渐摆脱了过去外交上的“光荣孤立”政策，投入到俄国和法国的怀抱。1903 年 1 月，即将成为外交大臣的爱德华·格雷爵士（Sir Edward Grey，1862—1933 年）表示，德国现在是“我们最大的敌人和威胁”。布尔战争导致英国陷入其他国家的谴责声中，并且严重破坏了英德关系。英国开始和法国修补先前的分歧，1904 年英法两国政府一致同意忘却在法绍达的争端以及过去几十年所积累的旧怨，签订《英法协约》。法国接受英国对埃及的占领，作为利益交换，英国承认法国在摩洛哥的特权，而法国对摩洛哥的染指则引发了德国的不满。1905 年 3 月，威廉二世乘坐一艘德国军舰在摩洛哥的丹吉尔登陆，在公开演讲中支持摩洛哥独立。这无疑向外界发出信号：德国试图分裂法英之间达成的谅解关系。与德国的竞争也使英国倾向于与俄国和解，1907 年英国外交做出重大调整，与俄国签署《英俄协议》。面对德国在全世界范围内咄咄逼人的扩张态势，英国采用灵活现实的外交手段，与俄国和法国达成谅解，完成了对德国挑战其霸权的全面准备。英国得到传统大国法国和俄国的支持，为自身的国家安全增加了筹码。

爱德华·格雷爵士，英国自由党政治家，1905—1916 年间担任外交大臣，1916 年获封为子爵。奉行亲法反德政策。格雷在第一次世界大战爆发时因这段话而广为人知：“整个欧洲的灯火正在熄灭。在我们的有生之年将不会再看到它们被重新点燃。”

德国的东进战略受挫 “3B 铁路”

巴格达铁路将替德国开辟到伊朗和阿富汗的道路，成为架在英属印度上面的一把利剑。

鉴于英国强大的海上力量一时难以被超越，德国不得不试图从陆地方向寻找战略发展机遇。德国决定修建一条通往巴格达的铁路，从而把德国强大的工业生产能力与中东地区丰富的石油、粮食和庞大的潜在市场紧紧联系在一起，并将政治影响力延伸到整个西亚和南亚地区。

德国的东进战略

19 世纪 80 年代，德国制定了一个修筑直通波斯湾的“巴格达铁路”计划。根据这一计划，铁路将从欧洲穿过博斯普鲁斯海峡，经过土耳其直达中东腹地巴格达，使柏林、君士坦丁堡、巴格达连成一线。柏林、君士坦丁堡（拜占庭首都，今称伊斯坦布尔）、巴格达三个地名的首字母都是 B，因此称为“3B 铁路”。1888 年，德国资本家在德意志银行的支持下成立小亚细亚公司，从土耳其政府那里获得了建设君士坦丁堡至安纳托利亚铁路的特许权。1893 年 1 月，公司根据德皇指示又从土耳其取得延展铁路至科尼亚的租让权。1896 年，柏林到科尼亚的铁路开通。这是一条深入土耳其安纳托利亚高地内陆、全长约 1000 公里的铁路，建设期不到 8 年，堪称工程与建设史上的一项伟大成就。在此之前，中东的铁路设施都是英国人或法国人修建，这些铁路都很短，只连接了几个关键的港口城市，从来没有将广大的中东内陆地区与现代工业化地区相连接。1903 年，德国又从土耳其当局获得了由科尼亚向前延展，经巴格达至波斯湾的修建铁路租让权，由德国财团赞助成立的巴格达铁路公司获得了兴建巴格达铁路的优先权。

位于土耳其安那托利亚腹地的卡帕多奇亚（Cappadocia）有着独特的喀斯特地貌，曾被美国《国家地理》杂志社评选为“十大地球美景”之一。卡帕多奇亚久负盛名的还有建于 10 世纪、装饰着华美湿壁画的拜占庭风格的岩窟教堂。

英德的背后较量

巴格达铁路将避开强大的英国海军，绕过英国控制的苏伊士运河，并在德国优势的陆军势力保护下，成为德国安全的战略大动脉。中东地区是英国的势力范围，在英国人看来，这条铁路将威胁到英国通往印度的运输线、对苏伊士运河的控制权、波斯湾的石油开采权以及具有战略地位的巴勒斯坦，因此非常警惕。尽管法、俄对德国的修路计划也强烈反对，但英国的反对态度尤其坚决。面对英国的阻力，德国以反对英国在埃及的利益相威胁。19 世纪末，英国陷入布尔战争，并在苏丹等地与法国

巴格达位于两河流域，是东西方的交通要道。历史上曾是伊斯兰文明的政治、宗教、经济、商业和学术中心。1638 年后长期受奥斯曼帝国的统治，1917 年落入英军之手。1921 年，伊拉克独立，巴格达被定为首都。

知识链接："3B 铁路"的后续进展

英德两国还未正式签署《格雷－里赫诺夫斯基协定》，第一次世界大战就爆发了。一战之后，根据《凡尔赛和约》，德国的铁路租让权被剥夺。1934—1944 年，筑路工程由英、法、土三国分担，分段陆续建成，但此路已不再具有大战前那样的国际政治意义。

陷入对峙，首相索尔兹伯里提出"支持德国修建铁路、支持德国势力进入中东和小亚细亚、将赫尔戈兰岛交给德国"这三个条件换取德国在非洲支持英国。但德国的胃口很大，认为如果要修建铁路，就必须抵达波斯湾，否则其价值将大打折扣。布尔战争后，英国摆脱了在南非的困境，对巴格达铁路的态度强硬起来。为了破坏德国的计划，英国人还利用并煽动塞尔维亚等地区的民族主义，为铁路的修建制造麻烦。1912—1913 年，奥斯曼帝国同巴尔干属国（塞尔维亚、黑山、希腊和保加利亚）之间发生多次战争，也阻碍了巴格达铁路的建设。

经过数年交涉，1914 年 6 月 15 日，英、德双方草签《格雷－里赫诺夫斯基协定》，英国不再阻挠铁路的修建，德国也承诺铁路以巴士拉为终点，不再延伸到波斯湾。英德之间的暂时妥协并未能解决它们之间的根本利害冲突，而长达十几年的巴格达铁路之争却加深了彼此的敌意，终于成为导致第一次世界大战的一个重要因素。

波斯湾（阿拉伯国家称之为阿拉伯湾）是阿拉伯海西北伸入亚洲大陆的一个海湾，西北起阿拉伯河河口，东南至霍尔木兹海峡。沿岸国家有伊朗、伊拉克、科威特、沙特阿拉伯、巴林、卡塔尔、阿拉伯联合酋长国和阿曼。图为卡塔尔首都多哈市市中心美景。

看不见硝烟的战争：帝国与外交

帝国主义列强之间的竞争与对抗复杂多变，他们为了协调彼此之间的矛盾，外交是最常用的手段。期间的合纵与连横，让世人眼花缭乱。19世纪末，英国与日本因不愿看到俄国在远东进一步扩张而走近并缔结了英日同盟。在近20年的英日同盟的保护下，日本从一个不起眼的岛国发展成为列强不能忽视的帝国主义国家。小国则有小国的生存之道，奥地利首相梅特涅以杰出的外交智慧和老练的均势外交手腕，小心翼翼地维护着奥地利在欧洲列强中的大国地位。比利时国王则亮出“国际旗帜”，用“利益均沾”来获得竞争者的让步。帝国主义国家的“后起之秀”美国为了不在攫取中国利益的过程中吃亏，抛出了“门户开放、利益均沾”的政策。当各国在争夺殖民地过程中矛盾激化而又不想发动战争时，往往会召开国际会议。1884—1885年的柏林会议及其之后的两次海牙国际和平会议，都是为了调节列强之间错综复杂的矛盾，并试图制定“维持和平”的规则。但两次海牙和会并未给世界带来和平，各帝国主义国家的军备竞赛反而愈演愈烈。当然，这些国际会议的出发点都是为了维护帝国主义者的利益，全然不顾殖民地人民的苦难。

“几个鸡蛋上跳舞”

均势外交高手梅特涅

年轻时代便显出杰出的外交才能，他将均势外交玩到极致，创造了鲜有的“梅特涅时代”。

19世纪欧洲外交舞台上，有一位长袖善舞的外交操盘高手，他在欧洲列强之间玩弄均势平衡外交，显赫一时，此人便是奥地利首相梅特涅。在数十年的外交生涯中，梅特涅以其纵横捭阖的超级手腕，穿梭游走于各大国之间，最大限度地维护了奥地利帝国的民族利益。

出身贵族世家

克莱门斯·文策尔·冯·梅特涅（Klemens Wenzel von Metternich，1773—1859年）1773年5月15日出生于科布伦茨的贵族家庭。作为伯爵的父亲几乎不关心他的教育，所以他早年所受的教育多来自母亲。1784年，11岁的梅特涅有了第一位家庭教师。1788年，15岁的梅特涅被当时欧洲最好的大学之一的斯特拉斯堡大学录取，两年后法国大革命爆发，他从斯特拉斯堡大学转学至美因茨大学学习法律。他的父亲是当时奥地利驻莱茵公国的公使，梅特涅在莱茵－莫塞尔区度过了其少年时期，这段跟随父亲驻外成长经历令他走上了外交家之路。1795年9月27日，梅特涅同女伯爵爱丽诺·考尼特斯（Eleonore Kuunitz）结婚。爱丽诺出身名门，是奥地利著名政治家文策尔·安东·冯·考尼特斯的孙女。尽管梅特涅出生在贵族之家，但是其家族的名望与地位却无法与考尼特斯家族相比，这场婚姻使得梅特涅跻身于奥地利最显贵的上层贵族社会，成为名门望族，更加有机会接近奥地利皇帝弗朗茨一世（Franz I，1768—1835年，又译作弗朗西斯一世）。据说新娘的父亲在女儿结婚前向梅特涅提出两个要求：一是新娘结婚后要住在家中；二是只要自己还在世，他就不能从事外交事业。梅特涅遵守了诺言。1797年9月，梅特涅的岳父去世，他才得以选择从事外交事业。

克莱门斯·文策尔·冯·梅特涅，19世纪著名外交家，先后任奥地利帝国外交大臣和帝国首相数十年之久。受伯克保守主义思想影响较深，梅特涅维护传统封建秩序，反对一切民族主义、自由主义和革命运动，在欧洲形成以“正统主义”和“大国均势”为核心的“梅特涅体系”。

四十年外交生涯

1801年，梅特涅开始了他的外交生涯，1809—1848年任奥地利帝国外交大臣。当时的欧洲大陆处在动荡之中，大国为了争权夺利，不惜挑起战争。民族解放运动风起云涌，各种矛盾错综复杂，政治风云瞬息万变。拿破仑掌权的法兰西帝国正在积极地图谋称霸欧洲，对奥地利西部造成巨大威胁；而亚历山大一世统治下的俄国对东欧和近东地区垂涎三尺，给奥地利东部造成很大压力；同时在奥地利北部，好战的普鲁士正在迅速崛起。而奥地利国力衰微，内忧外患，无论哪个强邻，奥地利都没法单独对抗，欧洲各国的革命更是使奥地利的封建统治面临灭顶之灾。因此，梅特涅只能殚精竭虑地在各国之间玩弄权术，见风使舵，以期实现既能独善其身，又能操控时局，在欧洲列强之中为奥地利谋得一席之地。1821 年 5 月，梅特涅出任奥地利首相，在国内外推行被称为“梅特涅体系”的一整套保守主义的政治主张，维护封建地主和金融巨头统治。梅特涅 1819 年主持制定的《卡尔斯巴德决议》，对自由民主运动采取高压手段，对大学实行严格监督，加强书刊出版检查制度；决定在社会秩序遭到“破坏”，特别是君主有被推翻的危险时，派联邦军队进行干涉。事实上，他的保守主义内政和大国均势外交政策行之有效，以致落后的奥地利能一度跻身于欧洲强国。

知识链接：均势外交

“均势”或称“权力均衡”，是西方古老的外交准则，是大国为谋求霸权而采取的一种外交手段，“均势”是对立大国或集团之间力量对比未出现一方占有优势的客观反映。在欧洲历史上，特别是 17 世纪至 19 世纪得到了充分运用。在欧洲最早推行均势外交的是英国，自亨利八世时期一直到 19 世纪英国推行“光荣孤立”政策为止。19 世纪，英、德、奥三国把均势外交推向了高潮，奥地利首相梅特涅就是这一政策的代表人物。

1809 年 10 月 8 日，奥地利皇帝弗朗茨一世指派梅特涅为外交大臣，全面处理国家外交事务。此时奥地利在反法同盟战争中失败，被迫与法国在维也纳的申布伦宫签订《申布伦条约》，即《维也纳条约》，奥地利停止战争，退出反法同盟。奥地利的战败求和却为梅特涅充分施展其外交纵横术创造了绝佳时机。1810 年 11 月，梅特涅和夫人借助在

1816 年，奥皇转送梅特涅的别墅和地产，以补偿其在莱茵地区家产的损失及表彰其在维也纳和会中的贡献。该庄园在第二次世界大战中遭受轰炸受损，战后由梅特涅的曾孙保罗·梅特涅惨淡经营。保罗 1992 年去世后，庄园交给食品业大亨欧特格经营。

弗朗茨一世，1804 年继承神圣罗马帝国皇位，当时称弗朗茨二世。1804 年，他在反法战争中败给拿破仑，被迫于 1806 年正式放弃神圣罗马帝国皇位。但他创建了奥地利帝国，成为奥地利皇帝弗朗茨一世。

巴黎的一次假面舞会，利用了拿破仑的虚荣，巧妙安排了拿破仑与奥地利公主玛丽·露易丝的婚事，法奥联姻暂时让奥地利获得了喘息机会，使奥地利不再是拿破仑的主要敌人。奥地利与法国结成同盟，对抗俄国，此举可说是奥外交上的一大成功。但梅特涅很清楚地认识到欧洲“一超多强”的国际格局并不符合本国利益，保持欧洲各国力量均衡才符合奥地利的国家安全与利益，各国间钩心斗角、相互牵制才是维持奥地利优势地位的最佳手段。梅特涅就是在这种国际国内环境下登上了政治舞台，运用其敏锐的判断力和出众的外交才能，周旋于欧洲大国之间，从容于“几个鸡蛋上跳舞”，寻求国际力量的平衡，从而维护和扩大了奥地利的利益。同时，他引领的“梅特涅时代”为维护欧洲势力均衡而避免了欧洲大战，尤其维也纳体系重整国际秩序，确立均势原则，维持了欧洲和平一百年。为了表彰他为奥地利帝国作出的贡献，帝国于 1813 年 10 月授予他亲王的头衔。

“蝴蝶大臣”

当拿破仑远征俄国惨败后，梅特涅立即进行武装调停。1813 年 6 月 26 日，梅特涅同拿破仑进行了一场 9 个小时的会谈。会谈结束时，拿破仑问

奥国公主玛丽·露易丝（1791—1847 年）是奥地利帝国皇帝弗朗茨一世之女，18 岁时嫁给法国皇帝拿破仑一世。当拿破仑离开法国作战时，玛丽·露易丝曾担任法国摄政王。1814 年，拿破仑被迫退位，被流放到厄尔巴岛。玛丽·露易丝回到奥地利，两人从此没再见面。

梅特涅，今后将会发生什么事？梅特涅说：“陛下，您是输了……现在我要走了。”梅特涅认为法国战败不符合奥地利的利益，但他审时度势，最终选择抛弃拿破仑。梅特涅知道，没有永远的朋友，也没有永远的敌人，唯有利益是永恒的。他首先要考虑的是谋求利益最大化。

在维也纳会议上，梅特涅认为，打败拿破仑之后，俄国成了欧洲大陆军事最强大的国家，他不愿意看到一个强大的俄国威胁奥地利的安全和利益，因此反对过分削弱法国。如果立刻召开“分赃会议”，俄国无疑会取得最大的利益。于是梅特涅竭力要求把会期拖到秋天，以使奥地利有时间恢复元气，联络盟友。他说服了英国外交大臣卡斯尔雷支持他的意见。为达到目的，梅特涅努力拉拢英国反对俄国和普鲁士。为增强对抗俄、普的力量，梅特涅又看上了法国外交大臣塔列朗，因为他知道法国最不愿意看到普鲁士强大起来。英、法、奥三国很快达成秘密协定，互相保证在维也纳会议上协调一致，共同反对俄、普的要求。维也纳会议在梅特涅和卡斯尔雷的主导下，对战败国法国做了前所未有的宽大处理，法国不仅保住了1792年的疆界，而且在会议期间与英、奥缔结反对俄国的秘密军事同盟。由于梅特涅在幕前幕后活动异常频繁，像一只蝴蝶飞来飞去，因此被人称为“蝴蝶大臣”。

维也纳会议是从1814年9月18日到1815年6月9日之间在奥地利维也纳召开的一次欧洲列强的外交会议。这次会议由奥地利政治家梅特涅提议和组织，目的在于重划拿破仑战败后的欧洲政治地图。会议确立了正统原则、补偿原则和势力均衡原则，成为近代欧洲继威斯特伐利亚体系之后的第二个国际体系。

《梅特涅逃亡》（1848年3月），描述梅特涅在1848年革命中流亡的讽刺漫画。1848年，梅特涅被滚滚革命洪流冲下了历史舞台，先逃亡至英国伦敦，后迁居比利时，最后返回奥地利，隐居于豪华的约翰内斯堡庄园。1859年6月11日去世，终年86岁。

均势外交操盘手的破产

1815年，在沙皇亚历山大的倡议下，俄国、奥地利和普鲁士建立神圣同盟，梅特涅不甘心屈从于俄国，再次拉拢英国，拼凑俄、英、奥、普四国同盟，实现了神圣同盟内部的实力均衡。1818年，梅特涅又把法国拉入，组成五国同盟。1821年，梅特涅被任命为奥地利帝国首相兼宫廷大臣和国务大臣，但他更自命是维护欧洲均势的“欧洲宰相”。1848年，维也纳爆发三月革命，梅特涅政府被推翻，他被迫化装逃往英国。1859年，梅特涅回到维也纳，不久去世。梅特涅精心经营的大国均势体系最终被欧洲革命风暴所冲决，显赫一时的梅特涅也成为历史的过客。不过他的均势外交手段成为国际关系史上的经典案例，对后来的一些著名外交家如基辛格都产生过重要影响。

“门户开放”政策

美国争夺中国之道

现在美国生死攸关的利益不在南方和北方，而是在东方和西方；最近和将来的重大问题是中国……美国将不得不在争夺中国市场的斗争中起领导作用。

——第一次海牙和平会议上美国代表马汉上校的发言

19世纪末帝国主义掀起瓜分中国的狂潮，美国催促各方采取“门户开放”政策，使各国可以平等地进入中国市场。由于列强之间相互猜忌，美国的立场获得了支持。

谋士建言

19世纪末，英、法、德、俄、日已在中国夺取了较多利益，美国感到其在中国的商业利益受到威胁。1898年3月，英国为对抗俄国和法国对中国的侵略，邀请美国一起提出“门户开放”政策。当时的美国总统麦金莱（William Mckinley，1843—1901年）表示拒绝，他说：“我们不愿意放弃门罗主义的传统去干涉一个国家的内政。”其实，美国本身也有瓜分中国的企图，曾经觊觎大沽口、舟山群岛等地，只因实力不济且遭到其他国家反对而没有得逞而已。1898年9月，麦金莱在与国务卿海约翰（John Milton Hay，1838—1905年）的谈话中表示，如瓜分中国的事再次发生，美国应该分一杯羹。当时，在中国海关总税务司任职的英国人贺壁理（Alfred Hippisley，1848—1939年）正在美国休假，他向美国国务院中国问题顾问柔克义（William Woodville Rockhill）介绍了列强瓜分中国的形势，指出美国必须接受列强在华划定势力范围的事实，但可以采取措施防止在这些势力范围内实行排他性的优惠税率。柔克义随即向海约翰建议“门户开放”，海约翰听取了他的意见。

约翰·米尔顿·海伊（海约翰），美国著名外交家、政治家。19世纪末20世纪初先后出任麦金莱总统和西奥多·罗斯福总统的国务卿，任职期间完成了美西和谈，解决了萨摩亚群岛争端，取得了巴拿马运河的开凿权。在对华事务方面，反对列强划分势力范围，主张“门户开放，利益均沾”。

三次声明

1899年9月6日，海约翰向德、俄、法、日、英、意六国大使发出照会，11月向日本和意大利政府发出照会，要求各国政府承认以下三项原则：（1）美国政府绝不承认任何国家在中国的所谓利益范围或租借地内的排他性权利或控制权；（2）中国现行条约税率适用于所有势力范围内一切口岸（自由港除外）所装卸的货物，此种税款由中国政府征收；（3）在各自势力范围内任何口岸对他国船舶征收的入港费，不得高于对本国船舶所征收的入港费；在各自势力范围内修筑、管理或经营的铁路，不得收取高于本国货物的铁路运费。

此漫画为山姆大叔照会六国，提出中国“门户开放”政策，意图与列强共同瓜分中国。当时美国军事实力无法与英、法等老牌帝国抗衡，只能凭借经济与商业优势，提出“门户开放”政策。

1900 年，义和团运动爆发，海约翰在八国联军占领天津之前对七国的通告中重申：“美国政府的政策是寻求一种解决方案，这个解决方案的目的是能够给中国带来永久的安全与和平；维护中国领土与行政的完整；保护一切友好国家在条约和国际法保证下的一切权利；维护世界各国与中华帝国各地之间的平等、公正贸易的原则。”这一声明在“门户开放”政策的内容里加上了“维护中国领土与行政的完整”。

为阻止俄国在中国东北的扩张，美国于 1902 年 2 月 1 日再次向各国发出备忘录，其中补充了第一次照会中没有提到的“投资机会均等”的要求，认为获得开矿、筑路等专有权与“门户开放”政策相冲突。1899 年、1900 年和 1902 年的三次声明构成了海约翰的“门户开放”政策。

1899 年 4 月，国务卿海约翰代表美国政府与西班牙政府签订了《巴黎和约》的批准文书。1898 年 12 月，美西战争中获胜的美国与西班牙签订《巴黎和约》。美国通过该和约夺得西属大片殖民地，如古巴、关岛和菲律宾等，增强了其在拉丁美洲和亚洲的政治、经济与军事地位。

本质未变

有美国学者指出，“门户开放照会并没有提出帝国主义应停止对中国侵略的要求，它仅仅表示了‘利益均沾’这样一个要求”。在 1901—1903 年俄国军事占领中国东北期间，美国总统西奥多·罗斯福就道出了“门户开放”政策的实质：“我们完全承认俄国在满洲的特殊地位……我们所坚持的仅仅是：俄国必须给予我们美国人进入该地区平等地从事商业活动的机会与权力。”日本在日俄战争后攫取了俄国在中国东北的特殊权益，美国随即要求日本作出承诺，维持列强在该地区的机会平等。“门户开放”政策能够适应美国在不同历史条件下向中国扩张势力的需要，因此它在相当长的时期内成为美国对华政策的基石。

走出“光荣孤立”

英国与日本缔结防御同盟

没有永远的朋友，也没有永远的敌人，只有永恒的利益。

——19世纪英国政治家、外交家帕麦斯顿

在东亚的政治舞台上，英日双方本处于竞争关系。英日同盟是英俄、日俄矛盾冲突日趋激化的必然结果，正是出于共同对抗俄国的需要，英国和日本逐渐从竞争走向结盟。

一拍即合

甲午战争爆发后，貌似强大的清军在陆上和海上遭遇全面溃败。英国政府意识到，如果清军败于日军，前者将无法控制并最终退出朝鲜半岛，这将为俄国人乘虚而入创造条件。当时英国政府仍固守其“光荣孤立”的外交政策，担心与日本走得过近而激化与俄国的矛盾，因此尚无意在东亚与日本结盟。俄国强租旅顺、大连一事大大刺激了英国，后者认为“旅顺落入俄国手中是对中国首都的一种威胁，是对英国对华贸易的一种挑衅”。鉴于英国外交矛盾重重，英国首先选择与俄国妥协。1898年年初，英俄双方分别在圣彼得堡和伦敦两地进行了多次秘密谈判。由于双方的立场大相径庭，谈判以失败告终。1900年，俄国入侵中国东北后，英俄矛盾进一步激化。英国曾希望与德国联手阻止俄国向中国东北推进，但德国为了避免得罪俄国而没有积极配合英国。1901年，英国政府转而寻求与日本结盟。

图为一幅日本漫画，表现了日本天皇正在用诱饵引诱俄国熊。

甲午战争后的“三国干涉还辽”事件使日本对俄国恨之入骨，而与英国这个当时实力最强大的国家结盟是日本梦寐以求的事情。日本认为这将提高其国际地位，并增强对抗俄国的实力。日本首相桂太郎、外相加藤高明及其继任小村寿太郎、驻英公使林董都支持与英国结盟，但前首相、政界元老伊藤博文则怀疑英国抛弃传统孤立政策的诚意，并担心日英结盟会使日本在对俄作战中充当先锋。1901年10月，时值美国耶鲁大学200周年校庆，伊藤博文应邀前去接受名誉法学博士学位，事后以私人身份访问俄国。趁伊藤博文出国，桂太郎命令林董在伦敦尽快进行结盟谈判。

二十年同盟

由于英日双方均认识到相互结盟的重要性和迫切性，酝酿已久的英日同盟进入实质性谈判阶段。经反复磋商，

1902 年 1 月 30 日，日驻英公使林董与英国外交大臣兰斯敦在伦敦签署了《英日同盟条约》。条约主要内容包括：相互承认并尊重、维护两国各自在中国、朝鲜两国的“特殊”利益；缔约双方如有一方与第三国交战，另一方必须严守中立；如有更多国家帮助交战对方时，缔约国一方应协助同盟国作战，媾和时亦须事先与同盟国一道协商。《英日同盟条约》签订后，日本迅速将消息通知了俄国、法国、德国、意大利等列强和清政府。1902 年 10 月 7 日，日本政府公然宣称：“日英同盟之缔结……使帝国之声望更加卓著。乘此时机，扩大经营我在清、韩两国之事业，以收取与我帝国现有地位相称之权力，以此作为当务之急，决不可延缓一日。”1903 年 12 月 30 日，日本内阁会议通过了《对俄交涉破裂时日本应采取的对清对韩方针》。1904 年，日俄战争爆发，俄国的盟友法国因忌惮英日同盟而没有支援俄国。日俄战争期间，英国不但向日本提供武器支持，还提供了大量与俄国有关的情报。1905 年 8 月 12 日，英日再续盟约，为期 10 年。1911 年 7 月 13 日，双方又续约 10 年。第一次世界大战爆发后日本以英日同盟为由于 1914 年 8 月向德国宣战。1921 年华盛顿会议上签订的《四国条约》结束了英日同盟。

知识链接：《第二次英日同盟条约》

《第二次英日同盟条约》签订于 1905 年。在条约中英国承认日本在朝鲜有政治、经济、军事上的特殊权益及采取必要措施的权力，日本承认英国在印度的特殊权益及采取必要措施的权力；缔约的任何一国认为前所述权益受到危害时，应互相通告以采取共同政策保卫；缔约国一方如为防护上述权力和利益而与第三国作战时，缔约另一方立即予以军事援助，共同作战；规定第二次结盟的期限为 10 年。

1906 年，英国王室派阿瑟王子赴日庆祝日本取得日俄战争的胜利，并给明治天皇颁发嘉德勋章。阿瑟王子以跪姿把勋章的带子系到明治天皇的腿上时，被大头针弄伤了自己的手指，但他咬紧牙根完成了赠勋仪式。

帝国主义瓜分非洲的分赃会议

柏林会议

帝国主义国家瓜分非洲的行动由本次会议开启。

19世纪七八十年代，英、法、德、比、葡、意等国为争夺非洲领土形成了错综复杂的矛盾，焦点就是刚果河流域。各国在刚果的矛盾不得不以国际会议的形式进行协调。

漫画生动地展示了列强在柏林会议上瓜分非洲势力范围的场景。德国首相俾斯麦亲自举刀切割非洲殖民地“蛋糕”，而欧洲各国则围绕在桌边，急切等待他们应得的那份“蛋糕”。

殖民地争夺白热化

19世纪70年代，苏伊士运河开始正式通航，西非和南非先后发现了新的金矿和钻石产地，许多经济作物也种植成功，非洲在世界政治、经济中的战略地位大为提高。欧洲各国争夺、瓜分非洲的斗争趋于激烈。比利时国王利奥波德二世以“国际刚果协会”的名义，攫取了刚果河流域大部分地区。法国在刚果河北岸地区活动，侵占了大片土地，建立了布拉柴维尔等殖民据点。葡萄牙宣布对刚果河口享有不可否认的历史权利，声称早在1482年葡萄牙人就发现刚果河口并命名为扎伊尔河。英国一直不愿承认葡萄牙人的诉求，但为了抑制比利时和法国对刚果盆地的侵占，转而支持葡萄牙。1884年2月，英国同葡萄牙订立条约，英国承认葡萄牙对刚果河口领地的主权，英国也享有同等权利。英葡条约遭到法、德、美三国的反对，英国被迫废除英葡条约。德国要遏制英国的扩张也为了解决各国争夺刚果的矛盾，首相俾斯麦表示德国愿意主持召开国际会议讨论非洲争端问题，以使混乱的殖民争夺“有序化”。1884年11月15日，西方列强在柏林召开了会议，史称“柏林会议”。与会国共15个，

1884—1885年的柏林会议（亦称刚果会议或西非会议）由葡萄牙召集，德国首相俾斯麦主持，会议最后达成柏林会议《总议定书》，旨在将瓜分非洲合法化。柏林会议后，列强纷纷划出势力范围，加紧掠夺和殖民非洲，掀起瓜分非洲的狂潮。

刚果盆地是非洲最大的盆地，拥有仅次于亚马孙雨林的世界第二大热带雨林。盆地内生物物种丰富，盆地的森林里还有许多濒危野生动物，包括非洲森林象、黑猩猩等。图为野生大象与小象自由徜徉在森林里，形成一幅美丽画卷。

知识链接："有效占领"

为了避免各国在非洲的争夺中兵刃相见，柏林会议《总议定书》创造性地提出了"有效占领"原则，规定了殖民地的取得只有通过"有效占领"才能得到承认。与会各国今后凡占据非洲沿海，必须分别通知其他国家；必须"保证建立足以保护现有各种权利的统治权力，并在必要时，保证遵守规定条件的贸易自由与过境自由"，才能视为"有效占领"。其关于"有效占领"认定的侧重点已经从实际占有领土并排除他国统治，变为政府职能在领土上的行使和宣示。

包括奥匈帝国、比利时、丹麦、俄国、法国、荷兰、葡萄牙、瑞典、西班牙、意大利、英国、美国与奥斯曼帝国等。

制定"竞争规则"

会议专门讨论非洲事务，历时104天。与会国最后达成了柏林会议《总议定书》，共7章38条，为列强在殖民地的竞争制定了基本规则：承认比利时国王为"刚果自由邦"的所有人，200多万平方公里的"刚果自由邦"正式成为"国际刚果协会"(实际是利奥波德二世）的私有财产；与会国在刚果盆地全境、马拉维湖及其以东邻近地区享有自由贸易的权利；各国船只在尼日尔河与刚果河享有航行自由；与会国禁止贩卖奴隶；对领土要求的承认必须取决于"有效占领"，与会国只有真正控制某殖民地时，才可以拥有它们；对非洲海岸拥有所有权的国家才拥有向内陆扩张的权利；若任何国家在将来想拥有非洲海岸的任何部分，都必须通知其他签署国或是订立保护国。

刚果盆地具有重要意义，欧洲列强不允许其潜在资源被某一大国单独控制。因此与会多数大国正式承认利奥波德二世"为国际刚果协会在非洲建立的自由邦的元首"，列强则取得在刚果河地区自由贸易、航行自由等权利，比利时因此成为会议最大的受益者。列强在会议上罔顾非洲各民族的实际分布，采取直接在地图上划分势力范围的做法（如埃及和苏丹边界的一部分就是沿着北纬22°划定的)，造成了现今不少非洲国家之间的国界异常平直，也因此为这些国家遗留了不少影响至今的部族纷争。柏林会议后，一场为了"有效占领"的疯狂争夺出现了。欧洲列强加速了瓜分非洲的行动。1876年欧洲列强仅占有非洲土地的10.8%，1885年增加到25%，1900年更猛增到90.4%。到1912年，除了埃塞俄比亚和利比里亚，整个非洲大陆被瓜分殆尽。

第182—183页：柏林会议

1884年11月15日由德国首相俾斯麦（回头看者）主持，在德国首都柏林举行的列强瓜分非洲的会议，与会国包括当时世界上最强大的15个国家。会议时间长达104天，会议名义上是解决刚果河流域的归属问题，但实际上讨论的更多的是列强瓜分非洲的一般原则。

“欧洲协调”的延伸

海牙和平会议

两次海牙和平会议形成了最早的国际关系准则，所编纂的公约为嗣后战争法的编纂和发展奠定了基础。

我们通常所说的《海牙公约》，亦称《海牙法规》，是指1899年和1907年两次海牙和平会议通过的一系列公约、宣言等文件的总称。两次会议上采用的一国一票制度，成为后来的国际会议和国际组织的基本准则。

第一次海牙和平会议

19世纪后期，欧洲各大国为重新瓜分殖民地展开军备竞赛。俄国财政拮据，为赢得军备时间，沙皇尼古拉二世于1898年8月和1899年1月两次建议召开国际会议，商讨维持“普遍和平”和尽可能裁减军备等议题。沙皇还建议，这一会议不应在任何一个大国举行。对此，荷兰政府表示愿意作为东道主主办这一会议。第一次海牙和平会议于1899年5月18日至7月29日在海牙召开，中、俄、英、法、美、日等26国与会。会议的目的是制订和平解决危机和防止战争的文件及编撰战争规则。会上通过了三个公约，即《和平解决国际争端公约》《陆战法规和惯例公约》和《将1864年8月22日日内瓦公约原则适用于海战的公约》。《和平解决国际争端公约》中的第四编第二章提出在海牙设立常设仲裁法院。受俄国和荷兰的邀请，清政府参加了这次所谓“海牙保

1899年，美国政府派出以安德鲁·怀特为团长的代表团赴海牙参加第一次国际和平会议。代表团共有六人，其中包括提出“海权论”的马汉。行前，美国国务卿海约翰向代表团发出了《参会指导》。

知识链接：1864年日内瓦公约

1863年，伤兵救护国际委员会（1880年改称红十字国际委员会）于日内瓦诞生。在该委员会倡导下，1864年8月22日，瑞士政府召集了包括瑞士、法国、比利时、荷兰、葡萄牙、普鲁士等12国在日内瓦签订《改善战地武装部队伤者病者境遇之日内瓦公约》，也称《万国红十字公约》。这是关于战时伤病员待遇的第一个日内瓦公约，它规定了军队医院和医务人员的中立地位；伤病军人不论国籍应受到接待和照顾，并按公约规定的条件遣返。该公约的签署标志着战争法规中人道主义法的诞生。

1899 年第一次海牙和平会议上，法国外交官保罗·康邦和英国首相罗伯特·盖斯科因–塞西尔讨论非洲问题。

和会”。经总理衙门复核、慈禧太后批准，中国在除《陆战法规和惯例公约》以外的所有条约上签了字。根据荷兰外交部照会，条约签字后需要送回本国盖印批准再送至荷兰外交部储存后才算生效。然而，因发生义和团运动和八国联军侵华，条约文本送回中国后便不知所踪，直到 1905 年才完成补签工作。

知识链接：和平宫

第一次海牙和平会议决定为常设仲裁法院修建合适的建筑物。1902 年 8 月 5 日，美国外交官安德鲁·怀特致信其好友、美国钢铁巨头安德鲁·卡耐基，为建设法院寻求资助。卡耐基最终决定捐出 150 万美金，用于建造和平宫及国际法图书馆。1907 年，由法国建筑师刘易斯·考德涅尔（Louis Cordonnier）设计的和平宫开始建造，1913 年完工。和平宫最初是为常设仲裁法院所设立，后来容纳了联合国海牙国际法院、海牙国际法学院和庞大的国际法图书馆。

第二次海牙和平会议

第一次海牙和平会议并未给世界带来和平，各帝国主义国家的军备竞赛愈演愈烈。1904 年 11 月，美国总统西奥多·罗斯福为竞选需要，提出召开新的国际和平会议，并建议由俄国沙皇政府出面邀请。因日俄战争和俄国 1905 年革命，会议推迟至 1907 年 6 月 15 日举行，共 44 个国家参加会议。主要国家对和平并无诚意，对裁军表示冷漠。英国试图以安全为由限制德国的海军发展，遭到德国的抵制。因此会议花费较多时间和精力讨论和制定有关海战和陆战法规的细则。会议对 1899 年的 3 个公约和一项宣言进行了修订，并新订了 10 个公约。会议未能就限制军备问题达成协议，但扩大了自愿仲裁机制，细化了战争规则（如第一次正式确立了宣战制度，不宣而战是非法的），明确了中立国的权利和义务等。相关公约和协议于 1907 年 10 月 18 日签署，并于 1910 年 1 月 26 日生效，中国清政府和北洋政府批准或加入了除未生效的第 12 公约外的所有公约。

海牙和平宫 1913 年完工，本为常设仲裁法院（简称 PCA，不是联合国机构）所建，后成为联合国国际法院、国际法图书馆、国际法学院的所在地。它是一座棕红色两层楼高的宫殿式建筑，带有两座高耸的尖塔，正面是由 9 个大拱门隔出的走廊。

有压迫就有反抗：遭受冲击的帝国秩序

19 世纪中期以后，帝国主义的统治秩序遭遇内外两种力量的冲击。内部冲击以“1848 年革命”为代表。这次革命几乎席卷整个欧洲，波及巴黎、维也纳、柏林、布达佩斯、哥本哈根和西西里岛等，只有英国和俄国未受到影响。外部冲击以印度民族大起义、苏丹马赫迪反英起义、埃塞俄比亚反抗意大利入侵、俄国 1905 年革命等为代表。除埃塞俄比亚反抗意大利取得胜利外，其他革命或起义均以失败告终，但其意义却值得充分肯定。比如，苏丹马赫迪起义是非洲近代史上规模最大、持续时间最长的反帝大起义，鼓舞了其他殖民地人民用武力斗争抵抗帝国主义殖民入侵的决心。这些武装反抗使帝国主义的统治秩序遭受沉重打击，殖民者开始意识到旧的统治方法无以为继，从而寻求新的治理方式。印度民族大起义后，英国开始调整治印策略，包括改组殖民机构，实行“代理统治”，允许印度人进入政府部门工作等。在这些革命中，一些积极因素也得以显现：1848 年的法国二月革命中，工人阶级作为一支独立的阶级力量登上政治舞台；俄国 1905 年革命中，苏维埃在一些城市中成立，证明了其作为推动革命活动机关的价值。

在革命中新生
1848年欧洲革命风暴

革命结束了革命时代，
欧洲在革命中新生。

18世纪的启蒙运动、美国独立战争、法国大革命等使自由主义呼声在欧洲不断高涨，但欧洲的保守派（主要包括君主、贵族、宗教团体以及军官阶层等）极度反对自由主义，力主维持现状。19世纪40年代，欧洲各国普遍发生的工业萧条和农业危机加剧了革命的爆发。粮食歉收，物价飞涨，欧洲农民挣扎在死亡线上，陷入深深的绝望，但政府无力也不愿意去缓解社会下层民众的痛苦，于是反抗现存统治秩序的革命行动爆发了。

革命之火烧遍哈布斯堡领地

1848年革命的真正起始点在法国。法国二月革命导致国王路易·菲利普退位，法兰西第二共和国成立。法国君主立宪制政权被推翻震惊了欧洲，同时巴黎发生革命的消息也震惊了哈布斯堡王朝。这是一个有着数百年历史的古老王朝，势力蔓延至整个中欧地区。19世纪中叶，奥地利仍是一个多民族的封建专制国家，而维也纳作为奥地利的首都，便成为保守势力的中心。梅特涅首相主导着整个王朝的命运，但是他反对自由主义和民族主义。1848年初，当欧洲革命风暴来临之时，哈布斯堡王朝也未能幸免。1848年3月13日，奥地利的学生和工人发起暴动，高呼“自由、宪法”“打倒梅特涅”等口号。在国民的压力下，奥皇被迫让步，年届75岁的梅特涅辞职并举家逃至英国伦敦，维也纳的旧政权垮台了。骚乱蔓延至整个帝国，德意志和意大利也爆发起义。这些起义迫使哈布斯堡王朝实行多项改革，但这些措施面对蔓延至整个王朝的革命来说只是杯水车薪。

哈布斯堡王朝的皇帝弗兰茨·约瑟夫一世（1830—1916年），又译弗朗茨·约瑟夫，他是神圣罗马帝国皇帝弗朗茨二世的孙子。他因将奥地利帝国改组为奥匈帝国而被世人熟知。

1848年3月，匈牙利爆发反奥地利统治的民族起义。起义者提出进行资产阶级改革的政治纲领《十二条》，鲜明地表达了匈牙利人民要求自由、平等、博爱、和平、团结的愿望。在奥地利国王求助下，作为欧洲最保守的统治者——俄国沙皇尼古拉一世迅速抓住机会镇压革命，向匈牙利派遣了14万军队。在民族危难时刻，匈牙利爱国诗人裴多菲给最善战的将军贝姆去了一封信：“请让我与您一起去战场，当然，我仍将竭力用我的笔为祖国服务……”1849年1月，裴多菲成为一名少校军官，

匈牙利诗人裴多菲·山多尔，是塞尔维亚和斯拉夫人的后裔。他为 1848 年起义创作了一首赞歌《起来，匈牙利人》。

他写诗同时又直接拿起武器参加反抗俄奥联军的战斗。维也纳的革命也遭遇挫折，1848 年 10 月再次爆发骚乱后，中产阶级终于决定抛弃革命。就在此时，奥地利陆军元帅温迪施格雷茨发动了军事反击，哈布斯堡王朝再次掌控了维也纳。

知识链接：匈牙利诗人裴多菲

裴多菲·山多尔（1823—1849 年）是匈牙利爱国诗人和英雄，被认为是匈牙利民族文学的奠基人，1848 年匈牙利民族革命的重要领导人物之一。裴多菲是匈牙利著名的爱国歌曲《国民歌》的作者，这首歌被称为匈牙利自由的第一个吼声。1849 年 7 月 31 日，裴多菲在瑟克什堡大血战中同俄国军队作战时牺牲，年仅 26 岁。鲁迅先生在《为了忘却的纪念》一文中曾引用了裴多菲的一首诗："生命诚可贵，爱情价更高；若为自由故，二者皆可抛！"

普鲁士革命的终结

1848 年革命也波及了德语地区。巴黎和维也纳不断传来革命的消息，加上经济严重衰退，普鲁士国王腓特烈·威廉四世（1795—1861 年）不愿实行改革，所有这一切导致了普鲁士的暴动。国王很快选择了妥协，但军队向示威者开枪，造成了数十人死伤，并随后引发了混乱。尽管普鲁士军队掌控着大局，但是受到惊吓的国王命令军队撤出柏林，他也不知不觉间成为俘虏。在群众的压力下，腓特烈·威廉四世任命温和的自由派组建内阁，同意召开负责撰写宪法的国民议会。

德意志各邦革命的胜利，并没有解决德意志的统一问题。资产阶级以解决德意志统一问题为名，于 1848 年 5 月 18 日在美因河畔的法兰克福召开国民议会。参加法兰克福国民议会的都是容克资产阶级代表人物，会议没有取得任何实际结果。6 月 29 日，议会选举奥地利帝国的约翰大公为德意志帝国摄政，并组成了帝国政府。但是这个政府完全是一个象征性产物，它既没有自己的军队，也没有办事官员，甚至得不到任何国家的承认。

腓特烈·威廉四世逐渐重获权势，他拒绝交出独裁权力。由于国民议会选举进程缓慢，1848 年 6 月，柏林的下层阶级再次涌向街头，游行示威。许多原本希望进行适当政治改革的温和派见此情景，开始不再支持革命，期望国王和军队能够恢复法律权威和社会秩序。同年 11 月，腓特烈·威廉四世决定坚决打击革命残余势力，解散国民议会，把军

1848 年的欧洲。1848 年的事件常被称作“民族的春天”，这幅政治地图显示了起义的中心遍布欧洲大陆，它们从西边的巴黎延伸到东边的布加勒斯特，从北方的柏林延伸到南方的巴勒莫。此外，英国出现了宪章运动，爱尔兰出现了共和主义起义，低地国家及丹麦出现了和平改革。

1848年5月18日，法兰克福国民议会首次在法兰克福的圣保罗教堂召开。会议经过长期争论，通过了帝国宪法，并于1849年4月公布，但遭到普鲁士、奥地利、巴伐利亚等邦拒绝。图为国民议会辩论场景，其中左侧发言人为左派领袖之一罗伯特·勃鲁姆。

队重新召回柏林。小规模抗议迅速遭到镇压，普鲁士的革命彻底终结。

欧洲革命的历史遗产

1848年欧洲革命在历史上意义非凡。革命浪潮从未如此之大，整个革命过程中共发生过50多次起义和暴动，其中一些起义获得了相当意义上的成功。1848年革命最明显的特征是所有的革命都有着共同的命运——失败。到1848年夏天，大部分起义失去了前进的动力，革命分子之间在方法和目标上出现了严重分歧，这使得反革命力量有机会重新积聚力量卷土重来。到1849年，只有匈牙利和维也纳的革命分子还有能力抵抗保守派的进攻，但不久也在哈布斯堡王朝和俄国的联合镇压下失败了。尽管欧洲革命轰轰烈烈，但是革命者没有确立革命政权来稳固权力，大多数欧洲贵族依然在上流社会拥有稳固的地位。除法国外，其他国家革命前的政府重新掌权，并加强了专制统治。具有讽刺意味的是，镇压革命的人最终选择采纳1848年革命者提出的许多观点，毕竟旧的统治秩序和统治方法在经历了欧洲革命风暴的洗礼后再也无法照样统治下去了。保守派要想自己的统治权力长久稳定，需要制定新的更为有效的策略和方法来应对革命思想带来的巨大挑战。

民族主义力量是1848年革命保留下来的最重要的遗产之一。革命后的几十年里，民族主义目标

法国二月革命是1848年欧洲的革命浪潮的重要部分之一，法国人民成功推翻了国王路易·菲利普的统治，鼓励了欧洲其他地区的革命运动。图为画家贺拉斯·贝内特（Horace Vernet）于1848年创作的画作《街头的路障》，背景为巴黎先贤祠。

的实现导致欧洲势力和国际格局出现重大变化。尽管意大利和德意志地区都没能在1848年实现民族和国家统一，但是民族主义和国家统一观念逐渐被人们广泛接受。最终意大利在撒丁王国的主导下于1860年实现了民族和国家统一，结束了千余年的分裂局面，成为欧洲大国。德意志各邦国则在普鲁士的领导下通过王朝战争和铁血政策实现了国家统一，结束了数百年来的分裂局面，实现快速崛起。

1848年是一个时代的开端。社会主义、政治民主、自由主义和民族主义促进了现代政治意识的发展，1848年被称为“人民之春”“民族之春”，许多民族将这一年视为民族觉醒的时刻。这些变革并不是在一夜之间发生的，但1848年革命的确为封建社会向具有现代国家结构的工业社会过渡奠定了基础。从这方面讲，1848年革命确实改变了欧洲，自由主义、社会主义和民族主义成为时代潮流，不仅重塑了欧洲，而且改变了世界，尽管改变的步伐没有像革命分子想象的那样迅速。

“革命时代”随着1848年革命的结束画上句号。自此以后，除了战争时期，欧洲没有发生过重大的革命。革命提出的问题以及目标虽没有及时解决、实现，但却成功地成为之后政治和社会秩序的组成部分。

知识链接：法国二月革命

法国二月革命是1848年欧洲革命浪潮的重要部分之一。1848年2月，法国民众推翻了金融贵族统治的1830年7月上台的七月王朝，国王路易·菲利普及其家族被迫逃亡英国。二月革命是资产阶级领导的、广大人民群众参加的资产阶级民主革命，工人阶级作为一支独立的政治力量登上了历史舞台，并且在这场革命中创造了街垒战的武装斗争形式。二月革命为法国资本主义的发展开辟了道路，之后于1848年5月成立法兰西第二共和国。

1848年3月，普鲁士军队向柏林的示威群众开枪，激起了武装起义。尽管普鲁士军队掌控着大局，但受到惊吓的国王腓特烈·威廉四世下令停战，并宣布召开国民议会。图为示威群众与普鲁士军队在柏林的亚历山大广场展开街垒战。

非洲人首次成功抵御欧洲列强

埃塞俄比亚反抗意大利

埃塞俄比亚人的英勇抵抗，成功粉碎了意大利的入侵，
树立了帝国时代落后国家以弱胜强的范例。

埃塞俄比亚令意大利这个势力最弱的帝国主义国家一无进展，并阻止意大利人对埃塞俄比亚的侵略长达40年之久，意大利再次入侵埃塞俄比亚是1936年。

意大利眼中的战略枢纽

埃塞俄比亚（1941年以前称“阿比西尼亚”）位于非洲东部，19世纪中期以后才逐渐由许多封建公国形成一个中央集权的国家。意大利在19世纪60年代完成国家统一后，也走上殖民主义道路，展开对非洲的扩张行动。1869年苏伊士运河通航后，埃塞俄比亚扼地中海—红海—印度洋航线咽喉的非洲之角，其战略地位尤为重要。19世纪80年代中期，埃塞俄比亚为英、法、意的殖民地所包围，三国势力相继侵入埃塞俄比亚。意大利在瓜分非洲的争夺中，因分赃不满意，在取得厄立特里亚和索马利兰一部分以后，一心想吞并埃塞俄比亚。意大利宣称“意大利绝不能坐视所有其他大国发动和通过征战教化非洲而自己按兵不动”。1882—1887年间，意大利占领了埃塞俄比亚部分地区，但

在第一次意大利—埃塞俄比亚战争中，虽然意军拥有良好的装备和军事技术，但在阿杜瓦战役中被彻底击溃。在列强瓜分非洲的狂潮中，埃塞俄比亚是唯一成功击败欧洲殖民势力、保护主权并维持其君主制的非洲国家。

遭到该国顽强抵抗。1889年年初，埃塞俄比亚国内发生帝位之争，意大利支持新继位的孟尼利克二世（Menelek II，1844—1913年），并在其登上王位后与其签订了《乌西利亚条约》。条约规定，埃塞俄比亚割让北部领土，意大利以200万里拉作为交换。此后，意大利自由解释第17条条文，单方面宣布埃塞俄比亚应受意大利保护，埃塞俄比亚政府则拒绝接受意大利的保护。1893年，孟尼利克二世知会意大利政府，《乌西利亚条约》于1894年期满后，将不再履行条约中的一切义务。意大利开始用贿赂的方式送给埃塞俄比亚皇帝200万发子弹，但埃塞俄比亚拒绝以此交换承认该条约第17条。行贿失败后，意大利在埃塞俄比亚内部实施分化策略，策反王公推翻皇帝，但未见成效。

知识链接：《亚的斯亚贝巴条约》

1896年帝国主义国家意大利以战败国身份与埃塞俄比亚签订的和约。战败的意大利被迫放弃其侵占的土地，宣布废除《乌西利亚条约》，承认埃塞俄比亚（阿比西尼亚）作为一个主权国家，赔款1000万里拉，结束战争。

阿杜瓦战役

1894年，意大利决定诉诸武力，任命厄立特里亚总督奥若思特·巴热提力将军为总司令，率领1.4万军队武装入侵埃塞俄比亚。孟尼利克二世发表告全国人民书，号召全体国民抗击敌人入侵，动员了10万大军北上抗意。皇后泰图（Taytu）也亲自率领其部族动员的5000名士兵上前线作战，并指挥炮手射击。1896年2月，巴热提力将军率大军赶到阿杜瓦地区与埃军决战。经过惨烈的战斗，以意大利军队失败告终。意军伤亡惨重，阵亡7000人，受伤2500人，3500人被俘。埃军死亡4000—5000人，受伤6000—10000人。因担心意大利及欧洲列强报复，埃军没有乘胜追击。战争的失败导致意大利政府倒台，巴热提力将军也被送上军事法庭。惨败的意大利不得不在1896年10月与埃塞俄比亚签订《亚的斯亚贝巴条约》，意大利承认埃塞俄比亚的完全独立，埃塞俄比亚则同意意大利对厄立特里亚的殖民统治，释放阿杜瓦战役中所有意大利战俘。阿杜瓦战役爆发的3月1日，成为埃塞俄比亚的国庆日。

埃塞俄比亚军队能够取胜，除了团结一致抵抗侵略者外，一个原因是埃塞人从法国和俄国购置了现代化的武器。而意大利是欧洲较弱的殖民者，有“贫穷的帝国主义”的绰号，俾斯麦讥讽它“胃口是大的，牙齿却是蛀的”。阿杜瓦战役维护了埃塞俄比亚的主权独立，极大地鼓舞了埃塞俄比亚人民用武力斗争抵抗欧洲帝国主义殖民者入侵的决心，而埃塞俄比亚是非洲唯一一个用武力成功捍卫主权的国家。阿杜瓦战役后，西方列强相继与埃塞俄比亚建立外交关系，承认埃塞俄比亚的独立地位和主权。

该插画描绘了1896年在阿杜瓦战役中埃塞俄比亚战胜意大利之后的庆祝场景。

反抗英国统治的最强一搏

印度民族大起义

一场由子弹润滑油引发的民族独立战争。

印度民族大起义是印度教文明中心即印度北部地区在帝国时代反对英国殖民统治的最强一搏。起义虽遭残酷镇压，但也导致臭名昭著的"东印度公司"垮台，英国开始调整统治印度的策略。

詹西女王出生年不详，一说是1828年，也有认为是1835年。她留给后世的一个经典形象，就是她背着一个小孩（年幼的养子），手持长剑骑着马，在英军中突围。当时镇压起义的英国将军和她多次缠斗的罗斯爵士（Hugh Rose）说，"她是叛军中最勇敢也是最伟大的"。

印度民族大起义

英国对印度的掠夺引起印度各阶层的不满，民族矛盾日益尖锐化。英国统治者按照英国的"文明"观念改造印度，一位英国官员甚至宣布将在十年内废除种姓制，导致许多印度教徒和穆斯林都视英国人为印度宗教的危险敌人。起义首先发生在德里东北约60公里的密拉特，反抗者是服役于东印度公司的印度籍士兵（英语称之为"Sepoy"）。英国军官要求士兵用牙齿咬开用动物脂肪浸过的纸质步枪子弹的封纸，这意味着印度士兵必须接触猪油或牛油，而这对于穆斯林和印度教徒来说都是不可触犯的宗教禁忌。1857年4月，密拉特的85名印度士兵因拒绝使用这种子弹而被判刑10年，引起公愤。5月10日，密拉特士兵起义，枪杀英国军官后向德里进军，5月16日完全控制了德里城。他们把莫卧儿帝国末代皇帝巴哈杜尔·沙二世（Bahadur Shah

来自孟加拉的印度起义士兵

Ⅱ，1775—1862年）扶上王位，并呼吁印度民众一致对外驱除英国殖民者。坎普尔、勒克瑙、詹西等地也爆发起义，农民和不满英国统治的王公加入其中。起义者除了射杀英国军人，还将传教士甚至军人家属作为发泄愤怒的目标。

当时驻印英军多已被调去参加克里米亚战争和在中国的军事行动，印度的防守空虚。但英军凭借通讯及交通优势，以最快速度抽调军队到印度“平叛”。1857年9月14日，英军在大炮支援下攻入德里，巴哈杜尔·沙二世投降。1858年3月，英军集结9万大军和180门大炮攻入勒克瑙。同年6月，攻克瓜廖尔，詹西女王（Rani of Jhansi）战死。此后仍有小规模起义军坚持到1859年年底。英国统治者向印度士兵复仇，将成批的起义士兵处以绞刑。

此次起义失败有几个因素。一是起义仅限于印度北部地区，并未扩大到孟加拉、孟买和英国统治的核心地区马德拉斯。二是寡不敌众。到1858年4月，英国人已经集结了9万名白人部队和9万名效忠英国的印度人部队，起义军则不足6万人。三是起义者缺乏共同目标和共同领袖。一旦英军大举反扑，各自为战的起义者就一个地区接一个地区的被消灭。四是许多土邦领导人起初支持起义军，但英国人出兵镇压后，他们出于个人利益考虑而不愿继续反抗。

知识链接：詹西女王

詹西女王原名拉克西米·芭伊，1842年嫁给詹西土王，成为王后。1851年育有一子，但不久夭折。1853年，无子嗣的詹西土王去世，英国东印度公司不承认土王的养子有王位继承权，强行把詹西土邦吞并成为东印度公司的统治区。印度民族大起义爆发后，詹西女王夺回詹西的控制权，并奋勇抵抗反扑的英军。1858年6月，詹西女王在瓜廖尔战死。她被认为是印度的圣女贞德。

英国调整治印策略

1857—1858年印度民族大起义比19世纪任何其他事件都更为深刻地震撼了大英帝国。起义最终被镇压，但英国统治集团也开始反思治印策略。他们在不改变殖民主义基本政策的前提下，实行一种新的治理方式。首先是改组殖民机构，东印度公司被取缔，莫卧儿帝国被废除，印度处于英国的直接控制下。1858年8月，英国议会通过《关于改善治理印度的法案》，由总督代表英王对印度进行直接统治。1876年，维多利亚女王（Alexandrina Victoria，1819—1901年）加上了“印度女皇”的称号。其次是收买印度王公，将尚未置于直接统治的印度广大地区交给当地的土邦王公统治。英国允许印度人进入政府部门工作，一个西方化的印度精英阶层逐渐形成，代表组织就是1885年成立的印度国民大会党（国大党）。最后是改组英印军队，减少印度士兵在英印军队中的比例。此外，炮兵和技术部队除了少数例外全由英国人担任。

1876年，英国维多利亚女王加冕为印度皇帝。

吹响小国对抗大英帝国的号角 苏丹马赫迪反英斗争

苏丹人民不堪埃及和英国的剥削和压迫，利用埃及统治混乱之机，在“马赫迪主义”旗帜下发动了大规模反抗外来统治的斗争。

苏丹不但控制着尼罗河的水源，而且自古以来就是尼罗河商道的重要组成部分。19世纪初，苏丹名义上属于奥斯曼帝国，实际上由埃及统治。19世纪70年代后，英国逐渐取代了埃及在苏丹的统治地位，对苏丹人民进行残酷剥削。苏丹马赫迪起义的矛头从反抗奥斯曼—埃及统治转向反对英国—埃及统治。

奋起反抗

马赫迪·穆罕默德1844年生于阿巴岛一个造船主家庭。1881年6月29日，他在阿巴岛发布宣言，利用伊斯兰教关于马赫迪（“救世主”）将在人间建立“天国”的说法，正式称自己是“众所期待的马赫迪”，提出“宁拼千条命，不缴一文税”的战斗口号，号召人民对土耳其人进行“圣战”，在苏丹建立“普遍平等，处处公正”的理想社会。1881年8月12日，他率众一举歼灭126名政府军，揭开了马赫迪起义的序幕。马赫迪随后以卡迪尔山区为根据地，多次打败讨伐军的进攻。1882年，英国镇压了埃及的阿拉比起义后，以埃及为基地，将侵略的触角伸向尼罗河上游的苏丹。1883年9月，英国军官威廉·希克斯率领包括步、骑、炮兵在内的1.2万埃及远征军攻打苏丹，但被马赫迪起义军打败。

在伊斯兰教的历史上，曾有很多人自称是马赫迪（“救世主”），其中最著名的是马赫迪·穆罕默德（Mahdi Muhammad）。他原名穆罕默德·艾哈迈德，是19世纪末的苏丹反英民族大起义（即马赫迪起义）的领导者。

击毙戈登

1884年，英国为了挽回败局，起用了曾经镇压过中国太平天国运动的戈登（Charles George Gordon，1833—1885年）担任苏丹总督。戈登致信马赫迪并送去一件红色礼仪长袍和一顶高官毡帽，劝说马赫迪停止暴动。没想到，马赫迪立即退回了戈登的礼物，还回赠给戈登一件阿拉伯大袍，要求他改信伊斯兰教。不久，马赫迪率军逼近喀土穆，切断了电报线和英埃军队的北退之路，以5万兵力包围了这座城市。眼看起义军的包围圈越缩越小而援军迟迟未到，戈登在给家人的信中哀叹：“我们的末日快要降临了。”由于英国格莱

戈登于1884年2月抵达喀土穆后不久，该城即被马赫迪起义军围困。5万名苏丹士兵在围城十个月后，终于攻陷了只有7000名埃及士兵守卫的喀土穆。有关戈登是如何死亡的记载，有很多个版本。可以肯定的是，他死后，头颅被马赫迪士兵割下来示众。

知识链接：查理·乔治·戈登

1856年第二次鸦片战争爆发，1860年戈登随英法联军来到中国，参与了占领北京与火烧圆明园的行动。1863年，戈登指挥英国洋枪队"常胜军"攻打太平天国起义军，与李鸿章交好，但因"苏州杀降事件"而与李鸿章几近断绝关系。1864年，同治皇帝授予他"提督"称号，因此被世人取绰号为"中国人戈登"。1874年，戈登被派到埃及，不久成为苏丹总督。戈登本想接受利奥波德二世的邀请去管理刚果自由邦，但随即被英国政府派往苏丹喀土穆。他首要任务是解救被困的埃及士兵、平民和家眷，却最终命丧喀土穆。

斯顿政府的拖延，英国军队于1884年9月27日从开罗开拔，开始了前往喀土穆的长达1630英里的艰难行军。但是戈登已经等不到援军了。1885年1月26日，马赫迪率军发起总攻，杀进喀土穆城内，戈登被起义士兵杀死。喀土穆坚持了317天后终于沦陷了，亲历战争的温斯顿·丘吉尔在自己的著作《河上之战》中生动地描写了这场战争。

遭到镇压

1885年夏，起义军几乎解放了整个苏丹。1885年6月，马赫迪病逝，其战友阿卜杜拉称哈里发，建立中央集权国家，定都恩图曼。1896年，英国派遣装备精良的2.5万远征军进犯苏丹。1898年9月，基钦纳将军率领英军在恩图曼击败起义军，苏丹从此成为埃及的一个省，直到1956年独立。马赫迪起义是非洲近代史上规模最大、持续时间最长的反帝大起义。

查理·乔治·戈登是个有争议的人物，但在英国的历史里，他被誉为"英雄中的英雄"(语自英国首相格莱斯顿)。1885年，戈登死后不久，维多利亚女王带领公众捐款，在萨里郡成立了一所以其名字命名的寄宿学校。图为戈登学校校园中的戈登骑骆驼的雕像。

十月革命的“彩排”
俄国 1905 年革命

农奴制改革让沙皇专制制度得以苟延残喘，但日俄战争的惨败再次证明专制制度的腐朽，俄国民众在寻找救国的良药。

19 世纪末期，俄国社会反政府的抗议活动增加。工人、农民和知识分子的诉求各不相同，但基本上都在寻求实质性的政治改革和彻底的社会变革。1894 年登基的沙皇尼古拉二世目光短浅，未能看到国内潜伏的危机，反倒认为君主专制制度是上帝赋予俄国政府最好和唯一的形式。1904 年，俄国各地举行的罢工大约有 500 次，日俄战争爆发后，俄国军事上的失败成为点燃国内积蓄已久的不满情绪的导火索。

知识链接：苏维埃

苏维埃本是俄文 совет（soviet）的音译，意思是“代表会议”。1905 年年初，一些城镇的工人成立协调罢工行动与雇主交涉的代表会议，由工人开会时以举手的方法选出代表。其代表可以随时选举并随时更换，暗含着巴黎公社式的政权形式。1905 年的苏维埃，其存在的时间都很短，而且都是地方性的组织，基本上限于各城市内。1917 年十月革命以后，苏维埃成为俄国新型政权的标志。

“流血星期日”

1905 年 1 月 22 日，圣彼得堡的工人和家属向冬宫行进，向沙皇呈递请愿书。请愿书陈述了人民在经济和政治方面的要求，包括实行八小时工作制，将土地转交人民，实行大赦，召开根据普遍、平等、秘密投票选举产生的立宪会议等。民众希望用和平请愿的方式推动沙皇实行民主改革，但官员们惶惶不安，调来军队向示威群众扫射，据称打死

1905 年 1 月 22 日，在加邦神父的领导下，3 万多名俄国工人及家属聚集在圣彼得堡冬宫广场上请愿。军队以武力驱散工人，造成大量群众死亡。官方宣称 96 人死亡、333 人受伤，反对派称死亡人数超过 4000 人。

谢尔盖·尤利耶维奇·维特，俄罗斯帝国政治家，俄国近代工业化的重要推动者和政策制定者，曾任交通大臣、财政大臣、首相等职务。1895年发起三国干涉还辽，积极主张俄罗斯向东扩展。维特与李鸿章签订《中俄密约》，清朝文献称其为“微德”。

上千人。这就是“圣彼得堡血腥的星期日”。俄国政府赖以存在的道德支柱崩溃了，领导这次请愿的加邦神父在演讲中指出：“帝国士兵的枪弹已经毁掉了我们对沙皇的信任。让我们向他和他的整个家族报仇。”工人代表会议——“苏维埃”在莫斯科和圣彼得堡宣告成立，推动和领导新一轮的罢工浪潮。维特伯爵（Sergei Witte，1849—1915 年）后来在回忆录中写道，“几乎所有的圣彼得堡工人，对于这个苏维埃的决定都完全遵照实行”。当时列宁还在流放地瑞士，俄国国内的抗议活动主要由孟什维克领导。抗议活动导致铁路中断，银行关闭，报纸停刊。罢工蔓延到其他城市，连农民也卷了进去。

《十月宣言》

维特伯爵催促沙皇建立民选的立法议会。1905 年 10 月 17 日，沙皇签署了《整顿国家秩序宣言》，即《十月宣言》，许诺实施君主立宪制，人民拥有公民权，成立由所有阶级平等选出的杜马（即议会）。最重要的规定是“除非经过杜马的同意，任何法律均不具有实际效力”。杜马这个新机构完全是一个协商性质的机构，不可能侵犯沙皇的权力。为了确保杜马不会引发革命，它的选举法规定农民的名额要超过农民实际的人数比例，因为农民被认为比城市居民更保守，更忠于沙皇。立宪民主党人认为今后可通过议会方式去处理社会问题了，而激进派试图组织更多的罢工来延长革命。1905 年 12 月，莫斯科发生了武装起义，但被残酷镇压。苏维埃在一些城市中成立，并证明其作为推动革命活动的机关的价值。可以说，1905 年革命是 1917 年十月革命的“彩排”。

知识链接：维特伯爵

谢尔盖·尤利耶维奇·维特是俄罗斯政治家。1892—1903 年任财政大臣，对俄罗斯资本主义的发展、铁路的修建（如西伯利亚铁路）和银行的建设都有重大的影响，被誉为俄罗斯工业化之父。日俄战争后作为俄国全权代表出席朴次茅斯和谈，得以不赔款签署协议。战后被封为萨哈林伯爵，因为南萨哈林被割让给日本，他被讽刺为“半个萨哈林伯爵”。他是 1905 年宪政《十月宣言》的起草者。1915 年 3 月 13 日去世，其所著《维特伯爵回忆录》为研究 19 世纪末 20 世纪初的俄国历史提供了重要的史料。

1905 年 10 月 17 日，沙皇尼古拉二世签署了《十月宣言》，承诺给予公民自由并召集国家杜马。俄国民众走上街头，庆祝通过抗争取得的成果。拥护《十月宣言》的自由派贵族、商人还成立了十月党。图为俄罗斯著名画家伊利亚·列宾的作品《1905 年 10 月 17 日的游行》，俄罗斯博物馆藏。

历史“万花筒”：瘟疫、饥荒与人口大爆炸

在人类历史长河中，瘟疫和饥荒同战争一样都是人类生存和延续的致命杀手。

19 世纪，世界迈入帝国主义时代，洲际间的交通、贸易、通商因新的远洋轮船和铁路的广泛应用而更加便利和频繁，传统欧亚大陆与美洲、非洲和澳洲彼此间的联系更加紧密，世界一体化程度更高，由此疾病与饥荒便具有了全球化意义。

自 18 世纪以来，全球人口开始进入快速增长状态。在欧洲，18 世纪之前的人口增长长期处于缓慢、不稳定状态，主要是因为人口死亡率较高，时常伴随饥荒、战争以及瘟疫的侵袭。新旧大陆粮食作物的交流与传播对欧亚大陆人口增长具有重大意义，尤其是美洲作物马铃薯、玉米在旧大陆的传播与扩散，成为 19 世纪世界人口出现“大爆炸”的重要支撑。

进入 19 世纪，工业革命和现代化浪潮在全球迅猛开展起来，即使落后的亚洲和非洲等国家也被动地纳入资本主义现代世界体系，各个民族和国家之间的政治、经济和商业贸易以更加深刻的方式改变了现代世界。殖民地政府在重大疫病暴发、自然灾害带来的严重饥荒等方面应对能力的缺乏，帝国政府对殖民地的政治冷漠，往往都加剧或恶化疾病暴发和饥荒发生带来的严重后果，造成人口大量死亡的惨剧。

历史学家的“漏网之鱼”
瘟疫

瘟疫与文明社会相伴而行，犹如古希腊神话中的潘多拉魔盒，一旦开启，注定成为人类的梦魇。

几千年来，人们普遍认为人类是历史中唯一值得关注的对象，也是推动历史发展的唯一动力。但从生态学的角度来说，这只是一种傲慢的人类中心观：像任何其他生命形式一样，人类只不过是地球生物圈中的一个成员，与动植物、微生物病毒等一样受到整个生态网络的支持和制约。

史家的“漏网之鱼”

过去数千年来，疫病成为历史学家的“漏网之鱼”，其直接后果是，人们在处理疫病问题时无法从以前的历史中寻找到真正有价值的借鉴。在科技高度发达的现代社会如此，在古代社会更是如此。疾病的历史可以说伴随着人类社会始终，新石器“农业革命时代”，人类族群人口规模小，居住分散，原始的生活方式在一定程度上抑制了大规模流行传染病的可能性。但是自世界范围内大河流域兴起农耕文明后，人口的增长，贸易和战争的出现，都极大提高了传染病暴发的可能性，而且疾病的传播范围广，传播速度加快。农耕定居与家畜的驯养、养殖，人与家畜的密切接触加大了人被五花八门的细菌寄生的可能性，人口的密集和流动性又使得疾病更容易在人群中传播。

历史长河中人类的主要“杀手”，如麻风、天花、流行性感冒、伤寒、黄热病、肺结核、疟疾、鼠疫、麻疹、霍乱、禽流感等，都是由动物疾病演化而来的传染病，随后迅速在密集人群中传播。在现代公共卫生医学创立以前，人类长期都没有摆脱这个反复困扰的老问题。欧洲人的地理大发现和蒙古骑兵征服欧亚大陆所带来的冲击波一样，在使得世界第一次实现“全球化”的同时，也使疫病传播变得全球化了。大航海不仅造就了欧洲人的海洋霸权，同时也编织成一张全球疫病网络，任何一种疾病的流行和传播可以在极短的时间内完成世界旅行，给世界带来灾难和深远影响。

公元前430年，一场史无前例且凶险异常的大瘟疫袭击了雅典城邦，瘟疫几乎摧毁了整个雅典。希腊史学家修昔底德亲历了这场致命的大瘟疫，在《伯罗奔尼撒战争史》一书中对瘟疫流行情况有完整的记录。此画反映了当时雅典城普遍存在的死亡景象，人们面对死神无助、恐惧的神态。

查士丁尼是拜占庭历史上最有影响力的君主。在他统治时期暴发了历史记载中较早的大瘟疫之一，也是地中海世界第一次大规模鼠疫。发生在541—542年的查士丁尼大瘟疫与14世纪的黑死病一样，不仅带来了极为严重的人口损失，而且也引发了严重的政治、经济与社会、信仰危机，对后世影响深远。

知识链接：1894年鼠疫大暴发

鼠疫第三次大流行始于1894年的中国广东。它是突然暴发的，并传至中国香港，经过航海交通，最终散布到所有有人居住的大陆，至20世纪30年代达到最高峰，总共波及亚洲、欧洲、美洲和非洲的60多个国家，死亡千万人以上。此次大流行传播速度之快、波及地区之广，远远超过前两次大流行。1894年鼠疫大暴发引起国际医学界重视，法国细菌学家亚历山大·耶尔森（Alexandre Yersin）成为首位发现鼠疫杆菌的科学家。1898年，法国科学家席蒙（Paul Louis Simond）在印度孟买首次证明鼠及跳蚤是鼠疫的传播者。1967年，鼠疫杆菌的学名改为耶尔森氏杆菌。

瘟疫改变世界

古希腊历史学家修昔底德的《伯罗奔尼撒战争史》被认为是文明社会详细记载疫病的最早史书，书中详细记录了公元前5世纪雅典暴发的大瘟疫情况。公元前430—前426年，来势凶猛的大瘟疫造成雅典城邦人口损失1/3，包括历史上著名的古希腊政治家伯里克利也殒命于这场大瘟疫之中。瘟疫如此作用于历史，令辉煌的希腊文明、民主政治的典范和海上帝国的雅典几乎遭受灭顶之灾。

14世纪40年代横扫整个欧洲的黑死病（流行性腺鼠疫），是古代世界鼠疫的第二次大流行，这场大流行比6世纪查士丁尼时期的大瘟疫更加恐怖，人们称之为“大瘟疫”。据不完全统计，1347—1352年间，欧洲因感染黑死病而丧生的人数高达2500万—3000万之间，占欧洲当时人口总数的40%—60%。这场空前猛烈的鼠疫大流行，从地中海沿岸到西欧，再到北欧和东欧，欧洲各国无一幸免，肆虐的瘟疫终于在1352年停止了前进的步伐，在欧洲横行直撞、流行肆虐长达五年之久。

黑死病何以传播如此猛烈，成为欧洲人的死亡之神？大航海时代之前在欧亚大陆已经存在一个巨大的商贸网络中心，它西起东地中海，东至亚洲太平洋沿岸的古代丝绸之路，这条源自汉代中国的陆上丝绸之路历经千余年兴衰，而13世纪至14世纪横跨欧亚大陆的蒙元帝国使得东西交通畅通无阻，各种疾病和疾病宿主更加容易通过战争、贸易、商旅驼队传播至世界各地。当时互动交流的欧亚贸易网络加速了疾病的传播速度和广度，更加深刻地改变了人类进程。

霍乱横行的世纪

进入19世纪，人类进入铁路和蒸汽机时代，穿越大陆和跨越海洋的速度加快，世界各区域、民族和国家之间的人口流动、商品贸易、战争以及微生物病菌等以更快的速度和更大的规模进行传播。在帝国时代，疾病暴发最为猛烈、死亡最为严重的两种疾病是鼠疫和霍乱。自19世纪初开始，霍乱菌开始冷酷地挥动“判官之笔”，涂写出自己吞噬无数生灵的世界大流行史，它也被描述为“曾摧毁地球的最可怕瘟疫之一”。霍乱是由霍乱弧菌引起的急性肠道传染病，常经水、食物、生活接触和

1656年漫画，来自罗马的瘟疫医生。鸟嘴面具是瘟疫医生必备的装备，由法国医生查尔斯·德洛姆于1619年发明。医生全身从头到脚披上防油布制成的大衣，双手用巨大的手套包起来，头戴帽子。脸藏在鸟嘴面具里，面具里有棉花等填充物起过滤空气的作用。手上拿着一根长棒，必要的时候指挥病人如何进行治疗，而不必接触感染源。

1835年，意大利西西里岛首府巴勒莫霍乱流行期间，几位工作人员正在清理因霍乱而死的人的尸体。此次霍乱大流行遍及欧洲，给各国带来大量的人口死亡。由于城市环境卫生恶劣，水污染严重，伦敦等大城市因霍乱致死的达数万人之多，最终引发城市公共卫生改革运动。

苍蝇等传播，水传播是其最主要的传播途径，历次广泛的流行或暴发多与水体污染有关。自古以来，印度恒河三角洲就是古典生物型霍乱的地方性病源区，素有人类“霍乱之乡”的称谓。在远古时代，由于印度次大陆所具有陆路较为封闭的独特地理特征，造成陆路与外界交往不便，因而该病向外传播很慢。

19世纪以来，西方殖民者纷至沓来，更重要的是随着世界贸易的不断扩大，印度次大陆半封闭状态被海陆畅通所打破，从而为原本是地方病的霍乱进化到流行病霍乱提供了便利的外界条件。霍乱传播的媒介显然是通过旅行者、商人和水手等进行远距离传播的，而19世纪更加快速便捷的洲际交通手段直接把脆弱的人类暴露在霍乱病菌的侵袭之下。古老的霍乱病菌更新了传播方式，大幅提高传播速度，延伸了传播距离，使得19世纪成为霍乱大流行的世纪。美国生态学家克罗斯比提出“生物旅行箱”的概念：“欧洲人发现南北美洲并来此定居时，带到新大陆来的禽畜和作物及偷偷溜上船的老鼠、不小心带来的杂草种

孟加拉达卡的霍乱医院，摄于2005年。典型的霍乱病床，有利于预防霍乱传播。霍乱医院里摆放着不少空的病床，病床上铺着带有排泄口的塑料单。其中有一位病人（可能是男孩）躺在床上，由两位亲人陪伴。

子，所有这些组成一个‘生物旅行箱’，这个‘旅行箱’由原产于欧洲的和来自亚非的一些物种组成。”生态大交换让物种和疾病的传播第一次具有了全球意义。

按照传统观点，霍乱大流行至今共发生过7次，第一次大流行始于1817年印度的加尔各答，终于1823年。疫情到达欧洲边境，数十万人致病，它标志着历史上第一次有明确记载的霍乱突破时空界限传播到了印度之外。第六次霍乱流行主要在亚洲传播，最为严重的区域是印度，仅1900年印度因霍乱死亡人数就高达80多万人。在20世纪头十年里，印度因霍乱死亡人数总计达330万人以上，甚至东南亚各国都遭受霍乱严重攻击。1831年，霍乱传到英国后，不断在纽卡斯尔、爱丁堡、伦敦等几个城市间流行，先后发生几次大流行，共计导致大约7.8万人丧生。仅仅是1831年

知识链接：伦敦下水道工程

1849年，拥有200万人口的伦敦因霍乱疫情而死亡超过1.4万人。为了应对肮脏的城市环境，恶劣的公共卫生，减少疾病的流行，伦敦的下水道修建工程被提上日程。1856年，一位叫作巴瑟杰的工程师承担设计伦敦新的排水系统的任务。1859年，伦敦地下排水系统改造工程正式动工。1865年，工程完工，实际长度超过设计方案，全长达到2000公里。先进下水道系统的建成，让英国告别了臭气熏天的时代。下水道在伦敦地下纵横交错，至今仍发挥功效。当年伦敦的全部污水通过下水道都被排往大海，霍乱基本在伦敦绝迹，因此伦敦下水道工程被誉为工业世界七大奇迹之一。

1832年伦敦霍乱大流行期间，各方围绕霍乱起因与解决方案引发争论，其中一方认为霍乱源自肮脏引起的“瘴气”，所以要清洁城市，清扫和寻找肮脏之物。罗伯特·西摩作品，刊自于1832年3月1日的《麦克莱恩讽刺漫画月刊》。

霍乱疫病流行的第一年里夺去了约3.2万名英国人的生命。当时的英国人还没有能够发现霍乱发生的真正根源，但已经认识到拥挤、肮脏的街道是疾病的温床，于是大规模的城市公共卫生改革运动启动，从而促成了19世纪英国三部公共卫生法案的通过（1848年法案、1872年法案和1875年法案）。

帝国之痛

人口大爆炸与饥荒惨剧

“马尔萨斯魔咒”认为食物的增长难以跟上人口的快速增长，
饥荒、战争、瘟疫等成为人口平衡的动态调节器。

18世纪以来欧洲各国农业的重大发展以及美洲作物的引进和大规模种植，缓解了粮食危机给社会和人口增长带来的沉重压力。然而，由于自然灾害频发，而救灾体制不完善，加之错误的殖民地治理政策，导致帝国时代频繁的饥荒悲剧。

印度当地的饥荒是一场频繁发生的诅咒。它能轻易消灭一个城镇或地区的半数人口，而饥荒救济往往来得太迟。1866年，孟加拉发生的大饥荒使死亡人数超过百万。季风阻止了交通运输和商人囤积谷物，这使得大饥荒更加严重。1883年，政府制定了详细的计划处理这个问题，颁布了《救灾条例》。当时，它是一个罕见的大规模社会福利规划，确实带来了改善，但并未消灭饥荒。

人口大爆炸

帝国时代，正是世界人口大爆炸的时代。1700年的世界人口约6.1亿，1750年约7.5亿，1800年约9亿左右，但是到1900年世界人口高达16亿。欧洲人口1800年为1.88亿，1900年为4亿左右，一个世纪里人口增长翻番。医学的进步、死亡率的下降以及各种粮食作物的供给增多，特别是来自美洲的马铃薯、玉米、甘薯等在欧亚大陆的广泛种植对于19世纪的人口大爆炸具有关键意义。帝国时代，欧亚大陆各地区普遍存在人口的快速增长现象，固然与粮食作物的增产增收有很大关系，但是由于宗主国对殖民地土地、资源、财富赤裸裸的掠夺，再加上自然灾害和人口的快速增长，殖民地缺乏有力的救灾系统，在帝国范围内很容易引发饥荒，甚至因帝国政府和殖民地政府在救灾能力方面的欠缺，导致殖民地饥荒频发，带来饥荒惨剧。正如马尔萨斯所指出的，战争、饥荒和瘟疫等都是促使人口下降到与生存资料、生产水平相适应的途径，从而使物质

马铃薯原产自南美洲安第斯山区，是继小麦、水稻和玉米之后的第四大粮食作物，是古印第安人对世界的重大贡献。马铃薯传入欧洲后长期遭受冷落，除了爱尔兰人把其作为主粮外，欧洲各国直至18世纪中期以后才认识到马铃薯对于解决饥荒和维持人口增长的重要性。

生产与人口增长达到某种动态的平衡。

印度大饥荒与救灾机制的建立

18 世纪以来，由于英国东印度公司赤裸裸的征服和掠夺政策，致使 18 世纪的印度多次发生严重饥荒。东印度公司为了赚钱而横征暴敛，其统治印度东部以后不久就将田赋提高了近一倍，造成了连年的饥荒，仅 1770 年的孟加拉大饥荒就饿死了 1000 万人，约占孟加拉人口的 1/3。在西欧殖民者到来之前，印度一直是世界上最繁荣富庶的地区之一，而在变为英国的殖民地之后，印度就成了一个被西方人鄙视的“落后国家”。

19 世纪的英属印度殖民地，由于救灾体制不完善，加之错误的治理政策也引发了数次大饥荒，成为帝国殖民地治理不力的有力证据。19 世纪后半期印度发生了一连串的灾难性饥荒和粮食歉收，不仅造成了饥荒，而且引发了瘟疫。死亡率较高的年份和地区有：1837—1838 年，在西北部省份、旁遮普和拉贾斯坦，死亡人数约为 80 万；1860—1861 年，在上述地区死亡人数可能为 200 万；1876—1878 年在印度的广大地区，死亡人数为 430 万；最为严重的是在 1896—1897 年，一场影响到印度大部分地区的饥荒致使 500 多万人被饿死。在维多利亚时期，印度饥荒频繁发生，每次都以数以百万计人口的死亡为代价。

英帝国通过集中统治把一些大的地区统一和联系起来，并在铁路和电报通讯等技术革命成果的帮助下，能够减少自然灾害的影响。在 1858 年东印度公司统治结束前，除了慈善机构的有限救济和捐助外，没有任何协调的克服旱灾的政策。英国政府从东印度公司接管印度的统治权后，有关当局对印度发生的每次饥荒都进行了认真调查。1867 年饥荒救济委员会制定了一般原则：公共工程作为一种短期的救济形式。因为受雇于公共工程的印度人能够买到粮食，而饥荒的主要原因在于粮食价格过高。此外，殖民政府还注重兴修水利，修建铁路，从而加快了饥荒时期粮食的运输能力，以便将饥荒带来的死亡降到最低。

知识链接：爱尔兰大饥荒

1845—1851 年间，爱尔兰因马铃薯病害而暴发了马铃薯绝产引发的灾难性饥荒。1845 年夏天，马铃薯霜霉病无情地侵袭了爱尔兰，马铃薯大面积绝产导致大饥荒发生。大饥荒中死亡的爱尔兰人有 110 万，海外移民总数高达 150 余万，主要移民到了美国。大饥荒成为英帝国的耻辱，更成为爱尔兰无法抹去的伤痛。它不仅带来惨重的人口损失，而且还彻底改变了英国与爱尔兰的民族关系，成为爱尔兰走向民族独立的重要原因。

爱尔兰大饥荒给爱尔兰带来沉重灾难，约 150 万人对外移民。在对外移民中，以加拿大、美国为主要目的地。其实跨大西洋航行也是死亡之旅，运送移民的船只往往被称为“死亡之船”。据估计，仅 1847 年，试图移民加拿大的 10 万爱尔兰人中约有 3 万人在跨大西洋航行中死亡。

池環源聚榕樹臺前水到堂

“哥伦布大交换”：文明的交流与互动

对于近代世界的发展而言，欧亚大陆及北非在世界上扮演的角色一定程度上超过了其他地区，这导致很长一段时间内，欧亚大陆及北非的人们对世界的认识仅仅局限于此。哥伦布远航美洲和达伽马到达印度的新航线以及麦哲伦的环球航行等活动开启了大航海时代，由此世界开始紧密联系起来，新大陆美洲、澳洲与旧大陆欧亚、非洲之间的封闭与孤立被更多的双向互动与交流所取代，从各类植物、动物、病菌，到不同制度、人种、文化和宗教的交流，“哥伦布生态大交换”意义影响深远。

无论是暴力交往还是和平交流传播，真正的全球化时代悄然降临。在帝国时代，由于资本主义世界体系在全球的建立，新的交通运输方式、新的科技发明以更加猛烈的方式改变了人们的观念和生活，发达国家与欠发达地区、宗主国与殖民地之间政治、经济、军事、文化等联系更加紧密，世界一体化程度加深。19 世纪是列强争霸的世纪，也是新科技革命、工业革命和政治革命重塑的世纪，而帝国时代文明的交流与互动也以空前的速度、广度和深度改变了各个民族和国家的社会面貌，显示了一个真正的全球化现代世界的来临。

生态大交换

全球网络的形成

新航路开辟以后，不同人种、动物、植物、病菌、制度和文化实现了大规模的洲际传播与移植，一个有机的全球生态系统形成了。

著名历史学家威廉·麦克尼尔认为，晚近500年间，海陆大通，世界上各个都市的网络都连接成为一个唯一的世界性网络。人类的交往、合作与竞争所生发出来的力量，在塑造人类历史的同时，也在塑造着地球的历史。

美洲网络与欧亚大陆融为一体

古典经济学理论之父亚当·斯密在1776年写道，“世界历史上最伟大的事件是哥伦布在1492年航行到美洲和达伽马绕非洲航行到达印度”。哥伦布先后四次美洲之行，首次将美洲生态系统纳入欧亚大陆和非洲大陆的生态系统交往联系之中，不仅引发了跨大西洋的经济、物资、思想、文化、宗教以及制度交换，更带来一种生态环境上的大规模空间上的交流，具体包括各种物种（含人种、动物、植物等）、疾病（微生物）、生态体系的移植、复制与传播，史称“哥伦布大交换”（Columbian Exchange）。

西班牙人的地理大发现让新旧大陆第一次紧密连接为一个统一整体，以前孤立、封闭的世界第一次实现互动与交流的“全球化”。进入19世纪，随着科技手段的更加先进，现代化潮流在世界各国的不断推进，远洋舰船的航行能力更强，容纳量更大，战争的规模和贸易的数量更加庞大，世界一体化程度朝纵深迈进，生态大交换的种类、速度、范围和广度较以前时代更加迅速。甚至可以说，近代人类文明的巨大进步得益于“哥伦布大交换”开启的世界一体化，它带来了一个经济、文化、贸

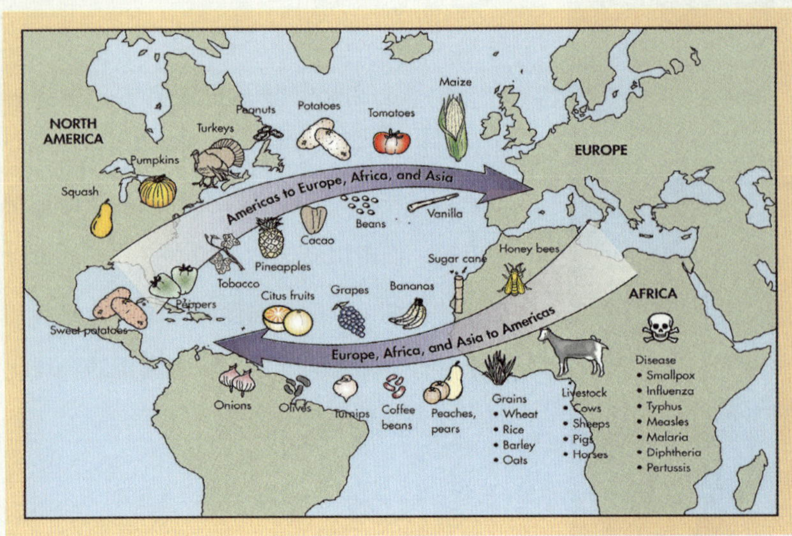

哥伦布发现美洲后开启了真正意义上的全球一体化时代，也意味着新旧大陆之间在商业贸易、宗教、文化、人种、动物、植物、疾病等方面大规模互动和交流启动，这对全球农业生态分布、人口增长、洲际贸易和西方殖民霸权的确立具有重大意义，史称“哥伦布大交换”。

美国肯塔基州列克星敦的小麦田。小麦原产自西亚，中国是最早种植和培育小麦的国度之一。地理大发现后，小麦作物由旧大陆扩散至新大陆，逐渐成为北美新大陆重要的粮食作物。

知识链接：“哥伦布大交换”

美国生态学家艾尔弗雷德·克罗斯比在1972年出版的《哥伦布大交换：1492年以后的生物影响和文化冲击》一书中提出这一概念。1492年，哥伦布首次航行到美洲大陆，这是旧大陆与新大陆之间联系的开端。哥伦布发现美洲以后，出现了所谓的“哥伦布大交换”。欧亚大陆的各种农牧产品进入美洲，原产美洲的农作物则来到旧大陆。此外，旧大陆和新大陆的病菌、文化以及观念都交流互换，极大地影响了此后的世界历史。

易、政治得以统一的全球交通圈，让世界变得更加丰富。

作物的全球交流

以哥伦布航行到美洲大陆和达伽马航行到印度新航路的开辟为标志，日后在全球范围内促成了一次前所未见的生物洲际流动。数千年来，人们普遍通过迁徙的方式来移植作物，哥伦布到达新大陆美洲后，这一进程大大加速了。美洲的各种粮食作物的实用性迅速在非洲和欧亚大陆得到验证，随着欧洲商船、殖民者、探险家将成千上万的物种带到大洋彼岸安家落户，全球的生态系统开始交错融合。因此要想了解世界历史，就必须了解美洲食物向外大迁徙的故事。美洲大陆的土著民为旧大陆贡献了玉米、木薯、马铃薯等重要的粮食作物，还有红薯、豆类、花生、可可、凤梨、南瓜、番茄以及其他几种食物都被传播至世界各地，其中玉米和马铃薯已经成为当今世界除了小麦和水稻之外最重要的第三和第四大粮食作物，对18—19世纪以来欧亚大陆人口的快速增殖、缓解粮食危机和世界人口大爆炸产生深远影响。

交流尽管不对称，但是旧大陆的动物如牛羊和作物在新大陆的扎根和扩散，对新大陆和旧大陆依旧产生重大影响。旧大陆也向新大陆贡献了谷物、蔬菜以及甘蔗、橄榄等植物物种，在粮食

欧洲移民到达美洲后，渐渐适应了当地的粮食品种，譬如南瓜、玉米、豆类等。

古巴克拉拉小镇农民在收获甘蔗。甘蔗原产亚洲，哥伦布发现美洲后伴随着殖民者的脚步逐渐传播至美洲。英、法等国在其殖民地发展起甘蔗种植园经济，对宗主国经济与社会发展影响深远。

作物的交换中，美洲从欧亚大陆获得了数量不多的一些作物品种，主要是小麦、燕麦、大麦等谷物以及小红萝卜、苦瓜、洋葱和大蒜等蔬菜。广阔的美洲草原对于种植小麦而言具有极大优势，至18世纪，小麦不仅成为北美殖民地重要的经济作物，而且日后也成为欧洲殖民国家的粮仓。旧大陆作物丰富了美洲的食物种类和营养，根据不完全统计，殖民地时期美洲殖民地普遍栽种的作物有247种，其中从欧洲移植到美洲的有199种。除了粮食作物、各类蔬菜和水果外，旧大陆移植到新大陆最重要的经济作物非甘蔗莫属。哥伦布第二次远航美洲时，从加那利群岛（非洲西北）带去了蔗苗，品种可能源自巴勒斯坦。此后，蔗糖成为拉美地区最主要的出口产品，成为欧洲社会各阶层对海外食物最大消费需求之一，带动了持续数百年的甘蔗种植园的盛行和横跨大西洋的黑奴贸易的兴盛。

大交换让全球生物物种等实现了重新分布与交流，桉树被带到了欧洲，阿拉伯咖啡和印度胡椒被移植到印度尼西亚，香料群岛的香料不断被输往欧洲本土，中国的茶叶被东印度公司商船运往欧洲，而美洲白银也不断输往欧洲，再由欧洲输往亚洲，南美洲的马铃薯被移植到北美洲、欧洲和亚洲，玉米、辣椒、烟草、蔗糖、可可等也走出北美洲而在欧洲、非洲和亚洲重新安家，从此成为全球性的产物……当然，历史上物种一向都会从某地迁移到另一地，但通常局限于欧亚大陆内部或地中海世界，从未以如此速度和规模，跨越如此遥远的距离。如19世纪晚期，坦桑尼亚的任何一个角落所种植的植物中，大约每3株中就有1株来源于美洲大陆。再譬如马铃薯对欧洲的重要性，玉米对中国和东欧国家的重要性，在19世纪日益显现，它们有效缓解了人口增殖带来的压力，成为当地最重要的粮食作物之一，对于经济发展与社会稳定具有重要影响。

动物、病菌的全球迁移

哥伦布远航美洲之后，人们意识到植物、牲畜乃至细菌是新旧两个世界交战的真正火力，而且它们导致的后果不只是美洲古老文明的毁灭、新的美洲国家的诞生，更是全球生活文化、饮食风俗的大转变。1492 年以后，马（美洲原有的马在更新世纪晚期已经灭绝）、牛、猪、山羊、绵羊等牲畜大多由欧洲进入美洲，各种动物在全世界范围内得到广泛的传播。在安第斯山脉和墨西哥，绵羊成为人们开始一种新的生活方式的基础。广阔的美洲草原更加适宜于绵羊、牛等牲畜的生长和繁殖，它不仅给新世界提供了大量的肉类、蛋白质和羊毛，而且后来成为为欧亚旧大陆各国提供充足肉类食品的新的基地。

人类的迁徙和远洋航行，会不自觉地带走各种疾病，进而在免疫系统脆弱人群地带引发疫病大流行。在美洲早期的多次疫病中，最致命的疾病是天花，还有麻疹和斑疹伤寒等疾病。历史学家认为当欧洲人带来的各类病菌在新大陆肆虐夺走数以百万计印第安人的性命时，欧洲人自美洲带回的唯一一种病菌是梅毒，被看作是美洲回赠旧大陆的“礼物”。梅毒在欧洲各国的流行给旧大陆带来了广泛影响和灾难。

知识链接：“库克大交换”

18 世纪晚期，英国的库克船长三次南太平洋探险发现澳洲，第一次将澳洲生态系统和太平洋系统纳入日益一体化的全球生态系统之中。尽管史学家们没有采用“库克大交换”（Cook Exchange）来表述这种新的生态交换，但是在澳洲、太平洋地区与欧亚大陆之间乃至与非洲、美洲等依旧存在巨大的人种、作物、植物、家畜、微生物等交流，对现代生态系统和生物物种的多样性发展意义重大。

疾病是一把利器，也是一堵墙，欧洲人即使拥有先进的火药武器和发达的科技，直至 19 世纪中期，神秘的非洲大陆对他们而言仍旧是噩梦。复杂的地理环境和各种热带雨林疾病，基本上挫败了所有欧洲人想在热带非洲和新几内亚低地定居的企图，某种意义上说，是疾病推迟了欧洲人瓜分非洲大陆的野心。

阿根廷一家农场里的赫里福德牛。哥伦布发现美洲开启的“哥伦布大交换”中，来自欧洲的肉牛品种很好地适应了美洲大草原的环境。赫里福德牛是英格兰赫里福德郡的肉牛品种，1817 年引进美国，后在加拿大、墨西哥、澳大利亚、新西兰、阿根廷、乌拉圭和巴西等地得到推广。

作物改变世界的范例 马铃薯

它，耐寒耐旱，生于南美安第斯山区，虽有美丽花朵，但其块茎却被视为“魔鬼的化身”而被“打入冷宫”数百年。

马铃薯为什么赢得了各国人们的普遍喜爱？小小马铃薯有着怎样惊心动魄的传奇？它如何从世人的身份歧视、冷嘲热讽中实现华丽转身成为欧洲人的“第二面包”和世界第四大粮食作物？这一切都要从500年前哥伦布发现美洲说起。

身世之谜

马铃薯是一年生草本植物，地下块茎呈圆或椭圆形，可食用。马铃薯富含维生素C和各种微量元素以及膳食纤维，素有“营养之王”的称号，在全球粮食安全，消除饥饿、贫困等方面功不可没。作为茄属块茎作物，马铃薯原产南美洲安第斯山脉早有定论，至今仍有许多野生的和人工培育的品种一起生长在那里。然而马铃薯发源于哪个国家，长期以来却有不同的说法。为争“马铃薯之乡”的荣誉，智利和秘鲁就曾打起“马铃薯外交战”，甚至两国不惜将马铃薯官司打到联合国。最终美国科学家通过追踪马铃薯的DNA发现所有马铃薯都可追溯到7000年前一种秘鲁野

英国植物学先驱约翰·杰拉德（John Gerard，1545—1612年）在《草本植物》(《植物大全》）中如此描述马铃薯：“勃艮第人被禁止食用这些块茎，因为当局向他们强调，吃这种东西会得麻风病。”图为该书中的马铃薯素描画。

生马铃薯，从而暂时平息了这场旷日持久的“寻根之争”，为此秘鲁还最早成立国际马铃薯中心和立法对“马铃薯始祖”进行专门保护。据秘鲁利马的考古材料证明，马铃薯经古代印第安人驯化，其栽培历史约有8000年。如今在安第斯山海拔3800米之高的喀喀湖，在当地土著居民盛大的祭祀和庆祝活动中，一个传统的重要节日

澳大利亚瓦南布尔的爱尔兰移民在收获马铃薯，刊于1881年3月12日的《澳大利亚新闻》。19世纪中期爱尔兰大饥荒后，大量爱尔兰人移民到澳大利亚，他们继续在新土地上种植马铃薯。

就是马铃薯节，因为马铃薯被他们的祖先视为“丰收之神”。

> **知识链接：腓特烈大帝的马铃薯情缘**
>
> 据说马铃薯在普鲁士的推广和大面积种植与普鲁士国王腓特烈大帝密切相关。18世纪上半期，普鲁士经常遭遇战争与饥荒的威胁，当腓特烈大帝听说来自南美洲的马铃薯作物产量高且富有营养后，便决定推广马铃薯种植，以缓解饥荒危机。距离柏林不远的波茨坦无忧宫内保存了当年政府颁布的法令：“各地区长官，请高度重视种植一种被称为马铃薯的作物，此植物生长不受地域和自然条件所限，不论对人类还是对牲畜都有益而无害。所有王公贵族和庶民百姓要充分理解种植马铃薯的益处，并把马铃薯作为今春主要食品……”腓特烈大帝通过推广马铃薯种植拯救了战争与饥荒中的普鲁士。后人为了缅怀这位国王，其墓前总会有人用马铃薯来纪念这位“马铃薯国王”。

横跨大洋

哥伦布发现美洲新大陆后开启了“哥伦布大交换”时代，新大陆贡献给世界的作物深深改变了历史进程。古印第安人辛勤培育的作物如玉米、马铃薯、甘薯、花生、菜豆、烟草、棉花等作物已经迈入当今世界最重要的作物之列。美洲作物是如此重要，不仅提供给旧世界高热量的食物马铃薯、玉米、甘薯等，而且还有各种豆类、烟草、棉花等经济作物。美洲作物在全球的扩散和传播，对于世界各文明区域人口增殖和全球农业革命的发生具有重大意义。此外，它们对改善人类饮食结构、增强体质、提高生活品位和充实精神世界产生了不可估量的价值，而马铃薯在欧洲经历了艰难的曲折之后终于以自身优良的品质成为欧洲人的“第二面包”。

马铃薯最早被欧洲人认识或许与印加帝国的征服者皮萨罗有关。1532年，获得西班牙国王授权征服印加帝国的殖民首领皮萨罗率队抵达马铃薯的原产地安第斯山脉。据说饿急了的入侵者经常在当地人的茅舍寻找食物，找到马铃薯后就模仿当地印第安土著煮着吃，这些人也就记住了马铃薯这种陌生的作物。1565年，西班牙远征军向西班牙国王腓力二世呈献了一箱包括马铃薯在内的南美洲农产品。然而马铃薯走出美洲的经历并非一帆风顺，西班牙王室最初将来自异域的马铃薯种植在塞维利亚近郊的花园里，马铃薯并不被当时的人们所食用，而以观赏花卉身份出现在欧洲宫廷贵族和人们面前。

法国写实主义田园画家让·弗朗索瓦·米勒（Jean Francois Millet，1814—1875年）出身农民，一生描绘农夫的田园生活，笔触亲切而感人。图为他1861年的作品《马铃薯种植者》。

打入冷宫

为什么欧洲政府和人们不去大范围推广种植和食用马铃薯，仅作为奇花异草而限于花圃之中呢？原来马铃薯对欧洲白人而言是一种来自异域的、完全陌生的植物，甚至《圣经》上也不曾记载。由于宗教和文化的隔膜，大部分欧洲人视其为印第安人落后文化的产物。马铃薯长期遭受误解不被食用，也在于马铃薯芽和枝叶等自身具有的“龙葵碱”毒素，误食而容易中毒。早期因探险美洲而出名的英国人沃尔特·雷利爵士就曾用这种稀奇的食物去讨好伊丽莎白一世女王，结果在皇家御宴上发生了贵族们因误食马铃薯叶子而中毒的事件。之后女王的宫廷里严禁马铃薯，由此马铃薯的名声在英格兰一落千丈。直至1733年，英国种子学家史蒂芬·斯威策（Stephen Switzer）总结公众对马铃薯的看法时还鄙夷地认为“这只是一种适合爱尔兰人和小丑吃的食物”。此外马铃薯切开后，块茎很容易在空气中氧化发黑，于是欧洲人经常把品相不佳的马铃薯与引发人们中毒、烂疮、梅毒、麻风等疾病联系在一起。欧洲主流社会对马铃薯的误解和偏见根深蒂固，当时欧洲上层社会的沙龙里，贵族们经常会惊恐地交换着对马铃薯的看法，一致决定把这个可怕的“小东西”驱逐出境。

自身正名

进入18世纪，马铃薯扭转了自身“不良形象”，赢得普遍声誉。欧洲各国迎来了人口的快速增长时期，再加上欧洲各大国之间相互争霸战争，对粮食的需求成为各国政府迫切要解决的首要问题。鉴于马铃薯容易种植、产量大等优势，欧洲各国政府开始抛弃以往的文化偏见，认识到马铃薯对于人口增殖和解决粮食危机的重要性。于是马铃薯终于突破

英国爱丁堡附近的西皮尔顿农场，农场工人进行马铃薯的选种。照片摄于1913年或1914年，现藏于苏格兰国家博物馆。

印加古国的印第安人最早开始种植马铃薯，还给其取名"Papa"。马铃薯成为古代印第安人的重要粮食作物，其丰收和歉收，都直接影响着他们的生活乃至生存。照片为印第安妇女在手工收获马铃薯，摄于1941年。

了长期以来的菜园藩篱，成为一种可替代的田间作物。马铃薯对于18世纪以后欧洲各国人口的快速增长和缓解饥荒危机起了重大作用。马铃薯以两种不同的方式提高了自身的重要性，其一是1750年后欧洲大陆的政府官员和贵族土地所有者积极改种马铃薯；其二是爱尔兰首先在欧洲推广种植马铃薯，并迅速成为爱尔兰人的唯一主粮，支撑了爱尔兰人口的大爆炸。美国知名全球史学家威廉·麦克尼尔（William McNeill）在《马铃薯如何改变了世界》一文中曾这样表述："马铃薯改变了世界历史，这并非荒唐事，尽管历史学家只是最近才开始注意到马铃薯和其他美洲粮食作物是如何以剧烈的方式改变了世界历史。"对于200年前马铃薯对于欧洲人口、经济、社会和世界霸权的重要影响，麦克尼尔总结道："1750—1950年主宰世界全局的趋势是工业化革命，许多欧洲国家以此实现了全世界范围内的工业、政治和军事方面的转变，但是如果没有极丰富的马铃薯供应，这种转变是不可能的。"如今的马铃薯已经毫无争议的成为当今世界最重要的四大粮食作物之一，中国也成为马铃薯最大的生产和消费国。

知识链接：巴孟泰尔与马铃薯的推广

法国药剂师安东尼·奥古斯丁·巴孟泰尔于欧洲"七年战争"时被捕，后被囚禁于普鲁士战俘营中，吃的是低等人吃的马铃薯。回国后，面对饥荒，他开始宣传马铃薯的益处，亲自种植，力图改变马铃薯在人们心目中与麻风病、梅毒等疾病相关的不良形象。当时的法国人宁愿饿肚子，也不愿食用马铃薯，并称马铃薯为"妖魔苹果"。为了让马铃薯在法国人的餐桌上得以推广，巴孟泰尔在国王路易十四的生日晚会献上了一束马铃薯花。鲜艳夺目的马铃薯花赢得了王后玛丽·安东诺特的喜爱，同时国王在参加国事活动或接待外宾时也把小小的马铃薯花插在外衣的纽扣上。一时上行下效，成为时尚。之后法国开始大规模种植马铃薯，帮助法国人度过了荒年，马铃薯因此被法国人称为"地下苹果"，而巴孟泰尔也因此成名。至今法国餐当中，以马铃薯为主的好几道名菜，仍以巴孟泰尔的名字命名。

美国农民种植马铃薯。他们通常挑选品种纯正、无疫病的种薯，将其切块后植入土中。美国农业部照片，约摄于1950年。

资本主义原罪

黑奴贸易与废奴运动始末

罪恶的黑人奴隶贸易中，英国贩运的奴隶数最多，获利最大。但英国也是最早批判奴隶贸易和通过废奴法案的国家。

时间回到2007年。这一年的3月25日是“废除跨大西洋贩卖奴隶200周年国际日”，作为当年贩卖奴隶的主要目的国的加勒比国家举行了各种活动，纪念这个历史性的日子。当天正午，加勒比共同体15个成员国的民众同时低头默哀一分钟。在牙买加首都金斯敦，人们在当年埋葬黑人奴隶的墓地重新举行“葬礼”，追忆先人。

黑奴贸易的兴起

最早关于现代欧洲直接从黑非洲进口黑奴的记载是1441年，一位葡萄牙船长从几内亚海岸运回十来个非洲人，作为礼物献给他的君主——航海家亨利王子，这是现代黑奴贸易的开始。从此黑奴贸易对世界经济与社会产生的深远影响一直持续，到18世纪达到顶峰。大规模的洲际性奴隶贸易贩运生意始自哥伦布那一代探险家、殖民者和商人，殖民者对新大陆的开发产生了巨大的劳动力需求，这种需求最终由非洲廉价黑奴来填充。

欧洲的奴隶贩子自非洲起航跨越“中央航道”到达美洲后，幸存下来的黑人奴隶多在加勒比海地区的奴隶市场进行拍卖。图为“奴隶拍卖会”，刊载于1861年7月18日的《哈珀兄弟周刊》。该刊是美国哈珀兄弟1857年创办的政治性杂志，风格以海内外新闻、政论等为主，诙谐幽默，并附有插图。

黑人奴隶贸易大体上经历了三个阶段。第一个阶段，15世纪中叶至17世纪中叶。这一阶段的贸易主要被葡萄牙、西班牙和荷兰等国垄断。西班牙主要控制了新大陆的奴隶市场，葡萄牙则控制了黑奴的货源——非洲西海岸。到17世纪中叶，荷兰几乎垄断了海上的奴隶贸易。

第二个阶段，17世纪中叶至18世纪下半叶，是大西洋奴隶贸易的高潮时期。此时奴隶贸易迅速发展，成为世界上规模最大、赚钱最多的行业，奴隶成为非洲可供输出的“单一作物”，奴隶贸易成为非洲、欧洲和美洲之间的唯一贸易活动。参加奴隶贩运的国家，除葡萄牙、西班牙和荷兰外，还有英国、法国、普鲁士、丹麦、瑞典以及美国、巴西等。他们不仅在西非海岸，还在非洲内地和东非海岸大量猎捕黑奴。这一阶段黑人奴隶贸易的兴盛与英国的积极参与分不开，18世纪英国的奴隶贸易是欧洲各国中最发达的，几乎主导了全世界的黑奴贸易市场，也是贩运黑奴最多的国家。英国奴隶贸易的兴盛与殖民地生产方式的转变、种植园经济的

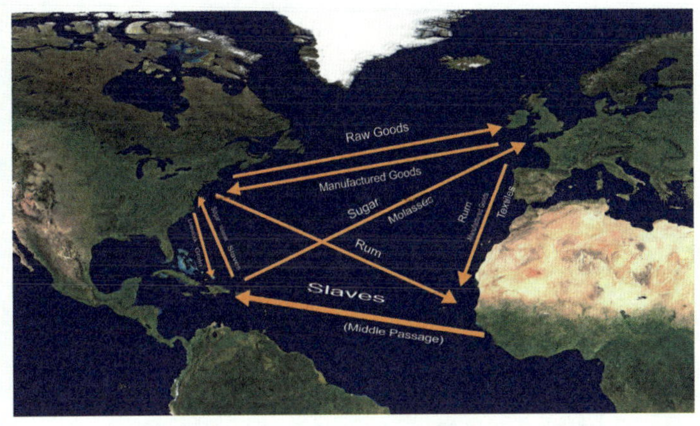

图为奴隶贸易示意图。由于被贩运的是黑色人种，且往返路线呈三角形，故又称“黑三角贸易”。

知识链接：黑三角贸易

16 世纪开始的黑三角贸易，其过程分为出程、中程、归程。欧洲奴隶贩子从本国出发，装载盐、布匹、枪支、朗姆酒等，前往非洲换买黑人奴隶，是为出程；在非洲换成奴隶，沿着所谓的“中央航路”通过大西洋，到达美洲，奴隶一般被卖往矿山或种植园，从事繁重的体力劳动，是为中程；奴隶贩子或商人们满载美洲蔗糖、烟草和稻米以及白银等贵金属等返航欧洲，是为归程。在欧洲西部、非洲的几内亚湾附近、美洲西印度群岛之间，航线大致构成三角形状，由于被贩运的是黑色人种，故又称“黑三角贸易”。

出现和发展有密切关联。从 17 世纪中叶开始，种植园主开始种植劳动密集型作物，包括棉花、蓝靛、咖啡、姜和烟草等，其中最重要的经济作物当属甘蔗。欧洲殖民者把非洲、欧洲和美洲之间的贸易有机地串联起来，成为当时盛行的三角贸易。1713—1792 年间，英属加勒比岛屿殖民地向宗主国输送了总价值达 1.62 亿英镑的货物，几乎全是蔗糖或蔗糖加工品，是同时期英国从中国和印度进口货物价值的一半多。甘蔗的利润非常高，但是甘蔗种植园却需要大量的劳动力，仅仅牙买加一个岛屿就为种植甘蔗进口了超过 60 万的黑奴。根据学者统计，自 1662 年至 1807 年，英国船只共贩运非洲黑人奴隶到美洲殖民地大约 340 万人，几乎是这一时期欧洲各国贩运奴隶总数的一半，占整个欧洲国家新航路开辟以来奴隶贸易总数的 1/3。

第三阶段，18 世纪下半叶到 19 世纪下半叶，大西洋奴隶贸易逐步走向衰落。18 世纪末，欧洲废奴运动蓬勃兴起。英国于 1807 年通过了禁止奴隶贸易的法令，其他国家也相继宣布禁令。但追求

一般认为，16—18 世纪约有 2000 万非洲黑人被输往美洲，而黑人奴隶中儿童的比例预计达到运输总人数的 1/4，即 500 万左右。重新构建历史上的黑奴贸易史，将对未成年儿童的研究纳入黑奴贸易研究成为史学研究的一个新领域。

这是位于密西西比州的一家大型棉花庄园。在收获季节，奴隶们（无论男女，包括孕妇）在田地里一天要工作 18 个小时。

暴利的欲望使奴隶贸易实际上并未终止，走私贸易随之猖獗起来。尽管美国于 1808 年宣布了类似的禁令，但并没有停止贩运黑奴。19 世纪上半叶起，美国南部棉花种植园迅猛发展，需要更多的劳动力，美国成为贩运黑奴的主要国家，直至《解放黑人奴隶宣言》才将不人道的奴隶制的废除提上日程。

奴隶贸易的原罪

奴隶贸易和奴隶制度被列为人类历史上最严重的侵犯人权的行为之一。奴隶贸易延续四个世纪之久，亿万非洲人丧失生命，给非洲政治、经济和文化的发展造成了极其严重的影响，是非洲历史上一段最黑暗的时期。学界一般将黑奴从非洲运往新大陆的那条航线称为“中央航路”，这是一条充满残忍和野蛮的死亡之路。在横跨大西洋的贩运途中，黑奴被捆住手脚，关进船舱，空间拥挤，卫生条件恶劣，疾病横行，很多黑奴死于航行途中。关于哥伦布发现美洲以来奴隶贸易运出和损失的非洲人的数量问题，学术界尚没有得出一致的结论。大部分学者认为，欧洲商船在 1450—1850 年的 400 年间，总共贩运了 1000 万或 1100 万黑人至新大陆，其中 18 世纪数量最多，几乎达到 550 万人。而圣卢西亚现代历史学家乔利恩·哈姆森估计，从 15 世纪到 19 世纪的 400 多年间，约有 1000 万非洲奴隶被运到美洲，另有约 1000 万人在途中或被关押期间死亡。圭亚那政治学家奥布雷·诺顿则认为，奴隶贸易使约 5000 万非洲人遭遇背井离乡、被奴役或被杀死的命运。

欧美废奴运动的兴起

尽管大西洋黑奴贸易迅猛发展，但是很多宗教领导人和思想家却对奴隶制和黑奴贸易在一个日益进步的社会里所扮演的角色表达了深切的担忧。18 世纪晚期以来奴隶贸易即受到欧洲启蒙运动思想家孟德斯鸠和伏尔泰等人的谴责，英国的教友派、福音派等宗教团体也纷纷批判其反宗教的野蛮性质。18 世纪下半叶，在北美独立战争和法国大革命的影响下，反对奴隶贸易同废除奴隶制的呼吁汇合在一起，形成波澜壮阔的废奴运动。曾在贩卖奴隶中充当最重要角色之一的英国，成为最早也是最积极地开展反对奴隶贸易运动的国家。1787 年，废奴主义领袖汤姆斯·克拉克森、威廉·威尔伯福斯、斯蒂芬父子等人开始彻底、详尽地披露黑奴贸易的受害人数之众和手段之残暴，并且开始推动议会改革。1807 年 2 月，英国议会下院以 283 票赞成、16

威廉·威尔伯福斯是废除奴隶贸易协会的创始人。作为一位英国政治家，每年他都在议会中提出议案，呼吁结束奴隶贸易。1807 年，他终于获得成功。

知识链接：威尔伯福斯

威廉·威尔伯福斯（William Wilberforce，1759—1833 年），英国下院议员、慈善家、废奴主义者，提倡取缔英国的黑奴贸易，随后倡议全球范围内禁止奴隶制度。在众多支持废除奴隶贸易的朋友的鼓动下，威尔伯福斯成为英格兰废除奴隶运动的领袖之一，领导议会内的废除奴隶行动，对抗英帝国的奴隶贸易，并于 1807 年亲自见证《废除奴隶贸易法案》的通过，为英帝国于 1833 年完全废除奴隶制度铺平了道路。

票反对的绝对优势通过禁止奴隶贸易法案，禁止在非洲或从非洲到任何其他地方的运输过程中以任何方式买卖奴隶。之后美国于 1808 年、瑞典于 1813 年、荷兰于 1814 年、法国于 1818 年、巴西于 1825 年都制定了类似的法令。葡萄牙在 1815 年、西班牙在 1817 年也分别颁布了一些法律，规定贩奴船只能在赤道以南的海上活动。1862 年 9 月 22 日，美国总统林肯颁布《解放黑人奴隶宣言》，1863 年 1 月 1 日又正式下令解放奴隶，为美国全境彻底废除奴隶制铺平了道路。19 世纪 80 年代，美洲输入奴隶最多的古巴、巴西也宣布了禁止奴隶贸易和解放奴隶的法令。在 1885 年柏林会议和 1890 年布鲁塞尔国际会议上，西方国家又通过了反对奴隶贸易的总决议。这样，长达四个世纪、使非洲遭受无法估量损失的世界性奴隶贸易才逐步地被废止。

英国宣布奴隶买卖在大英帝国违法之后，1808 年 2 月 3 日英格兰威尔特郡举行的游行。

自然科学的“近亲”

近代博物学的兴起

上帝创造万物，赋予博物学家进行采集、描绘和分类的权利和任务，博物学与实验科学推动了近代科学的科学化和专业化。

博物学家，是指通晓动物学、植物学、矿物学、生理学等自然科学的专家。在博物学的世界，古希腊时代的亚里士多德是绕不开的人物，他所描述过的植物多达500多种，是当之无愧的博物学开拓性人物，被誉为古代博物学家第一人。欧洲古代世界的博物学传统到了近代重新焕发光彩。

近代博物学的兴起

大航海时代与欧洲海外扩张网络的形成为16—17世纪以后博物学的快速发展提供了便利条件。欧洲各国海外探险活动中除了抢占殖民地和进行商业贸易活动外，还伴随着大量的科学探索活动，包括对各类动物、植物、地质、岩石等构造进行采集、观察和分析，尝试建构新的博物学分类体系，以便将全球自然界纳入其中，构筑具有普遍性的科学知识。认识自然也具有宗教意义，宗教人士一直是博物学发展的重要推动力量，他们以博物学为研究乐趣，深信由此可以颂扬上帝。其中，最具代表性的神职博物学家是英国的约翰·雷（John Ray，1627—1705年），他认为博物学中渗透着宗教含义，并为自然神学奠定了基础。在17世纪时，他是第一个提出要对物种进行分类的人，英国科学史家通常将约翰·雷与牛顿、波义耳等科学家相提并论。

约翰·雷是英国博物学家，系统动物学的奠基人，第一个提出要对物种进行分类的人。1667年，雷当选为英国皇家学会会员。成立于1844年的雷协会（Ray Society）是为了纪念雷而命名的。

博物学是近代欧洲构筑帝国体系的重要工具之一。欧洲各国殖民扩张的脚步到达哪里，博物学家的足迹就留在哪里。博物学者的探索之旅遍布全球各地，到1600年人们大约知道6000种植物，到1700年人们又发现12000个新物种。瑞典博物学家卡尔·林奈（Carl Linnaeus，1707—1778年）创建了新分类体系与双名法，获得了广泛的认可，引发了博物学的革命性变化。他出版的《自然系统》《植物属志》和《植物种志》等著作，对动植物分类研究的进展有很大的影响。他首先提出界、门、纲、目、科、属、种的物种分类法，至今被人们采用。标准化的分类很大程度上解决了物种激增造成

大英自然博物馆又称英国自然历史博物馆，位于伦敦南肯辛顿区，维多利亚式建筑，是世界著名的研究中心、文化教育机构和科普活动场所，是欧洲最大的自然历史博物馆，拥有世界各地动植物和岩石矿物等标本约 7000 万件。

知识链接：大英自然博物馆

19 世纪英国博物学的一大成就是自然博物馆的成立。它原是大英博物馆的一部分，19 世纪末坐落于伦敦南肯辛顿区的新馆建成后，自然博物馆就从大英博物馆分离出来，主要负责与博物学相关的部分。它是一个集公众教育与科学研究为一体的单位，博物馆内存有世界各地的标本约 7000 万件，书刊几十万种，还有大量的手稿和绘画。

的混乱局面，令博物学热在 19 世纪进一步升温，博物学者更是加快了在殖民地的探索，重构帝国知识体系。

正是一代代博物学家的艰辛努力为现代科学的诞生提供了基础。自达尔文之后，博物学开始从一种涉猎宽泛的业余爱好变成一门高度专业化的职业，也就是今天我们所指的科学。19 世纪正是博物学过渡到现代科学的阶段，当时的博物学涉猎范围已经非常庞大，单靠博物学家个人资助和业余爱好已经无力完成相关研究。这种挑战促进了科学专门化时代的到来，业余的博物学家被专业的动物学家、植物学家、地质学家所代替，这些科学家又被进一步细分，如遗传学家、生物化学家、古生物学家、岩石学家，等等。

博物学与数理实验科学的分离

欧洲近代以来的科学主要分为两类，一类是今天占统治地位的数理实验科学，它将数学方法与实

卡尔·冯·林奈在生物学中的最主要的成果是建立了人为分类体系和双名制命名法。为纪念林奈，1788 年在伦敦建立了林奈学会，他的手稿和搜集的动植物标本都保存在那里。此图为 1963 年为纪念林奈发行的邮票。

验方法有机、内在地联系在一起，旨在寻求现象背后的机理，以哥白尼、伽利略、培根、牛顿、笛卡尔等科学家为代表；另一类则是博物学，它的涵盖范围更广，主要观察和研究大自然的万物形态，并对其分类研究。近代博物学家以约翰·雷、林奈、班克斯、达尔文、华莱士、赫胥黎等为代表。近代英国人在两种科学上都作出了突出贡献。牛顿的《自然哲学的数学原理》完成了数理实验科学的第一次大综合，达尔文的《物种起源》则到达了博物学研究的最高理论形态。作为博物学家和生物学家的赫胥黎看来，达尔文是全能的博物学家，也是博物学研究的"终结者"。达尔文曾经乘坐"贝格尔"号进行了历时5年的环球航行，对动植物和地质结构等进行了大量的观察和采集。进入19世纪晚期，数理实验科学彻底取代博物学的发展，并日益主导了其后的科学发展进程，而博物学在达尔文之后则不断分解、萎缩，逐渐退出了科学舞台，其阵地主要在博物馆。19世纪，博物馆与实验室交相辉映，社会已经把博物馆作为普及科学、进行教学研究的场所。

英国博物学的贡献

弗朗西斯·培根（Francis Bacon，1561—1626年）不仅大力鼓吹新的科学实验方法，更是将博物学纳入他的科学认知过程当中，认为博物学是通向新形式自然哲学的基石。他著名的归纳法分为三个阶段，收集足够多的资料、分类列表、谨慎归纳，其中收集资料主要是博物学家的工作，之后的皇家学会遵循培根的思想，保持着博物学研究传统。博物学活动的普及促进了出版事业的发展，介绍植物学、园艺学等相关主题的著作，特别是关于英国本土植物学的著作如雨后春笋般涌现出来，博物学著作的出版数量从18世纪后半叶开始持续增长。博物学在英国近代科学发展史上恢宏壮观，堪称18世纪的"大科学"（Big Science）。

托马斯·亨利·赫胥黎（Thomas Henry Huxley，1825—1895年），英国博物学家、教育家，达尔文进化论最杰出的支持者和捍卫者。代表作品有《人类在自然界的位置》《无脊椎动物解剖学手册》和《进化论和伦理学》等。

英国收集型博物学的繁荣与帝国扩张事业息息相关。英法七年战争的结束标志着英国第一帝国的形成，从此，英国海上力量得到了进一步增强，在欧洲乃至世界范围内确立起了霸权地位。1768年，为了观察金星凌日，也为了寻找南部大陆并绘制地图，库克船长受命率领一支科学考察队前往南太平洋。随船前行的还有年轻的博物学家约瑟夫·班克斯（Joseph Banks，1743—1820年）及其团队。班克斯在这次活动中采集到大量的植物标本、种子，并绘制了大量具有科学价值的博物绘画。探险活动彻底地改变了博物学家班克斯的生活，也改变了英国科学的发展方式。这位年轻、坦诚的博物学家后来成为国王的朋友，并担任英国皇家学会会长和皇家植物园邱园园长。他借助王室、政府、东印度公司以及全球殖民地的力量，借助皇家海军和世界上最强大的商船队力量，随着大英帝国扩张的步伐，建立起全球性博物学网络。在增进博物学认识的同时，他不断进行各类动植物移植实验，向着博物学和帝国扩张相互促进的"博物学帝国主义"模式推进，为19世纪博物学发

约瑟夫·班克斯爵士是英国近代知名的探险家和博物学家。1768年，班克斯跟随库克船长进行南太平洋探险，带回来大量植物标本，极大促进了博物学的发展。在他的积极努力下，乔治三世国王建立皇家植物园，班克斯出任植物园负责人。

展的顶峰即达尔文的《物种起源》奠定了坚实的基础。

英法两国是欧洲近代史上最强劲的对手，在政治制度、社会思想、哲学思潮等各个方面都展现出巨大的不同，沐浴其中的博物学也展示出各自的特色。总体来看，英国近代博物学更加重视经验，博物学家更多地致力于野外观察和收集工作，出版著作也多以描述不同个体的物种为主；法国则更加重视理论创作，思考物种背后的关联。于是有学者认为，正如《百科全书》代表着法国启蒙运动一样，大英博物馆也是英国启蒙运动的典型成就。

知识链接：大英博物馆

大英博物馆（British Museum）位于伦敦新牛津大街北面的大罗素广场，成立于1753年，1759年1月15日起正式对公众开放。大英博物馆是世界上历史最悠久、规模最宏伟的综合性博物馆，也是世界上规模最大、最著名的博物馆之一，和纽约的大都会艺术博物馆、巴黎的卢浮宫同列为世界三大博物馆。博物馆共有100多个陈列室，1300多万件藏品。由于空间的限制，还有大批藏品未能公开展出。

大英博物馆是世界上首家国立公共博物馆，其建立源于身为博物学家和收藏家的汉斯·斯隆爵士（Sir Hans Sloane，1660—1753年）的遗愿。他将所有的收藏赠给了国王乔治二世。1753年，英国议会批准建立大英博物馆，1759年1月15日起正式对公众开放。

东西方两大帝国的首次交锋

马戛尔尼使团访华

英国雄狮与东方巨龙的第一次正式外交接触，却是聋子与瞎子的对话，鸡同鸭说。外交谈判的失败，是历史的必然还是偶然？

马戛尔尼使团访华通商谈判失败后，英国的中国观彻底改变了，他们认为中国不堪一击。英国继续引领现代化潮流，称霸世界；中国则依然在天朝上国的美梦中沉睡，面对翻天覆地的世界大势茫然无知，最后失去了可能向现代文明转型的机遇，为自己的封闭和自大付出了惨重代价。

英国狮与中国龙

18世纪中后期，欧洲烽火连天，各国争霸战争不断，七年战争结束后英国称霸世界海洋，创建了遍布全球的英帝国。18世纪70年代，英国皇家海军上尉库克船长率船队三下太平洋而发现澳洲，最后一块神秘的大陆被英国人占领，英国实现了全球扩张。1793年的欧洲，法国大革命如火如荼，以英国、西班牙、普鲁士、奥匈帝国四国为首的反法联盟干涉法国大革命。正如英国小说家狄更斯在《双城记》里所说，“这是一个最好的年代，又是一个最坏的年代”。而在东方，中国经历康熙、雍正王朝，海内一统，国泰民安，至乾隆中后期中国迎来“康乾盛世”局面。正在经历工业革命的大英帝国长期以来对古老、神秘而富有的中国显示出巨大兴趣和好奇，促使英国不断扩大与中国的贸易和接

《康熙南巡图》是中国清代宫廷绘画作品，历时三年完成，共12卷。展现了康熙帝第二次南巡（1689年）从离开京师到沿途所经过的山川城池、名胜古迹等。整个画面宏大，人物逾万，形形色色，牛马牲畜过千，姿态各异，充分展示了康熙南巡时的盛况。

“十三行”是清代设立于广州的经营对外贸易的专业商行，“十三”只是形容最兴盛的十三家。清政府规定，外商与中国官府交涉，必须由十三行作中介。广州的行商依靠政府给予的特权，垄断了广州整个对外贸易，但清政府也从他们身上取得了更多的财富。

触，谋求签订商约，扩大中英茶叶贸易，开放更多口岸，便于开拓英国在华商品倾销市场，以更好地为帝国利益服务。

知识链接：中西礼仪之争

马戛尔尼使团到达中国后遇到的最大争执是以何种礼仪觐见乾隆皇帝，是否行三跪九叩之礼仪问题，由此引发中西“礼仪之争”。时任军机大臣的和珅全程参与交涉，最终中英双方在某些议题上都做了妥协和让步。首先，英国使团做了一定妥协，以英吉利贡使身份进京觐见皇帝；其次，在觐见乾隆帝时候，按照马戛尔尼伯爵访华回国后留下的访华见闻记录的说法，行单腿下跪礼，而不是三跪九叩之礼，但是清国档案记载显示马戛尔尼觐见皇帝时行三跪九叩之礼，双方记载有出入。

茶叶贸易玩转中英关系

时光回到1596年，伊丽莎白女王的纤纤玉手就曾温柔地伸向遥远而神秘的东方，致书明代万历皇帝，期望接近中国，实现两国通商贸易。遗憾的是，信件未能送达中国皇帝手中，女王的无限心思也随之飘逝。其后的中英关系由英国东印度公司开拓，根据历史记载，英国东印度公司1664年在澳门开设商号，1678年开始直接与中国进行常规的贸易，1684年正式在广东河畔设立商行，进行商业贸易。进入18世纪，欧洲与亚洲的贸易尤其是与中国的贸易几乎都由英国东印度公司主导，18世纪中后期喝中国茶成为英国人最大的爱好。18世纪初，东印度公司开始获得直接与广州进行贸易的权力，当时茶叶因为进口量极少而价格昂贵成为奢侈品，但是到中期以后，茶叶由于进口量的剧增而逐渐成为大众饮品。当时英国著名农业家亚瑟·扬（Arthur Young，1741—1820年）在18世纪60年代环英国旅行期间，经常看到令人惊

英国下午茶的标配是三层瓷盘装盛的点心，选用大吉岭、伯爵茶、锡兰茶等纯品茶。19世纪初期，英国贵族们都在晚上8点才进行穿着正式、礼节繁复的社交晚餐。贝德福公爵夫人在下午4点时请女仆准备烤面包、奶油和茶，用于招待。她经常邀请亲友共饮下午茶，一时在贵族社交圈内传为风尚。

郎世宁绘《乾隆皇帝大阅图》。本幅系乾隆帝 29 岁时的戎装像，描述的是他于乾隆四年（1739 年）亲临南苑检阅八旗军的队列及各种兵器、火器的操练活动。乾隆帝戎装骏马，英姿勃发，体现了清朝皇帝的尚武精神。

讶的场景："在英国，连穷人都大碗大碗喝茶。"18 世纪末的 30 年是中英茶叶贸易最为兴盛时期，在 1774—1784 年十年间，东印度公司从中国进口茶叶总量超过 5450 万磅，到 1790 年后的十年中，东印度公司平均每年进口中国茶叶超过 2000 万磅，是荷兰、丹麦、瑞典、法国四国进口总量的数倍。而 1790 年的英格兰、苏格兰、威尔士人口还不足 1000 万，即当时英国人均年消费茶叶 2 磅以上。据统计，18 世纪晚期，欧洲与中国的贸易几乎由英国垄断：1789 年，欧洲有 86 艘船前往广州，其中英国船有 61 艘，含东印度公司船只 21 艘，英国本土船只 40 艘；1793—1794 年，有 18 艘船从中国抵达英国。

第一次官方亲密接触

乾隆五十八年（1793 年），对中英两国来说都是一个重要的年份。这一年是乾隆皇帝的 83 岁大寿，举国同欢，象征着这个古老的帝国在乾隆帝治下近 60 年来的盛世太平。对英国而言，工业革命已经开展数十年，英国商人迫切需要打开东方中国庞大的商品销售市场。在东印度公司商人们的要求下，英国国王派出以马戛尔尼（George Macartney，1737—1806 年）伯爵为正使、斯当东爵士为副使的庞大外交使团来华开展通商谈判。马戛尔尼一行带着对古老中国的美好向往与好奇之心，踏上了零距离观察和了解中国之旅。

1792 年 9 月 26 日，一支由外交家、学者、传教士、制图家、画师、士兵、医生、秘书、园丁、乐师以及机械师等组成的近 700 人的外交使团自朴次茅斯港口起航，以为乾隆帝祝寿为名来华，并送上珍贵礼物若干。根据马戛尔尼伯爵出使中国记录，礼品共有 19 类，数百件，有最新式科学仪器如望远镜、座钟、天体仪、地球仪以及车辆、新式枪支、铜炮和军舰模型等。以英国"狮子"号、"印度斯坦"号、"豺狼"号为主要舰只的使团队伍经历了长达近 9 个月的艰难航行，绕道好望角，穿越印度洋，自南中国海到达澳门，经广州，一路沿海北上，终于在 1793 年 8 月中旬到达天津和通州，9 月 2 日离开北京前往热河行宫，觐见乾隆皇帝。面对英国派出的庞大外交使团，乾隆帝高度重视，尽管已经 83 岁高龄，一方面不断发布上谕，指示中央和地方官员以高规格接待，以展现天朝上国乃礼仪之邦；另一方面对不远万里的英国使团来华意图保持高度警惕，指示地方官员

1793 年，英国以马戛尔尼为首的庞大使团在热河行宫觐见乾隆皇帝。图中英使马戛尔尼和他的侍童小斯当东都是单膝下跪呈送国书和接受皇帝赠品。

严密监控使团在华行程和举动，以防其做出侵犯天朝尊严和利益之事。

知识链接：18 世纪欧洲"中国热"

18 世纪欧洲社会普遍流行"中国风""中国热"现象。明末清初以来，伴随着耶稣会士利玛窦、汤若望等东来传播天主教，也将近代欧洲的一些科学知识传入中国，开启了近代早期"西学东渐"历程。在他们的努力下，也开启了一个缓慢的"中学西渐"的过程，中国高雅、博大、精致的文化典籍、精美器物等也随之传入西方社会，尤其是对中国茶和瓷器的喜爱，最终促成了 18 世纪启蒙运动以来欧洲各国纷纷出现"中国热"现象。

谈判的失败与中国形象的跌落

马戛尔尼递交的英王国书中提出开放宁波、天津等为通商口岸、互设大使、在舟山划设区域为英商居住和使用、减免英商关税等六项要求。针对英国提出的六条要求，乾隆帝特颁敕谕逐条进行驳斥（即后来的"致英国国王乔治三世信"），最终坚持不建交、不贸易、不开门原则，马戛尔尼使团访华六项要求都未能实现，中英第一次正式外交接触和谈判以失败而告终。为了显示天朝上国的富有，乾隆帝回赠英王珍贵礼物 3000 件，应了乾隆帝在致英王信中所言："天朝物产丰盈，无所不有，原不藉外夷货物以通有无。"最后中方礼送外交使团返程回国，并沿途严密监视，体现了乾隆帝对大英帝国来访的警惕和不信任。

访华使团尽兴而来，败兴而归。结局令英国人失望、沮丧，令欧洲社会震惊。此后中国国家形象在英国和欧洲社会急转直下，由西方传教士、海员、旅行家和启蒙思想家们塑造的中国神话破灭，一个贫穷、落后、愚昧、封闭、近乎"野蛮"的中国负面形象逐渐出现在欧洲人眼中。马戛尔尼的随员安德逊说："我们的整个故事只有三句话：我们进入北京时像乞丐；在那里居留时像囚犯；离开时则像小偷。"马戛尔尼和他的随从团员撰写了大量的回忆录，成为欧洲研究清代中国的珍贵资料。在总结自己失败的原因时，马戛尔尼认为是国书翻译水平过低导致的。

1792 年，以向乾隆帝庆祝大寿为名，英国政府任命马戛尔尼（左）为正使、斯当东（George Leonard Staunton）为副使，出使中国，请求与中国建立贸易关系。图为英国画家莱缪尔·弗朗西斯·阿博特 1785 年所作油画。

文明再造：帝国时代的文化与生活

由于欧美国家在政治、经济、军事和科技上占据优势，他们自然认为其卓越地位缘于其文明的“优越性”。1884—1885年柏林会议形成的议定书中也不忘标榜“教化土著，以带领他们走向文明”。对此，英国人提出“白人的负担（责任）”。大批传教士、军官、政客、商人为给殖民地带来“文明”而在全世界奔走。

这一时期，科学技术取得突飞猛进的发展，专利的申请数量惊人。蒸汽机、电报等伟大的发明深入日常生活，极大地改变了人类的生活方式和观念。曾有评论认为，由于电报的使用，“从新闻业的角度看，中世纪是在1860年结束的”。火车、蒸汽船、汽车的发明和技术改进，将旅行者探索的疆界推向更遥远的国度，环球旅行在现实生活中成为可能。1872年，英国人托马斯·库克组织了世界上第一例环球旅游团。

欧美的知识分子以移民、访客、定居者或政治难民的身份散布于全球各个城市，孕育国际性的政治和文化。19世纪的精神生活比以前任何时代都要复杂。英国对殖民地应推行直接统治还是间接统治？这是19世纪英国知识分子非常关注的殖民地问题之一。德雷福斯冤案推动法国通过了政教分离法，也成为犹太复国主义运动的导火索。

现代护理先驱“提灯女神”南丁格尔

我们的病房里没有地方放死尸……没有纱布，没有一片亚麻布，没有任何东西……这些可怜的伙计们没有干净的衬衫，几个月前他们来到这儿后就再没有洗过……我希望过几天我们可以把清洁工作搞好。

——南丁格尔对君士坦丁堡郊外的斯库塔里军医院的描述

克里米亚战争的空前残酷和士兵的高死亡率催生了现代护理事业的出现，而英国人南丁格尔对此贡献巨大。她不仅开创了战地护理事业，而且还是现代护理教育的奠基人，成为19世纪最伟大女性的典型代表。

少女时代

弗洛伦斯·南丁格尔（Florence Nightingale，1820—1910年），1820年5月12日生于意大利的佛罗伦萨市，因此取名弗洛伦斯。南丁格尔出身英国中产阶级家庭，自小受过良好的教育，从父亲那里接受的古典教育包括多种语言、哲学、历史和科学。而她的母亲努力让她适应家庭主妇角色——主持家庭仪式，做饭以及其他一些弗洛伦斯非常抵制的社会陈规。她抱怨说：“现在的女儿们都成了父母的奴隶……她们被视为父母的财产，她们必须没有目标，没有权利，没有独立的生活，一直到她们出嫁为止。”她天生怜悯之心，从小就经常照看附近村庄的病人、残疾人，曾请求家里人送她去接受护士的培训，立志成为一名护士。但是家人为此大怒，因为在当时护理被看作专门给下层人干的仆役性的工作。当时英国社会“受尊敬”的妇女几乎没有独立的生活，在谈到因为这种限制所导致的痛苦时，南丁格尔说：“我看到许多和我一样的人，因为无法找到一点事情可做而发疯。”家庭生活给她带来的沮丧和折磨与她精神上的痛苦交织在一起。年轻时她希望上帝能够给她指明目标：“上帝一定想让我为他做点什么，要不他早就让我死了。”

克里米亚战争时期女护士弗洛伦斯·南丁格尔。她在英军野战医院进行的一系列管理和环境卫生改革奠定了现代护理事业的基础，被誉为“战地天使”和“提灯女神”。南丁格尔的生日5月12日被定为国际护士节。

战地天使

战争的残酷和战地医疗的恶劣，成就了南丁格尔的抱负。1854年10月，一名英国记者从君士坦丁堡发回一篇报道，描述了英国军队在战争中获得胜利，也描述了关于克里米亚战争中英国伤病员因

1970 年英国发行的纪念南丁格尔的邮票。克里米亚战争后，南丁格尔在伦敦创办了世界上第一所正规的护士学校，并撰写了多部护理学专著。她终生未嫁，可谓将自己的一生献给了现代护理事业。英国人把她看作是英国的骄傲。

知识链接：《护理札记》

南丁格尔提出了科学的护理理论，是现代护理学的创始人。她认为护理学的概念是“担负保护人们健康的职责以及护理病人使其处于最佳状态”。南丁格尔一生撰写了大量有关护理工作的报告和论著，最著名的是《护理札记》，书中阐述了护理工作应遵循的指导思想和原理，被称为护理工作的经典著作，成为护士学校的必备教材。该书后来在英美国家风行，并被翻译成多国语言发行。

缺乏适当的医治而不断死亡的情况。南丁格尔对令人恐怖的战地医疗设备和状况感到愤怒，看过报道后她认为自己的机会来了。作为当时伦敦一所医院的主管，在获得政府许可后，她毅然率领 38 人组成的战地护士队奔赴克里米亚战场进行战地医疗救护工作。战争期间她主动率领战地护士承担起护理伤病员的任务，让伤员的死亡率大大降低。在每个夜晚，她都手执风灯巡视，伤病员们亲切地称她为“提灯女神”。六个月内，尽管面临着英国军方的反对、无能和腐败，她还是将医疗设施变了个样，伤病员死亡率下降了 40%，仅有 2%的人死去。她很快出了名，当时《泰晤士报》宣称：“今天，所有值得骄傲的纯洁的英国女儿中，没有一个人能像弗洛伦斯·南丁格尔这样站在这么高的高度。”

战争结束后，南丁格尔回到英国，利用自己的声望和著作，一生不遗余力地从事改善军队健康、公共卫生和社会改良运动。她的畅销书《护理札记》成为护士的必修课，1869 年南丁格尔用政府奖励的 4000 多英镑在伦敦圣·托马斯医院建立了世界上第一所正规的护士学校，成为欧洲、澳大利亚和北美类似学校的典范，南丁格尔也被人们誉为现代护理教育的奠基人。1907 年，她成为第一个获得英国国家功绩勋章的女性，赢得了巨大声誉。1910 年 8 月 13 日，终身未嫁的南丁格尔在睡眠中溘然长逝，享年 90 岁。为了纪念她的卓越成就，1912 年国际护士会（ICN）倡议将 5 月 12 日定为国际护士节。

克里米亚战争纪念碑，建于 1861 年，位于伦敦滑铁卢广场。纪念碑由青铜、花岗岩和大理石组成。碑顶是张开双手、手持花环代表胜利和荣耀的女神雕像，基座上是三个士兵的雕像，两侧分别矗立着南丁格尔和她的好友，时任陆军大臣的西德尼·赫伯特的雕像。两座雕像均为后来所立，分布在纪念碑两侧，寓意深长。

“文明的使命”

吉卜林与《白人的负担》

一位宣称“在三个大陆上旅游就是我的正式教育”的英国作家，在英帝国从极盛转向衰落的时刻呼吁“肩负起白人的负担”。

约瑟夫·鲁德亚德·吉卜林（Joseph Rudyard Kipling，1865—1936 年）是英国文学史上少有的专注帝国殖民事业的文学家。在吉卜林生活的时代，“帝国”对于英国而言是一把双刃剑：一方面，帝国能够提高英国的国际地位，扩大英国的海外市场；另一方面，帝国又成为英国的负担，英国必须花费巨大的开支去保护和管理殖民地。作为一个成长于殖民地的英国人，他目睹了帝国强大带来的权力和荣誉，将传播文明视为帝国的责任。

文学成就与争议

吉卜林生于印度孟买，会讲印地语，6 岁到英国接受教育，1882 年返回印度担任报社记者。从 19 世纪 80 年代中期开始，他以记者的身份周游印度，后又访问了缅甸、中国、日本和美国等国，曾在美国生活多年。自 1898 年起，他几乎每年冬季都要到非洲休假，并因此结识了英国殖民主义者罗德斯。吉卜林以早期英国对殖民地的统治为题材的作品，深受批评家和读者的喜爱，另外他对帝国主义的支持，也使他的受欢迎度飙升。他的作品包括冒险故事 5 部、短篇小说 250 部、诗歌 1000 首以及多种文集。19 世纪 90 年代，他的文学创作达到高峰，主要著作有儿童故事《丛林奇谭》、印度侦探小说《基姆》、诗集《营房谣》等，其作品在 20 世纪初的世界文坛产生了很大影响，并于 1907 年（年仅 42 岁）获得诺贝尔文学奖，是第一位获得诺贝尔文学奖的英国作家。

吉卜林是生于印度孟买的英国作家及诗人。吉卜林的作品在 20 世纪初的世界文坛产生了很大的影响，他曾被授予英国爵士和英国桂冠诗人的头衔，但都被他放弃了。图为纪念吉卜林获得诺贝尔文学奖的邮票。

吉卜林创作了大量的文学作品，具有很高的艺术性，这是人们普遍对他的作品大加赞赏的原因。但他的作品站在英帝国的立场，带有浓厚的种族观念和帝国主义色彩。他认为帝国主义是权力和荣誉的象征，显示了“优越种族统治”的合理性。这些观点在他的小说《基姆》中有所表现，小说开头部分就提到“他像东方人一样说谎”。此外，《白人的负担》中曾有这样的语句：殖民地的人民通常“一半像恶魔，一半像孩童”。1902 年，推行“扩张就是一切”的罗德斯去世，吉卜林写了《葬礼》一诗，

吉卜林在1893—1895年陆续出版了经典之作《丛林奇谭》。他自古老的动物寓言、佛教哲学以及对印度的童年记忆中汲取灵感，以非凡的创造力讲述了一段又一段引人入胜的历险故事。

不仅表达了他的哀思，也对罗德斯的帝国主义行动给予了高度评价。

《白人的负担》

吉卜林的著名诗歌《白人的负担》（*The White Man's Burden*）创作于1899年，副标题为“美国与菲律宾群岛”，由七个诗节和一个采用普通押韵格式的段落组成。作品支持美国对菲律宾的殖民统治，传达了一种支持白人传播文明、开化“野蛮民族”的观点。吉卜林将白人和其他种族进行了鲜明的对比：白人优秀、忍耐、奉献、智慧、承担责任，其他种族则野蛮、幼稚、懒惰、任性、不知好歹。因此，白人是当然的“统治者”，其使命是“终结混乱和野蛮”。

肩负起白人的负担——
把你们最优秀的分子派出——
让孩子们背井离乡，
为你们的俘虏奔忙；
披挂沉重的甲胄等待着，
为急躁、野蛮、愠怒的——
你们新捕获的人，

> **知识链接：诺贝尔文学奖**
>
> 根据诺贝尔的遗嘱，诺贝尔文学奖授予在文学领域创作出具有理想倾向之最佳作品的人。每一位获奖者都会得到一块奖牌，一份获奖证书，以及一笔不菲的奖金。首届诺贝尔文学奖于1901年颁发，1914年、1918年、1935年、1940—1943年因战争没有颁发。

一半像恶魔，一半像孩童。

吉卜林一方面肯定“文明使命”的善意，另一方面认为靠殖民者无法完成这种使命。他的作品中体现出东西方文化的矛盾，他自己也非常苦恼。早在1895年，他在给一位牧师的信中写道：“白人的政府用科学的谋杀武器武装，他们用并不完善的拯救教条和道德法典震撼其他种族。他们憎恨其他种族的习惯，侮辱他们的神，这一切对我来说是残酷的。”总体上来说，吉卜林虽然认识到殖民统治不受欢迎，但他仍坚持认为，帝国主义统治是维持殖民地秩序、教化当地人民的必要手段。

1899年一幅名为《白人的负担》漫画中，山姆大叔追随约翰牛，将山下的“野蛮人”背向“文明之巅”。英国背着“中国”“印度”“埃及”“祖鲁”和“苏丹”，美国背着“菲律宾”“波多黎各”“古巴”“夏威夷”和“萨摩亚”。

"语言殖民"
英语渐成世界通用语

殖民主义者把英语建立在"文明、理性、进步、现代"的假设上，压缩了其他语言的存在空间。

拉丁语、西班牙语、葡萄牙语等都曾是国际性语言。从17世纪末开始，法语取代拉丁语成为国际上的外交语言，当时欧洲上流社会都以会说法语为荣。而英语在诸多国际语言中脱颖而出，最终成为最主要的世界通用语。

英语何以成为世界通用语

曾任美国总统的约翰·亚当斯向国会提出一项政策建议时宣布："英语注定要在今后几个世纪成为比过去的拉丁语和现在的法语更加通用的语言。这个理由不言自明。因为美洲的人口正在增加，他们与所有的民族保有广泛的接触和通讯联系，加上英国在世界上或多或少的影响，将使他们的语言被人们广为使用……"19世纪末20世纪初，美国人口超过7500万。当时一位记者问德国前首相俾斯麦，他认为什么是现代历史中的决定性因素，俾斯麦如此回答：北美洲的人民说英语。

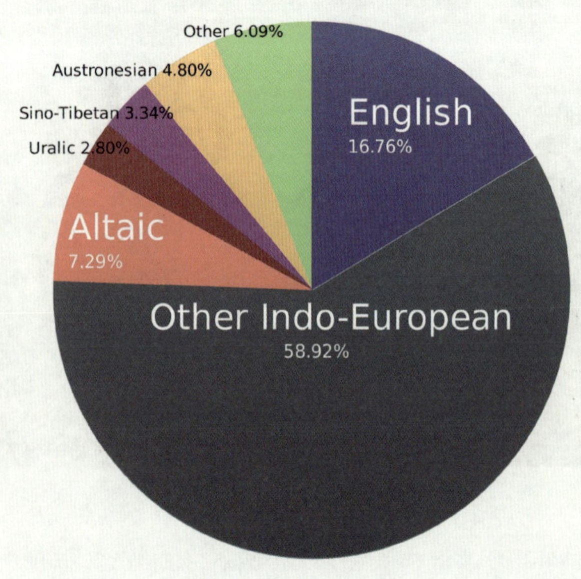

2013年3月统计，世界上16.76%的文章是用英文写成的。

20世纪初，英国在海外抢占的殖民地遍及世界五大洲，英语作为英帝国的信息纽带，随着帝国的扩张而在全球传播。美国国力的强大为英语成为不可动摇的国际性语言提供了新的推动力。在大英帝国没落之后，美国的经济和文化影响力确保了英语的统治地位。如果说是英国的殖民帝国把英语推向世界的话，那么是美国的霸权使英语在全球保持了经久不衰的魅力。正如一位英国语言学专家所言，语言的使用者在国际舞台上获得成功，他们的语言跟着获得成功；语言的使用者失败了，语言也跟着失败。

英、美等英语国家与海外的商业联系最为广泛。在英国货物销往世界各地的同时，英语也随之到达世界各地。在对外贸易方面，无论是商品交易还是商品本身，都附带有大量的语言信息。英国制造商在向其他地区推销其产品时，配上了双语商品目录，正是从这些目录上，世界各地的商人与顾客学到了第一批英语单词。此外，英美两国的金融业

托马斯·巴宾顿·麦考莱是19世纪英国政治家和历史学家，曾任议员及政府高官，但真正让他声名鹊起的是其历时20年创作的《英国史》。1857年受封为男爵，是英国历史上第一位因文学而获此殊荣者。

知识链接：托马斯·巴宾顿·麦考莱

麦考莱是英国历史学家、政治家。生于苏格兰贵族之家，毕业于剑桥大学。青年时参加辉格党，1830年被选为下院议员。1834年赴印度，任印度最高理事会高级官员，1839年起任陆军大臣。鸦片战争前夕，力主侵华。1847年在爱丁堡竞选失败，从而退出政界。此后，开始撰写《自詹姆斯二世即位以来的英国史》（简称《英国史》）。

较为发达，伦敦和纽约是世界金融中心和最主要的投资市场，任何国家的商人要和国际银行界打交道，必须会说英语。

文化输出与“语言殖民”

在英国上百年的殖民统治中，殖民者将英语定为殖民地官方语言，学校里禁止使用母语、强行使用英语。英国的教育制度为英殖民地国家形成共同的文化奠定了基础。在南非的“英国化”时期，开普殖民地总督查尔斯·萨默塞特勋爵（Lord Charles Somerset）曾颁布公告，要求从1825年起，所有官方文件必须使用英语。1835年2月2日，东印度公司最高理事会高级官员麦考莱（Thomas Babington Macaulay，1800—1859年）发表了《教育文告》，要求用英语传播西方知识，认为只有这样才能培养出一批具有印度血统但在爱好、观点、道德和知识方面都是“英国人”的阶级。1836年，麦考莱在给父亲的一封信中写道：“教育对印度人有很大影响。受过英语教育的印度人不可能再完全忠诚于自己的信仰。我相信若能继续推行我们的教育政策，孟加拉就不再有偶像崇拜，不再需要宗教传播和宗教干预。”“圣雄”甘地很早就发现英语教育的真正动机在于同化印度人，他于1908年发出警告：“给人们灌输英语知识，等于奴役他们。”在关岛，美国殖民当局禁止使用其民族语言查莫罗语，这一禁令一直保持至1973年；在菲律宾，美国殖民者强迫所有的学校使用英语。

美国大学的质量和声誉对国际学生富有吸引力。在当今美国的国际学生中，亚裔学生群体站到了绝对的主力位置。

英语在世界上的强行传播，把世界上许多民族语言推上了濒危和消亡之路。北美大陆曾是世界上语种最多的地区，本来有几百种土著印第安语，但在英美两国一个多世纪的开发过程中有上百种语言消亡。

英国汉学第一人

小斯当东

他，13 岁首次跟随父亲使团来华，乾隆皇帝的和蔼和赏赐或许改变了他的一生。
35 岁作为副使第二次访华，他能完成父亲的未竟心愿吗？

乔治·托马斯·斯当东（George Thomas Staundon，1781—1859 年），通称“小斯当东”，其一生的巨额财富和崇高的声望，几乎都是他在中国生活与工作的 18 年累积起来的。即便 36 岁时回到英格兰，他取得的社会地位也主要是以他对中国的深入研究和实地访问为基础的。勤奋敏锐的小斯当东注定会成为最了解中国的英国人，也是推动中英两国政治、经济、文化交流的第一代汉学家。

不平凡的人生

小斯当东 1781 年出生于外交世家，其父老斯当东（George Leonard Staundon，1737—1801 年）是 18 世纪英国著名的外交家，曾担任 1792 年马戛尔尼访华团的副使。小斯当东作为马戛尔尼访华使团中年龄最小的成员，1793 年到达中国觐见乾隆皇帝时才 12 岁。他是使团的见习侍童，主要负责给马戛尔尼提衣服的下摆，还负责誊写中文公文。除了使团中专门的传教士翻译外，他也是使团中唯一能说简单汉语的成员，而且是在航行途中开始学习汉语的。除了母语外，小斯当东还学会了拉丁语、法语和希腊语等语言，可见他极具语言天赋。聪明、活泼又可爱的小斯当东深受乾隆喜欢，再加上会说简单的中文，或许其谈吐谦逊，或许又在皇帝面前泰然自若，乾隆对其青睐有加，欣然从腰带上摘下一个精致的槟榔荷包赏赐给小斯当东，小斯当东单膝下跪接受这位和蔼老人的特殊恩典，这一小小插曲成为首次中英外交上的美谈轶事。此后小斯当东与中国结下了不解之缘，他后来的职业生涯为中英文化交流与发展作出了巨大贡献。

乔治·托马斯·斯当东，即“小斯当东”，是近代中英关系史上无法绕开的一位人物。他曾是 1792 年马戛尔尼访华团的侍童、1816 年阿美士德使团的副使，因翻译《大清律例》而成为西方最负盛名的汉学家。香港中环的士丹顿街（Staunton Street）即是以他的名字命名的。

乔治·伦纳德·斯当东，俗称“老斯当东”，拥有医学博士和法学博士学位，曾任英国马戛尔尼访华团的副使。他将访华所见所闻详细记载下来，写成《英使谒见乾隆纪实》一书。图为随团画师威廉·亚历山大为该书所做的插图。

知识链接：阿美士德勋爵

阿美士德勋爵（Lord Amherst，1773—1857 年），英国外交官，曾出任印度总督。1816 年，英国派出以阿美士德勋爵为正使、小斯当东为副使的代表团访华，进行通商谈判事宜，试图完成马戛尔尼和老斯当东第一次访华的未竟事业。然而清廷与英国使团双方因为在觐见皇帝礼节上再次出现严重分歧，结果使团未能谒见嘉庆帝，遭驱逐出境。中英两国最终失去和平谈判通商的机遇，英国则走向武力打开中国大门之路。阿美士德伯爵晚年退居自己在肯特郡的庄园宅第诺尔楼（Knole House），1857 年 3 月 13 日逝世。他死后，遗体安葬于肯特郡的塞文欧克斯教堂（Church of Sevenoaks），伯爵爵位由次子继承。

中国生涯

1796 年，已经接替马戛尔尼勋爵出任对华全权公使的老斯当东因为突患瘫痪症而不能继续从事对华事务，于是将希望寄托在自小便显示出外交才华的小斯当东身上，向东印度公司董事会推荐其任广州文书一职。这一职位待遇优厚，但需要精通汉语等其他外语，而且要有外交经历。小斯当东是不二人选，申请很快便获得通过。1799 年 6 月 18 日，他自英国朴次茅斯港踏上了前往中国的商船。1800 年 1 月，已经 19 岁的小斯当东正式上任英国东印度公司驻广州商馆书记员，时隔七年，再次来到他曾熟悉的古老中国，只不过这次这个国家已经换了主人，原先那位赐予自己荷包的老皇帝已经去世，由他的儿子（嘉庆皇帝）来执掌这个国家的最高权力。小斯当东先从商馆文书做起，后被擢升为大班兼任商馆的翻译，出色的翻译能力和良好的交涉能力让他不断获得升迁。1815 年，他又被选为特选委员会主席，全面负责东印度公司对华贸易事宜。1816 年，小斯当东作为阿美士德勋爵的副使第二次出使中国，全面寻求对华外交通商、保护英国在华利益事宜。但在觐见皇帝礼仪问题上再次引发争执，小斯当东坚决反对叩头。他在给阿美士德勋爵的报告中直言不讳：“哪怕会导致使命的失败，也完全不应该同意叩头。”阿美士德接受了他的意见。正如多年后收到阿美士德勋爵信件里所提到的：“接受阁下的意见，我片刻都没有后悔过。在我们完全按照您的预判完事后，我比您更感欣慰。”而第一副使埃利斯先生也表达了同样的坚持：“对于我放弃自己的观点转而尊重斯当东爵士的经验，我一点也不埋怨自己。”在小斯当东的内心世界里，乾隆时代带给他的那一点点的亲切感已经随着嘉庆皇帝粗暴的态度彻底消失了。而小斯当东的负面“中国观”也间接“促成”了鸦片战争的爆发。

英国汉学第一人

老斯当东作为榜样一直在指引着小斯当东前进的方向。在华工作期间，小斯当东在努力做好各种外交活动、文件翻译的同时，十分注重搜集和整理有关中国历史、政治、经济和社会等各方面的资料信息。十几年的中国经验，给小斯当东深入了解中国社会提供了绝佳的机会。其突出贡献在于翻译方面，推动了西学东渐和中学西传。1805 年，小斯当东翻译了商馆外科医生皮尔逊有关牛痘接种技术的小册子，中文名为《英吉利国新出种痘奇书》。大约 1806 年夏天在澳门度假期间，他正式开始了《大清律例》的翻译工作，至 1808 年在第二次返回英国航行途中完成，并在英国出版。此书的完整翻译，使得小斯当东成为欧洲完整翻译中国法律典籍的第一人。《大清律例》翻译成英文在西方世界传

英国画家约翰·霍普纳（John Hoppner）1794 年所作油画，图正中为小斯当东和他的母亲。小斯当东身后有一位中国陪从，夹着一罐茶叶。

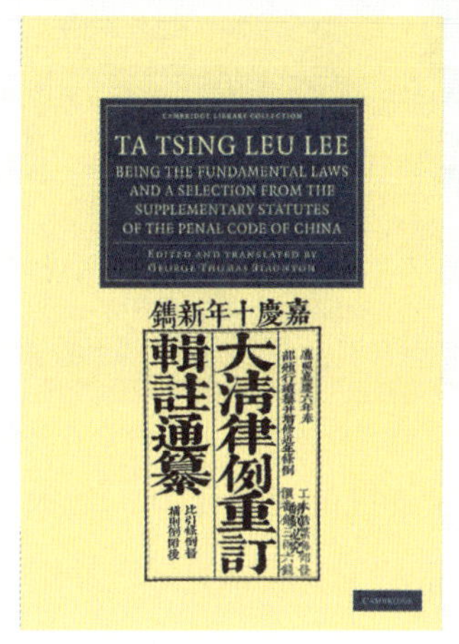

小斯当东将《大清律例》翻译成英文并在伦敦出版，西方人才首次见到了完整的中国法典。从小斯当东英译本的版本说明可知，他接触到的《大清律例》有嘉庆四年（1799年）和嘉庆六年(1801年）两个版本，后一个版本刻印于嘉庆十年（1805年）。

播，深深反映了当时英国与中国建立正常的外交、贸易关系的迫切愿望，既满足了为东印度公司在华开展贸易提供法律服务的需要，也为日后大规模的中英贸易做好了准备。小斯当东翻译、介绍的《大清律例》架起了沟通中英两个世界的桥梁，也成为西方各国深入观察和解密中国法律和社会最不可缺少的样本。中国法律文本的翻译和出版立即受到西方世界的普遍关注，尤其引发英国媒体界的重视，著名评论杂志如《爱丁堡评论》《每月评论》《不列颠评论》等刊登该书的书评，而且该书的法语版、意大利版、西班牙版等相继问世，反映了欧洲社会了解东方老大帝国法律和社会的普遍愿望，以便更好地与这个有着悠久历史、拥有世界上最大人口基数的帝国发展政治、经济和文化贸易关系。

之后小斯当东又陆续出版了《中英商业往来札记》《1816年英国使团访京纪实》《康熙皇帝1712年出使土尔扈特纪实》以及《已故乔治·斯当东准男爵回忆录》等，都是我们洞悉其独特的中国观和英国政府制定对华政策的基础。小斯当东还积极推动英国的汉学研究。在他的努力下，伦敦国王学院理事会通过决议，以向社会募集资金的形式设立中文教授职位，专门教授汉学课。小斯当东由此被誉为“英国汉学之父”。

知识链接：英国议会关于对中国开战的辩论

林则徐的虎门销烟引起了英国下议院的激烈讨论。议员格莱斯顿反对为了一种罪恶的交易而挑起战争，小斯当东当即指出：“如果我们在中国不受人尊敬，那么在印度我们也会很快不受人尊敬。”此时全场肃静，所有人都在倾听他的讲话。几分钟后，他给出了最后的结论：“尽管令人遗憾，但我还是认为这场战争是正义的，而且也是必要的。”他的发言引起长时间的掌声。三天后下议院投票，结果主战派271票，反战派262票，英国议会以9票优势决定对华开战。

小斯当东回到英国后积极参与到社会活动中来，并当选英国下议院议员。1823年，小斯当东与著名的东方学家亨利·托马斯·科尔布鲁克共同发起创办了皇家亚洲学会，致力于推动对亚洲各国的政治、历史和文化的研究工作。小斯当东任学会副会长，并捐赠了其长期以来珍藏的3000卷中文书籍以及200部欧洲论中国的著作。

2016年，英国皇家亚洲学会阅览室中展出的小斯当东的作品。

让梦想照进现实 环球旅行

新的交通工具铁路和轮船的出现让环球旅行的梦想成为现实。

19 世纪铁路、蒸汽轮船等各种新式交通工具的出现给人类远程旅行提供了便捷的手段，不仅大大缩短了旅行时间，而且更加安全可靠，也使得环球旅行成为可能。地球村不再是遥远的梦想。

铁路与轮船旅行

19 世纪中后期，铁路和轮船成为远程旅行的主要交通手段。在铁路时代以前，人们远途旅行更多依靠马车等交通工具。铁路时代来临后，远途旅行、远程货物运输更加快速和便利。到 1914 年，数以百万计的人每年能够旅行相当远的距离。即使是较为落后的地区，受工业化影响，铁路、轮船也日益重要。在横渡大洋方面，蒸汽轮船成为欧美各国主要的远程贸易、洲际旅行的交通工具，大大缩短了横跨大西洋的时间——1838 年是 14 天半，1855 年是 9 天半，到了 1900 年是 5 天半。1869 年，苏伊士运河正式通航，伦敦到印度孟买的航程缩短了 41%，到中国香港的距离缩短了 26%。陆上的铁路线也急剧增加，跨洲铁路干线陆续建成。1888 年，欧洲至伊斯坦布尔的铁路通车，从巴黎开出的“东方快车”（1883 年投入运行）可以抵达伊斯坦布尔。1905 年，东起海参崴、西至叶卡捷琳堡的“欧亚大陆桥铁路”建成通车，只要十五六天的时间便能从巴黎抵达海参崴。

19 世纪后期，欧洲兴起一股铁路旅游热潮，“东方快车”在这样的背景下应运而生。欧洲直通伊斯坦布尔的铁路完工后，“东方快车”主要行驶在巴黎至伊斯坦布尔之间，乘客中多是王侯贵族、政界人物、富豪、社交名媛等。

《八十天环游地球》

旅行方式的进步刺激法国作家儒勒·凡尔纳（Jules Verne，1828—1905 年）于 1873 年写下《八十天环游地球》。凡尔纳在接受采访时说：“当我某天在巴黎的一家咖啡店里读着《世界报》，看到上面一则关于有人可以在 80 天环游地球的消息，我顿时想到，可以利用经线的差异让自己笔下的旅行者在旅途中增加或减少一天。故事可以以此为结局，但我把整个故事付诸笔端则是很久以后的事情了。”为了写出《八十天环游地球》，凡尔纳仔细分析了各个航海公司的路线，收集了大量的广告宣传资料，查阅了法国、英国、印度、美国等铁路公司的火车时刻表。故事虽然是虚构的，但凡尔纳让情节看起来合情合理。在《八十天环游地球》一书中，主人公福格与朋友打赌，称自己能在 80 天内环游

儒勒·凡尔纳，法国小说家、剧作家、诗人，现代科幻小说的重要开创者之一。他一生写了60多部科幻小说，被誉为“科幻小说之父”。他小说作品中的描写多有科学根据，故事里许多技术元素在当时是天马行空，如今已成为现实。

知识链接：蒸汽轮船

世界上第一艘蒸汽轮船是由美国发明家富尔顿制造的。1802年春天，他在法国建造了第一艘蒸汽轮船，停泊在塞纳河上，但被一场风暴折断。富尔顿又重建了一艘蒸汽轮船“克莱蒙特号”，船长45.72米，宽9.14米。1807年，“克莱蒙特号”在美国哈德逊河上试航，获得成功。从此，美国哈德逊河上开辟定期航线，标志着蒸汽轮船正式投入使用。

地球一周回到伦敦，随后他进行了一次激动人心的环球旅行。最终，历经磨难的福格回到伦敦，但迟到了五分钟。当福格以为自己输了的时候，凡尔纳事先想好的结局派上了用场：福格因为自西向东绕地球一周，每通过一个时区便多了一个小时的时间，当重返出发点时，正好多出一整天的时间。福格也因此意外地反败为胜。

女记者环游世界

1889年，纽约《世界报》25岁的女记者内莉·布莱（Nellie Bly，1864—1922年）从纽约前往伦敦。《世界报》提出了这样的疑问：“内莉·布莱出发了，她会打破纪录吗？”内莉在出发前声称，自己要打破凡尔纳小说《八十天环游地球》的主角福格80天环游地球的纪录。《世界报》的总编认为这样的任务只能由男人来完成，内莉骄傲地回答：“派谁去是您的自由。不过如果您派一个男人，我就在同一天出发，一边环游一边把报道投给别的报纸，一定会打败他！”内莉的老板约瑟夫·普利策（后来的“普利策新闻奖”即以他的名字命名）把宝押在了内莉身上，在《世界报》上开辟了“与内莉一起环游世界”专栏。内莉带着由当时的美国国务卿签发的特别护照和一个小旅行包，开始环游世界。内莉唯一一次偏离《八十天环游地球》中的路线是专程抵达法国亚眠，拜见当时居住在那里的凡尔纳。凡尔纳祝福了内莉，相信她一定会成功。短暂拜访后，内莉一鼓作气，按照书中的环游路线，旅行了苏伊士、亚丁、科伦坡、新加坡、香港、横滨、旧金山等地，并最终打破了福格的纪录，用72天时间完成了环游世界，创造了当时最快速环游世界的纪录。

内莉·布莱是美国记者伊丽莎白·简·科克伦（Elizabeth Jane Cochran）的笔名。她当记者之初，装疯混进纽约的一家精神病院，首创“卧底记者”式暗访。她还是第一名独身完成环球旅行的女子，因而成为各地女性的楷模。

英国流犯的罪与罚

流放澳洲

自英国在北美开拓第一块殖民地起，殖民地便承担起为母国转移罪犯的职能。对于那些被母国流放的囚徒们而言，这些殖民地是自由的乐园还是忍受痛苦之地？

18世纪的英国刑法严苛，轻罪重判极为普遍，加之英格兰没有罪犯教养制度，伪证罪、盗牛罪、侵入他人住宅罪等绞刑以下都是“可流放”之罪。长期以来，远离母国的北美殖民地成为英国流放作奸犯科之人的最佳去处，但北美独立战争中断了这一移囚进程。如何将国内人满为患的罪犯重新进行安置、寻找一处更为合适的海外流放地，对英国政府而言是一项极大的挑战。库克船长发现澳大利亚为解决这一难题提供了思路。

海外监狱计划的重新启动

1779年，曾随库克考察过澳大利亚东海岸的植物学家约瑟夫·班克斯当选下院“刑罚制度调查委员会”委员，他力主将新南威尔士植物湾地区作为新的流放地。1786年8月，经多方议定，英国内政大臣悉尼勋爵正式宣布植物湾地区为英国新的罪犯流放地。又经过一年的筹备，英国政府任命德裔英国人阿瑟·菲利普（Arthur Phillip，1738—1814年）为新南威尔士首任总督兼驻军司令。1787年5月13日清晨，由6艘私人运输船、4艘海军补给船和一艘海军供应舰组成的11艘舰船（号称“第一舰队”）从朴次茅斯港起程。全部乘客共1030人，包括736名犯人（其中男犯548名、女犯188名），此外还有近300名海军陆战队官兵、文职官员、勘测人员、法官、军医和官兵眷属。1788年1月26日，“第一舰队”登抵悉尼，澳洲作为英国“海外监狱”的历史自此开始，而1月26日后来被定为澳大利亚的国庆日。此后，英

阿瑟·菲利普是英国海军上将，曾参加过七年战争、西葡战争和美国独立战争。之后被派往澳大利亚新南威尔士州建立罪犯流放地，后任第一任新南威尔士总督。图为坐落于悉尼皇家植物园内的阿瑟·菲利普的塑像，也是悉尼地标之一。

知识链接：流犯对“鞭笞”的描述

罗伯特·休斯在《致命的海滩——澳大利亚流犯流放史：1787—1868》一书中记录了流犯对“鞭笞”的描述：“一抽完鞭子，除非到了吃饭的时候或晚上，否则就立刻派他去干活。他的脊梁红得像牛肝，很有可能，他的鞋子里面全是血。而且不许他上医院，要到第二天早上才行。”

图为坐落在澳大利亚塔斯曼半岛上的阿瑟港监狱。阿瑟港成立初期，囚犯都是住在邻近警察局的简陋木屋内，但后来被送到阿瑟港的囚犯愈来愈多，就将原本四层楼的面粉加工厂改建为监狱。

知识链接：阿瑟港监狱

1830—1877年间，澳大利亚的阿瑟港监狱关押了超过1.2万名英国重刑流放犯人。监狱四周高山林立，犹如天然的屏障城堡，被当年的流犯称为“地狱之洞”（Hell Hole）。目前这里成为景点，供游客参观游览的有当年犯人建造的古式教堂、火药库、牢房和守卫塔等。

国相继在新南威尔士和塔斯马尼亚（“范迪门斯地”）等地建立了监狱和流放点。流放到澳大利亚的男男女女（被称为“流犯”），大多数人根据囚犯配给制，或转到某个自由拓居者的名下，或为政府劳动几年。流犯的苦役生活极为艰辛，当年的流犯罗伯特·琼斯在回忆录中写道：“每个流犯每天砸的碎石必须装满五车。如果鹤嘴锄和铁锤断了，就要被狠狠地抽鞭子。最常见也是最恐怖的惩罚是鞭刑，无论什么罪都可折抵为挨皮鞭。”

海外流放制的废除

进入19世纪，英国社会对长期以来实行的海外流放制的存废问题展开了论战。英国政府于1812年和1819年在下院分别设立了“流放特别委员会”和“关于监狱状况调查特别委员会”两个机构，当时的调查结论是流放制基本符合初衷。1837年，下院成立了一个由威廉·莫尔斯沃斯爵士为主席的调查委员会，负责考察和审视流放制的有效性与合理性。委员会听取了各方意见，实地调查了流放地后，认为流放制与其说在矫正罪犯，不如说是进一步使囚犯堕落，应立即废除。1838年8月，英国政府接受调查委员会的建议，下令从1839年1月1日起，澳大利亚所有城镇停止遣役各种形式的男性流犯。1852年12月，英国政府决定在塔斯马尼亚废除流放制。1855年，诺福克岛囚营也终于关闭。1788年至1840年的半个多世纪中，英国政府共将11.15万名流犯遣送到澳洲。加上后来的所谓“放逐犯”，总共有16万余人，形成了近代世界史上继美洲移囚后的又一次大规模移囚。美国作家比尔·布莱森（Bill Bryson）戏称澳大利亚是“唯一肇始于监狱的国家”。

罪犯教堂，1836—1837年修建，是阿瑟港内教化人心的重要场所，不同宗教派别的囚犯每星期都会被强制要求来这里做礼拜。1884年被大火损毁，20世纪进行了多次重建。

法国知识分子的良知与行动

德雷福斯冤案

左拉对控告他的军方说："你们用剑保卫国家，我们用笔保卫国家，只有维护公平正义，才是保卫国家的最基本方法。"

法国军事法庭因德雷福斯的犹太人身份而拒绝改判，引起知识分子和群众的抗议，大作家左拉喊出了他的名言："我控诉！"

因犹太人身份而蒙冤多年

德雷福斯（Alfred Dreyfus，1859—1935 年）是出生在法国阿尔萨斯的犹太人，父母都是虔诚的犹太教徒。普法战争后，阿尔萨斯被划给普鲁士，德雷福斯一家仍选择做法国人。德雷福斯 1878 年考入巴黎综合理工学院，1890 年考入法国高等军事学校，1892 年毕业后顺利进入陆军参谋部工作。

法国于普法战争后在参谋部成立"统计处"，负责间谍与反间谍工作。1894 年 9 月，在德国驻巴黎大使馆打扫卫生的法国女特工在纸篓中捡到一张撕碎的写有法国国防情报的纸片，将之交给法国陆军统计处军官亨利。孰料亨利是法德双料间谍，他把"证据"上交并称是犹太裔同事德雷福斯所为。笔迹鉴定专家培帝龙（Alphonse Bertillion）是反犹太主义者，认定该文件的笔迹与德雷福斯的笔迹相符。德雷福斯被传唤至陆军部，简单侦讯后被收押入狱。1894 年 12 月，法国军事法庭认定德雷福斯出卖法国陆军情报给德国，叛国罪名成立，判处无期徒刑并流放外岛。1896 年，时任统计处处长皮卡尔截获电报，得知真正的罪犯是统计处的埃斯特哈齐少校。皮卡尔上告参谋部，参谋部却置之不理，并将皮卡尔调离。不久，军事法庭竟宣布埃斯特哈齐无罪。

1894 年，法国陆军参谋部犹太籍上尉军官德雷福斯被诬陷犯有叛国罪，遭革职并处终身流放。1906 年 7 月，法国最高法院判决其无罪。1908 年，左拉的骨灰移葬到先贤祠时，德雷福斯是护卫灵柩的人之一。一战爆发后，德雷福斯重回军队并上前线，后被晋升为中校。

知识分子奋起抗争

1898 年 1 月 13 日，作家左拉发表致法国总统的公开信《我控诉！》。他写道："我控诉的人，我并不认识他们，我从未见过他们，与他们没有恩怨。对我来说，他们只是一个实体，只是一群为非作歹的化身。我只有一个目的：以人类的名义，让阳光普照在饱受折磨的人身上，凡人均有权享受幸福。"克里孟梭（后来出任法国总理）主持的《震旦报》以头版整个篇幅发表了左拉的公开信，通栏标题《我控诉！》也是他所加。事件迅速国际化，外国新闻机构纷纷介入报道，全世界抗议声浪不绝，外国制造商甚至联合抵制巴黎世界博览会。1898 年 8 月，与德雷福斯有关的一个重要文件被

Cinq Centimes

L'AURORE

Littéraire, Artistique, Sociale

J'Accuse...!

LETTRE AU PRÉSIDENT DE LA RÉPUBLIQUE

Par ÉMILE ZOLA

LETTRE A M. FÉLIX FAURE

1898 年 1 月 13 日，左拉在巴黎《震旦报》头版发表致法国总统的公开信，标题就是：《我控诉!》。为此，左拉遭到迫害，法院说他触犯了“诽谤军官和当局罪”，判其一年徒刑和 3000 法郎罚款。

知识链接：左拉

法国作家，自然主义文学流派的领袖。1840 年 4 月 12 日生于巴黎，1902 年 9 月 28 日卒于同地。在轰动一时的犹太裔法国军官德雷福斯被诬向德国出卖军事机密的案件中，左拉于 1898 年 1 月挺身而出，在《震旦报》发表公开信，标题是“我控诉!”，揭露法国陆军参谋部陷害德雷福斯的阴谋。左拉后以“诽谤罪”被判刑，只好逃往英国。但他的声音通过媒体唤醒了民众的良知，要求平反冤案的呼声此伏彼起，使德雷福斯在蒙冤 12 载后被宣告无罪。

发现是伪造的。1899 年 6 月，法庭撤销了 1894 年的原判决，由新的军事法庭再审。同年 9 月，新军事法庭仍判德雷福斯有罪。国内外舆论大哗，当时法国总统进退两难，最后以“和稀泥”的方式宣布特赦德雷福斯。1906 年 7 月 12 日，法国最高法院判决德雷福斯无罪，恢复军职。当宣布无罪时，德雷福斯的支持者高喊：“德雷福斯万岁!”德雷福斯则回答：“不，法兰西万岁!”他后来晋升为陆军少校，1907 年退伍。

对德雷福斯的审判也成为犹太复国主义运动的导火索。当时，德雷福斯一直是法国舆论激烈争论的焦点，争辩的内容是法国社会中的犹太人是否值得信任。上至共和国总统、总理、议员、军队高官，下至平民百姓，形成了支持与反对德雷福斯的两大阵营。一位报道德雷福斯案件的新闻记者、犹太人西奥多·赫茨尔亲眼看到聚集在一起的人群高喊“犹太人去死”，他得出的结论是：对抗反犹主义的唯一方法就是世界各地的犹太人都迁居到属于他们自己的土地上，犹太复国主义运动从此开始。

赫茨尔（Theodor Herzl，1860—1904 年），居于他两侧的分别是匈牙利人马克斯·诺尔道和俄国人马克斯·曼德尔斯塔姆，他们共同致力于犹太复国主义运动。1897 年赫茨尔成为世界锡安大会的第一任会长。

WEI SHENG
大酒店

军事变革：武器装备的现代化

进入19世纪，欧洲自然科学发展更加迅猛，武器装备、枪炮器械等不断得以改进。这一时期钢铁工业和化学工业的快速发展对现代武器更新换代具有重大意义：没有精钢技术的改进，德国克虏伯大炮难以在世界军火家族占据重要地位；没有化学工业的发展，安全、高效、大威力炸药也难有作为。19世纪的欧洲工业家生产了大量高技术武器，尤其以枪械技术的改进和对战争进程的影响最为重大。19世纪中期，后膛枪问世，步枪进入了新的时代。其后，无烟火药的使用推动枪械发生了历史性的飞跃。

从19世纪中期到20世纪初期，在定装弹、后装弹、膛线、弹仓的相互结合下，枪械的研发和装备达到如火如荼的程度，有些在结构和性能上已经是准现代步枪了。机枪这种速射武器使现代战争发生了巨大变化，19世纪80年代发明的马克沁机枪火力凶猛，被称为“死神收割机”，而其威力要到第一次世界大战才能得到完全展示。铁甲舰则使现代战争进入到巨舰大炮时代，克虏伯大炮帮助德国在19世纪六七十年代先后战胜了奥地利和法国。凭借先进的武器，他们可以以较少的损失摧毁殖民地军民的反抗，更好地维护殖民统治，在帝国争霸中占据更加有利的战争主动权和地位。

步枪天下

从前装步枪到后装步枪

后膛装弹的应用，缩短了枪炮弹药的再装填时间，增加了火力发射的效率，是枪械技术的一次革命性进步。

早期的步枪是前装枪，也称前膛枪，指从枪口将弹药装入膛内，每次的装药量不固定，士兵操作缓慢且容易暴露目标。和前装步枪相比，从枪管后部装弹的后装步枪可以让士兵在卧倒、匍匐等状态下填装弹药，隐蔽性增强，射速也提高了。

知识链接：纸壳子弹

17世纪初，纸壳子弹问世。它是一个纸制弹筒，里面有定量的火药和一颗弹丸。枪手使用时需用牙把弹筒咬开，把一部分火药倒到发火池里，再把剩下的火药和弹丸用通条塞到枪管里。由于纸壳容易受潮，需要涂抹动物油脂防潮，引发1857年印度民族大起义的就是这种涂抹了牛油或猪油的纸壳子弹。普奥战争中大放异彩的“M1841”使用的也是纸壳子弹。美国内战期间，毛尔斯发明的金属壳子弹得到使用，此后纸壳子弹逐渐被淘汰。

后装步枪的出现

1776年，英国少校帕特里克·弗格森发明了世界上最早的、真正意义上的后装步枪。次年，弗格森带了100支他设计的后装步枪去北美殖民地镇压当地的反英起义。这种枪每分钟能发射子弹6发，速度远远超过前装步枪。1780年，弗格森在一次战斗中阵亡，英军以后再也没继续使用这种后装步枪。19世纪30年代，纸壳定装式枪弹诞生，弹丸、底火、发射药合为一体，这为后装步枪的诞生创造了条件。1836年，普鲁士人约翰·尼古劳斯·冯·德莱泽（Johann Nikolaus von Dreyse，1787—1867年）发明了“击针枪”。这种枪增加了枪机，射手用枪机从后面将子弹推入枪膛，扣动扳机后，枪机上的杆形击针即刺破纸壳子弹，撞击底火，引燃发射药，将弹丸射出。由于这种枪的子弹需要一发一发地从后部装入枪膛，所以也叫“后装单发枪”。普鲁士政府认识到这种“非主流”步枪的优越性，马上收购了这一发明。1841年，德莱泽解决了几项跨越性的关键技术后，“击针枪”立即被普鲁士军队采纳，并以“M1841”的名称秘密装备部队，直到1848年才公开。很多人对这种优秀的步枪持反对态度，据说一位普鲁士将军非常讨厌后装步枪，他在死时留下遗言，要求在他的墓地上用前装滑膛枪放一阵枪声，否则死不瞑目。

M1841击针枪，是普鲁士人德莱泽1841年研发的后装步枪，在普丹战争和普奥战争中为普鲁士军队带来了技术和战术上的巨大优势。它的出现是枪械史上的一次革命，对后世步枪的发展起到了很大的作用。

汉阳造。清末汉阳兵工厂生产的德国“M1888 式委员会”步枪，1896 年开始生产，1944 年停产。从清末到抗日战争期间，汉阳造都是中国军队的主要步枪枪型之一。图为井冈山茨坪朱德、毛泽东旧居陈列的汉阳造。

知识链接：“汉阳造”

1896 年，湖北枪炮厂开足马力生产了一批所谓“毛瑟步枪”。湖北枪炮厂建在汉阳附近，所以中国工人给这种枪取了个简单而响亮的绰号——“汉阳造”。事实上毛瑟步枪的设计与生产环节与毛瑟无关，而是由德国一个步枪审查委员会“M1888 委员会”主导的。由于清政府的洋务官员对毛瑟品牌的迷信，德国军火商就将“M1888 式委员会”步枪当成毛瑟步枪推销给中国。

步枪大较量

1866 年，普鲁士和奥地利两国在萨多瓦地区（今捷克境内）发生战争，奥军装备的是前装步枪，普军装备的是后装步枪“M1841”。前装步枪装填弹药时必须将枪管竖直，不仅费时费力，而且操作动作大，很容易暴露目标。后装步枪装弹速度和发射速度都大为加快，而且使用也更加方便——装弹时不必竖起枪身，士兵可以在跪、卧、匍匐时装填弹药。普鲁士军队依靠后装步枪的优势，仅仅用了七周就获得了战争的胜利。这场战争之后，奥地利、法国、瑞士等国很快淘汰了前装步枪。俄国对是否换用后装步枪有争议，陆军大臣米柳京在看到后装步枪的威力后立即上书沙皇：“采用后装步枪的决心若稍有犹豫，后果将不堪设想。”结果俄军全部换用后装步枪。德国枪械师毛瑟兄弟设计的后装步枪成为德国陆军的制式装备，并被许多国家仿造。1898 年的美西战争中，美国士兵手中的克雷格步枪根本不是西班牙士兵用的“M1893”毛瑟步枪的对手，美军是凭借人数的优势并且使用了加特林机枪，才打败了西班牙军队。

前装枪，是指从枪口将弹药装入膛内的枪械，口径一般比较大，装填速度慢。早期的枪都是前装枪，19 世纪中叶以后逐渐被后装枪所取代。

火药革命

从黑火药到无烟火药

它可以开路炸山造福人类，也可以成为杀人不眨眼的战争利器，科学技术进步的双刃剑效应在它身上集中展现。

从本质上讲，枪只是火药爆炸发射弹丸的平台，枪械是枪和弹药紧密结合的武器系统。因此，火药的发展对枪械的演进非常重要。在金属定装弹发明之前的很长时期内，枪械的发展都是以解决火药点火问题为中心的。1884 年法国化学家维埃利发明无烟火药后，枪械发生了历史性的飞跃。

一次事故引发的发明

无烟火药，顾名思义，是指燃烧后没有残渣，不发生烟雾或只发生少量烟雾的火药。18 世纪，欧洲的科学家都在探寻无烟火药的配方。德国化学家克里斯蒂安·弗里德里希·舍恩拜（Christian Friedrich Schönbein，1799—1868 年）对无烟火药的研究并不顺利。他翻阅了无数资料，配对了无数化学物质，但在燃烧后都没有达到无烟的效果，而且发生了很多危险。1845 年的一天，舍恩拜做试验时不小心把盛满硝酸和硫酸混合液的瓶子碰倒了。溶液流在桌上，舍恩拜急忙找抹布擦桌子，却一时没找到抹布。这时，他看见了妻子的一条棉布围裙放在那里，就立即跑过去用围裙擦桌子。围裙因浸了溶液而变湿，舍恩拜只好拿着围裙到厨房里烘烤。就在他撑起围裙靠近火炉时，只听“扑”的一声，围裙被烧得干干净净，没有一点烟，令他大吃一惊。事后，他仔细回忆了经过，意识到自己已经合成了可以用来做火药的新化合物。他欣喜若狂，立即返回实验室，凭记忆还原这一过程。此后，他多次重复了实验，肯定了结果无误。无烟火药（炸药）就此诞生，舍恩拜将其命名为“火棉”，后人也称之为硝化纤维。就这样，一条围裙引出了世界上第一种无烟火药（炸药）的问世。单位体积的硝化纤维所能产生的发射药气体可达同体

舍恩拜，生于德意志的符腾堡，1828 年在瑞士巴塞尔大学获得教职。1840 年，他在电解稀硫酸时发现有一种特殊臭味的气体释出，因此将之命名为臭氧。1845 年，在一次实验事故中合成了硝化纤维。

黑火药，中国古代的四大发明之一，13 世纪经阿拉伯国家传入欧洲。由于黑火药能产生大量气体和热量，被广泛用作枪械中的发射药，但缺点是有过多的白烟和残渣。

积黑火药的六倍之多，产生的能量达到了黑火药的两倍。

知识链接：黑火药

黑火药是我国古代四大发明之一，由木炭、硫黄和硝酸钾混合而成，在适当的外界能量作用下，自身能进行迅速而有规律的燃烧，同时生成大量高温燃气的物质。主要用作枪弹、炮弹的发射药，是弹药的重要组成部分。中国火药传入欧洲后进行了不断的改进，引发欧洲军事变革，改变了人类战争史。黑火药具有很强的吸水性，若暴露在潮湿环境下会迅速劣化。此外，黑火药还是操作危险度最高的炸药之一，非常容易因受热、摩擦或火花等原因而引燃。

无烟火药推动枪械大发展

硝化纤维生成的火药很不稳定，多次发生火药库爆炸事故。1884 年，法国化学家、工程师保罗·维埃利（Paul Vieille，1854—1934 年）将硝化纤维溶解在乙醚和乙醇里，在其中加入适量的稳定剂，成为胶状物，通过压成片状、切条、干燥硬化，使得无烟火药技术更加成熟，维埃利研制的无烟火药是枪械发展史上的又一个重要里程碑。1886 年，法国陆军率先装备了发射无烟火药子弹的 1886 式勒贝尔步枪，沿用了 900 多年的黑火药有了更新换代产品。勒贝尔步枪弹采用新的 8 毫米口径，在杀伤力和弹道性能方面都远超当时德国刚刚换装的毛瑟 71/84 式步枪发射的 11 毫米黑火药枪弹。德国军方颇感压力，立即下令研发新式枪弹。1887 年年初，一名法军叛徒以 2 万马克向德国人出卖了一支 1886 式勒贝尔步枪及几发枪弹。德国化学家们试图从中找出配方和制造工艺，但因样品太少而未能完全解决问题。德国当局又通过俄国高价购得法国火药，仿制才得以成功。19 世纪 90 年代初，欧洲国家的军用步枪弹基本上是从黑火药枪弹演变为无烟火药枪弹。马克沁机枪最初发射黑火药枪弹，1888 年改用无烟火药枪弹，威力更加强大。由于火药性能提高，加之金属加工技术的提高，步枪的口径大都减小到 8 毫米以下。1896 年，德国的毛瑟步枪也改为使用无烟火药制造的枪弹，并将口径改为 7.92 毫米。

1886 式勒贝尔步枪，法国尼古拉斯·勒贝尔上校研制的步枪，使用了保罗·维埃利研发的无烟火药，1886 年装备法军。该枪是史上第一种无烟火药枪械，它的出现意味着使用黑火药的枪械已过时。

机关枪“死神收割机”

一位西方人用强横的口吻说：“不论发生什么事情，我们有马克沁重机枪，而他们没有。”

机枪是能实现连发射击的自动枪械，近代最具代表性的机枪是加特林机枪和马克沁机枪。强大杀伤力使机枪成为决定战争胜负的撒手锏，战争形态也发生根本变化。

加特林机枪

美国南北战争时，一个部队阵列的火力密度取决于枪手的数量。枪手越多，打出的子弹密度就越大。美国医生理查德·加特林（Richard Jordan Gatling，1818—1903 年）在给众多伤残士兵治疗、送葬之后，决心开发一款“永远结束战争”的武器——自动装填枪。他的目标是一个士兵顶上一个连，从而减少战场上士兵的人数，以达到减少战争伤亡的目的。他为了终结战争而发明的加特林机枪，却打开了速射机枪的潘多拉魔盒。

理查德·乔丹·加特林，因染上天花而对医学产生兴趣，32 岁时毕业于俄亥俄医学院，获医学博士学位。此后他并未致力于行医，而是潜心发明创造。除了研发加特林机枪外，他还拥有多项发明专利。

1861 年，加特林发明了世界上第一支实用化的机枪——加特林机枪，1862 年 11 月获得专利。1865 年以后，加特林机枪由 4 管改为 6 管，到 1867—1868 年又增加到了 10 管。这种枪的突破之处在于，每发子弹都会由新的枪栓和枪管射击，当碰到自动触发装置时，子弹就能连续发射。一个熟练的射手，每分钟可发射约 400 发子弹。1866 年，加特林机枪装备给美国陆军。1870 年，英国政府经过对比试验后，在英格兰建厂生产加特林机枪。1874 年前后，加特林机枪输入中国，当时称其为“格林快炮”。在中法战争中的马尾海战中，中国福建水师几乎全军覆没，其中最重要的原因是法军用装在军舰上的加特林机枪猛扫清军军舰，导致中国水兵伤亡很大。19 世纪八九十年代，由于威力更猛、更致命的杀人武器马克沁机枪的问世，加特林机枪才被挤出战争的历史舞台，但其结构原理至今仍在军机和军舰上的多管速射炮上得到应用。

马克沁机枪

1883 年，美国工程师和发明家海勒姆·马克

海勒姆·史蒂文斯·马克沁，出生于美国缅因州，后移居英国，1901 年被封为爵士。马克沁设计了世界上第一支全自动机关枪，他还一直致力于大型飞行器的设计和试验。

沁（Hiram Stevens Maxim，1840—1916 年）在英国居住期间发明了第一支全自动机关枪。正是在马克沁机枪中，人类第一次运用了复进簧、可靠的抛壳系统、弹带供弹机构、加速机构、射速调节油压缓冲器等机构。任何人只要亲自看上一眼，就会立即叹服于它的精巧与妙思。

马克沁出身贫寒，14 岁时成为一个马车制造商的学徒。他没有多少文化修养，但却天生有一个爱发明的脑瓜，每天都要跑到叔叔的工厂中去研究他的各种发明。他在电器方面的发明较多，受到发明家爱迪生的排挤。1881 年，一个朋友对他说："你如果想发大财，就去发明一种使欧洲人能更有效互相残杀的东西!"到了英国，马克沁很快发现，研究新式枪械可以赚大钱，于是他洞察到了速射武器的前景，决心开发一款全自动装填的速射枪。要实现自动装填，就需要一个动力来完成枪械的脱壳、装填。加特林机枪的动力是操作者手摇，而这也就限制了装填速度。马克沁在美国产的春田式步枪的巨大后坐力上寻到了灵感，从人们习以为常、熟视无睹的后坐力现象中发现枪弹在发射时产生的火药气体是一种相当大的能量，同时也是武器自动连续射击的理想动力来源。马克沁首先在一支老式步枪上进行改装试验，利用射击时子弹喷发的火药气体使枪完成开锁、退壳、送弹、重新闭锁等一系列机械动作，实现了单管枪

知识链接：李鸿章与马克沁机枪

1896 年夏，访问英国的李鸿章观看了马克沁机枪的射击表演。机枪在 30 秒内发射 300 颗子弹，把一棵大树拦腰打断。李鸿章看后连声称赞"太快、太快"，可是当他发现这样的枪会浪费大量枪弹后，又连连摇头"太贵、太贵"，只买了一挺回去研究。鉴于该枪射速之高，李鸿章还专门给它起名为"赛电枪"。1888 年，金陵制造局仿制成功"赛电枪"，这是中国制成的第一代重机枪。

加特林机枪，世界上第一支成功的多管式机枪，美国南北战争末期投入使用，后被欧洲殖民者大量用于殖民征服中。图为 1874 年款加特林机枪（复制品），两个轮子起支撑作用。

的自动连续射击。经过进一步发展和完善，一款利用子弹发射的后坐力实现枪膛抛壳、装填的全自动机枪——马克沁机枪诞生了。

马克沁机枪不再采用笨重的多个枪管，而采用单一枪管。瞬间完成装填、开枪的动作，可实现每分钟发射600余发子弹。发热是枪管的天敌，以前由于射速很低，火药爆燃的温度会通过金属枪管迅速散去，加特林机枪使用多枪管气冷方法来解决这个问题。马克沁为他的机枪枪管安装了一个水箱，在开枪之前，水箱里灌满凉水。如果水烧开了，再往水箱里灌水，就可以不停的达到冷却效果。单支水冷枪管使马克沁机枪比格林机枪轻很多。在实战中，马克沁重机枪至少可以持续射击30分钟，在这段时间内，除非弹药打光，否则射击不会中断。很多法国人、俄国人认为马克沁的机枪太浪费弹药，不愿意购买。然而，该枪在德国却获得了相当数量的订单。马克沁机枪的出现，意味着拿破仑时代使用过的战术完全失效了。马克沁后来获得英国的爵士封号，1916年11月24日在伦敦家中去世，终年76岁。

马克沁机枪，英籍美国人马克沁于1883年发明，1884年获得专利。马克沁机枪获得成功后，许多国家纷纷进行仿制和改进，并在两次世界大战中得到广泛应用，被认为是有史以来杀伤力最强的枪械。图为1910年俄国造的马克沁机枪。

恩图曼战役，1898年9月2日，英国远征苏丹镇压马赫迪起义的一场战役，战场位于今天苏丹的恩图曼。英国—埃及联军士兵装备了射速每分钟10发的新式步枪，还拥有20挺马克沁机枪，在战争中大获全胜。

战场屠夫

马克沁机枪一诞生，就注定了它日后成为改变战争走势的致命杀人武器，装备军队后立即显示出卓越的性能和可怕的威力。英国军队首先于1888年装备了这种机枪，1893年罗得西亚的50名英军步兵用区区4挺马克沁机枪便轻松击退了多达5000名祖鲁人的进攻。尽管祖鲁人充分表现出了本民族的顽强精神，但最终还是不敌机枪的密集火力，3000多人倒在枪口之下。这是马克沁机枪在战场上的首次战例。1898年9月的苏丹恩图曼战役中，英国基钦纳将军第一次大规模使用了马克沁机枪。约5万名苏丹马赫迪大军（其中约3000名骑兵）从不同方向冲向英军防线，根据以往的经历，英国远征军必败无疑。让所有人震惊的是，在20多挺马克沁重机枪的连续射击下，短短数分钟内，骑兵如秋风中的落叶一般接连倒下，人和战马的尸体瞬间堆成了小山。由于长时间连续射击，机枪冷却系统里的水沸腾，机枪手不得不停止射击，跑到尼罗河里取水，把凉水灌进水箱。当时在英军中任中尉的丘吉尔在日记中写道："在马克沁机枪前有2万具尸体密密麻麻地躺在地上……"苏丹骑兵不死心，仍勇敢的进攻数次，结果只是丢下了数量惊人的尸体。虽然苏丹也装备了一些比较先进的火枪，但他们没有重机枪。最终的结果是，英军仅以几十人阵亡的代价，消灭了马赫迪士兵1.2万人，还捉了5000个俘虏。

恩图曼战役宣布了传统骑兵的死刑，强盛长达1000多年的骑兵，从此基本不再作为战场主攻力量。当时一个英国军事专家说，从这一天起，阿提拉和成吉思汗再也不可能雄霸世界了。在布尔战争中，布尔人在冲锋时遭到了马克沁机枪的毁灭性打击，损失超过70%以上。清末英军入侵西藏，西藏土司出动1000多名藏族骑兵拦截，结果在英军3挺重机枪的扫射下，骁勇的藏族骑兵在短短4分钟内伤亡700多人，被迫撤退。目睹此战的英国少尉回忆说，这是一个令人恐怖的场面，这根本不算是战斗，而是单方面的屠杀。

知识链接：机枪的克星——坦克的出现

第一次世界大战爆发时，德国配备马克沁机枪多达12500挺，而索姆河战役则是机枪史上最令人惊心动魄的战例。该战役结束时英法联军伤亡61.5万人，德军伤亡65万人，其中大多数士兵倒在机枪的火舌之下。马克沁机枪在战场上肆意屠杀带来的恐怖和残忍，让英国人最先研制成功并能有效防御机枪射击的装甲坦克，并将之投入战场。1916年9月15日，一股英国坦克部队在索姆河前线的某一防区获得重要胜利。由于未能及时把这些由钢铁制造的庞然大物运送到前线以及机械方面出了问题，战斗中仅投入了可用的49辆新装甲车中的11辆。鉴于坦克的重要性，同盟国和协约国纷纷研制坦克，并大量投入战场。

祖鲁人的盾和矛。祖鲁人制造了一种新矛，称之为短矛。在战争中祖鲁人不是用这种矛来向敌人投掷，而是用来刺杀敌人。

海上巨无霸

铁甲舰的横空出世

配有坚固装甲的战舰能有效抵御炮弹攻击，铁甲舰开启了现代战争的新篇章。

铁甲舰在海军史上起到了承前启后的作用，也奠定了现代化战舰的基础。它是战列舰发展史上非常重要的一环，从风帆过渡到铁甲，船坚炮利的时代从此开启。

时代呼唤铁甲舰

19世纪，火炮口径不断加大，后来又出现了威力巨大的“爆破弹”，对木质船舷构成毁灭性打击。克里米亚战争的锡诺普海战中，俄国的新式“爆破弹”将土耳其的风帆舰队彻底击溃。法国炮术专家贝桑将军认为，面对“爆破弹”的水平射击，可以考虑在战列舰上覆盖一层180—200毫米的铁装甲。在这种设想的指导下，法国于1859年建造了5630吨的“光荣”号战列舰。1860年，英国建造了9137吨的“勇士”号战列舰。这两艘军舰外面包覆铁质装甲，被视作世界上最初的两艘蒸汽铁甲舰。1861年，英国皇家海军决定朝全铁甲舰队发展。1862年3月9日，时值美国南北战争期间，北方的“莫尼特”号（也译为“班长”号）与南方的“弗吉尼亚”号在詹姆斯河口激战4小时，双方以舰炮对射，最后打成平手。这次交战是有史以来第一次铁甲舰之间的决斗，揭开了海战新时期的序幕。1866年，奥地利海军和意大利海军的利萨海战（今天的克罗地亚维斯岛附近）是海上铁甲舰队间的首次交锋。在甲午战争的黄海海战中，中国投入了北洋海军唯一的两艘自德国购置、配备克虏伯大炮的铁甲舰“定远”舰和“镇远”舰，二者也是当时远东最大型军舰。

克里米亚战争促使法国开始研制包裹铁甲的战舰。1858年，全球第一艘主力铁甲战舰“光荣”号（La Gloire）在法国建造，1859年11月完工，1860年8月服役。该舰铁甲厚度4.3—4.7英寸（107.7—120毫米），使用蒸汽动力，仍装有三桅风帆。图为法国航海博物馆的“光荣”号模型。

铁甲舰的优势

三项技术革命促成了铁甲舰的诞生与发展。一是蒸汽动力。早期的铁甲舰保留了全套风帆设备。克里米亚战争中，英法的蒸汽船将俄国的风帆船打得落花流水。1873年，英国建成了“蹂躏”号战列舰，该舰废除了传统的风帆，成为世界海军史上的第一艘纯蒸汽动力战列舰。蒸汽机不仅为军舰

“莫尼特”号（USS Monitor）是美国南北战争时期北军舰队的一艘装甲战舰，由瑞典发明家约翰·埃里克森设计。它的干舷极低，包着5—8层2.5毫米厚的铁板，排水量为987吨，机动性好。船体中部安装有一座可360°旋转的炮塔，内有2门11英寸前膛炮。1862年12月，因风暴沉没于北卡罗来纳州附近海域。

知识链接：旋转炮塔的发明

1855年，英国皇家海军军官考珀·科尔斯上校根据其在克里米亚战争中的经历发明了带护甲的舰用旋转炮塔，1859年获得专利。此后，科尔斯推动皇家海军同意建造由其设计的带旋转炮塔的新战舰。1870年，带旋转炮塔的铁甲舰“船长”号因其他方面的设计缺陷而沉没于西班牙附近海域，科尔斯也死于这次海难。但科尔斯设计的旋转炮塔得到承认，被大量装备在英国的铁甲舰上。旋转炮塔很快在各国海军舰艇和陆地炮台中得到广泛应用，最大特点是旋转依靠轴承滚动摩擦进行，最初依靠人力转动转轮，后来还使用蒸汽作为辅助动力。

提供了推进动力，而且还被用于操纵舵系统、锚泊系统、转动装甲系统、装填弹药、抽水及升降舰载小艇等。大型蒸汽装甲战列舰的排水量达到8000—9000吨，推进功率达到6000—8000匹马力。二是炮塔。炮塔的优势在于，用炮塔的定轴转动取代了厚重船体的复杂机动，舰炮可以随着炮塔的转动指向任何方向，而且炮塔的存在对射击手有更好的保护作用。早期具有代表性的炮塔铁甲舰是美国南北战争时期的“莫尼特”号，虽说这是一艘只适合在内河航行而不能在海上充当炮舰的船，但是炮塔的应用使其名垂青史。三是后膛炮。从后部装填的后膛炮具有提高发射速度、装填方便、适应全封闭炮塔等优点。英国人在第一艘铁甲舰“勇士”号上装备了阿姆斯特朗后膛炮，但英国人在前膛炮和后膛炮的问题上纠结了几十年，不过等到真正完全采用后膛炮时，它已经基本上是一种比较成熟的技术了。

19世纪晚期军舰设计的急剧发展，使铁甲舰从木造船身、仍须靠风帆填补蒸汽机运作不足的轮船，摇身一变成为钢制、设有炮台的战列舰与巡洋舰。铁甲舰的装甲厚度不断增加，全部由钢板建造的战列舰应运而生。铁甲舰时代以英国的“无畏”号、“不屈”号以及后来的“海军上将”级为代表。19世纪90年代中期以后，铁甲舰被更为先进的“前无畏舰”所取代。

“定远”舰是清政府从德国订购的战舰之一，是甲午海战中北洋水师的旗舰，北洋水师提督丁汝昌就在这艘战舰上指挥战斗。停泊在威海湾畔的这艘“定远”舰的纪念舰，是全亚洲第一艘按原型1∶1完整复制的清代军舰，其外观与历史原舰完全相同。

火炮之王
克虏伯大炮

一个家族成就了战争史上的巨炮时代，
巨炮铸就了德意志帝国的军事强国地位。

克虏伯家族曾经是欧洲最响亮的姓氏，也曾经是欧洲最富有的家族，该家族创办了世界上最知名的军火企业。克虏伯家族的奠基人叫阿尔弗雷德·克虏伯（Alfied Krupp，1812—1887年），他生产的大炮曾使俾斯麦在19世纪六七十年代先后战胜了奥地利和法国，这就是著名的克虏伯大炮。

阿尔弗雷德·克虏伯，1812年生于埃森，14岁时从父亲那里继承了一个濒临破产的钢铁企业。他抓住时代机遇，参与了德国、美国等铁路系统的建设，又从1844年开始为普鲁士军队生产铸钢大炮，积累了大量钱财及声望。

大炮助力德国统一

1850年之前，“克虏伯”还仅仅是德国一家专注于钢铁铸造的企业，与军火并不“沾边”。在很长一段时间里，克虏伯公司不得不依靠传统的刀叉餐具订单来维持自身生存。在负债累累的父亲去世后，阿尔弗雷德·克虏伯真正成为克虏伯家族的第一代掌门人。在工业革命时代，克虏伯公司如同海绵一样吸取投资与新技术，并开始生产钢制大炮（此前大炮多为铜制）。普鲁士的军事崛起以及后来的德意志统一战争，为克虏伯公司提供了巨大商机。1860年，威廉一世责令陆军部向克虏伯公司订购了100门新式后膛装填线膛炮，这种炮的口径280毫米、炮管长11.2米、重44吨，仰角可达30°，有效射程19760米，炮弹3000米内可穿透65.8毫米的钢板，每分钟发射两发炮弹。在新式军队与克虏伯大炮的进攻之下，普鲁士先后击败丹麦和奥地利。1870年，德意志统一过程中的决定之战——普法战争开始，在关键的色当会战中，普鲁士军队对法军形成了战略包围，16个炮兵连的500门克虏伯大炮开始轰鸣，炮弹像“镰刀收割麦子”一样逐渐歼灭了法军，拿破仑三世被俘虏。此役法军损失12.4万人，而普鲁士仅仅损失9000多人，可见克虏伯大炮已经开始左右战争胜负。

军火巨头与中国

克虏伯大炮在普法战争结束后声名鹊起，扬名国际。克虏伯不但卖武器给德国政府，也卖给英国、法国、俄国等强国，进入国际知名军火商行列。在普法战争结束后的5年内，瑞士、荷兰、土耳其、中国、埃及和奥地利等国一共购入了24576门口径型号各异的克虏伯大炮。血腥的战争让克虏伯成为欧洲最有权势的工业家，克虏伯公司在1873年雇用了1.6万名员工，1900年增加到4.5万名左右，到1912年时更达到7万名。

早在1866年6月27日，中国的第一个外交使

克虏伯大炮。克虏伯公司生产的大炮以射击准、火力猛、钢质坚韧而世界闻名，曾帮助俾斯麦在19世纪中叶先后战胜奥地利和法国。此图为曾捍卫达达尼尔海峡的克虏伯大炮，炮重170吨左右，现被置于一个公园的入口处，成为著名景点。

知识链接：克虏伯的成功之路

克虏伯家族崛起固然与战争利器克虏伯大炮的巨大威力有密切关系，但是阿尔弗雷德·克虏伯本人不是技术专家，家族成功的秘密在于他建立了一套卓有成效的生产制度，正是这套制度成为克虏伯发展兴旺的秘密。克虏伯还创建了当时欧洲最先进的工人福利制度，俾斯麦从这套福利制度得到启发，在19世纪80年代把它用于全德国，由此建立了近代世界最早的社会保障制度。

团访问德国，代表团成员张泰回国后向李鸿章报告了对克虏伯工厂及大炮的考察情况。在认真对比了西方产的主要几种大炮的技术规格后，督办洋务的行家李鸿章认为克虏伯大炮优于美国、法国、西班牙等国的大炮。1871年，李鸿章果断决定向克虏伯公司购买318门火炮，用于沿海各地布防。当时中国沿海各地海防炮台工事如刘公岛炮台、厦门胡里山炮台等大都采用各口径克虏伯大炮，如今在保留完整的炮台依旧可以看到坚固的炮塔和长长的炮管，感受到当年克虏伯巨炮的威力，在近代中国抵御外辱中扮演了重要角色。伴随着“KRUPP”这个外来词进入中国后，沿袭以往对火炮命名的方法，中国人给这种火炮起了一个威武的名字——克虏伯。从那以后，执掌中国强兵命运和海防力量的李鸿章对克虏伯大炮情有独钟，军火采购的中心也逐渐移向了德国，到后来甚至北洋水师舰船也改为向德国订造，而舰身的大炮都来自克虏伯公司。据统计，在1871—1902年间，克虏伯父子共收到好友李鸿章约6793门大炮的订单。中法海战中，克虏伯大炮一炮便击沉法国旗舰并击毙主帅。抗日战争时期，已经在中国的沿海城市炮台上服役了几十年的克虏伯大炮老当益壮，多次重创日军。

“定远”号上的克虏伯大炮。北洋水师从德国定制的“定远”号铁甲舰上配备多门克虏伯大炮，包括305毫米口径1880式克虏伯后膛炮4门、150毫米口径1880式克虏伯后膛炮2门、75毫米口径克虏伯行营炮4门。

责任编辑：刘　畅
助理编辑：薛　晨
图文编辑：胡令婕
责任校对：白　玥
封面设计：林芝玉
版式设计：汪　莹

图书在版编目（CIP）数据

帝国时代 / 曹瑞臣，曲兵 著 . —北京：人民出版社，2021.5
（话说世界 / 陈晓律，颜玉强主编）
ISBN 978 – 7 – 01 – 020619 – 6

I. ①帝… II. ①曹…②曲… III. ①殖民主义 – 历史 – 世界 – 普及读物 IV. ① K109

中国版本图书馆 CIP 数据核字（2019）第 059104 号

帝国时代

DIGUO SHIDAI

曹瑞臣　曲　兵　著

人民出版社 出版发行
（100706　北京市东城区隆福寺街 99 号）

北京华联印刷有限公司印刷　新华书店经销

2021 年 5 月第 1 版　2021 年 5 月北京第 1 次印刷
开本：889 毫米 ×1194 毫米 1/16　印张：16.5

ISBN 978 – 7 – 01 – 020619 – 6　定价：90.00 元

邮购地址 100706　北京市东城区隆福寺街 99 号
人民东方图书销售中心　电话（010）65250042　65289539

版权所有・侵权必究
凡购买本社图书，如有印制质量问题，我社负责调换。
服务电话：（010）65250042